PRÉFACE

Comment démystifier le droit de l'entreprise au Québec? Le droit est-il aussi indigeste qu'il le paraît à première vue? Grâce à un traitement habile, Me Pierre Cimoné a réussi à combiner, à dessein et avec art, les divers éléments de base qui articulent le droit de tous les jours.

Son expérience de l'enseignement et la pratique du droit lui ont permis de constater que le profane ne trouve pas d'ouvrages à la fois précis et simples sur la législation en général, et en particulier en ce qui concerne le domaine des affaires.

La fréquentation assidue tant des étudiants que des chefs d'entreprises lui a permis de se rendre compte jusqu'à quel point l'homme de la rue juge complexe, obscur, voire inaccessible le domaine du droit en général, à plus forte raison celui du droit commercial. Il a constaté à maintes reprises qu'on appréhende les problèmes relatifs au droit. Plusieurs croient malheureusement que seuls les hommes de loi possèdent la formation adéquate pour s'aventurer dans ce domaine.

D'ailleurs, les faits semblent confirmer ce jugement à priori de l'homme de la rue: depuis le début de la dernière décennie, l'on a assisté à une véritable prolifération de lois, de décrets ou de textes réglementaires, ce qui a eu pour effet de rendre encore plus ardu et plus rébarbatif l'accès du justiciable à la connaissance du système juridique.

D'accord, l'étude exhaustive du droit est le propre des juristes tout comme celle de la médecine, de la comptabilité ou de la pédagogie l'est d'autres spécialistes. Cependant, avec un peu de volonté et de labeur, chacun peut maîtriser au moins les rudiments du droit. On pourra alors comprendre et résoudre des situations simples sans recourir aveuglément aux professionnels.

Une fois dans sa vie, quel citoyen n'a pas été confronté avec l'application aveugle d'une loi ou d'un règlement? Quel homme d'affaires n'a pas dû solliciter l'homme de loi pour le conseiller, voire même structurer son entreprise?

Heureusement, la société d'aujourd'hui, nous le notons, porte un intérêt accru à l'acquisition des connaissances rattachées à diverses disciplines professionnelles. Dans le sillage de cette curiosité en éveil, l'ouvrage de Me Cimoné se propose de traiter d'un certain nombre de questions fondamentales en droit et de les ramener à la portée de tous, sans devoir recourir à un cours universitaire.

Ce volume offre l'occasion de s'initier tant à des notions générales du droit qu'à d'autres plus particulières et spécifiques telles que l'organisation juridique de l'entreprise, la complexité des contrats, la responsabilité légale, les garanties de paiement, les relations de travail, etc.

Les explications contenues dans cet ouvrage éclairent le contexte légal du droit en général et du droit de l'entreprise en particulier, à partir de ses fondements. L'acquisition des connaissances de base devrait suffire à faire naître une certaine logique juridique chez le lecteur.

Ce n'est pas le but de l'auteur de former des juristes. Son objectif sera atteint si les intéressés parviennent à dégager de ces notions de droit, certaines connaissances élémentaires et s'ils acquièrent une meilleure compréhension du monde des affaires et de l'entreprise privée.

Jeune et dynamique avocat, ainsi qu'administrateur, Pierre Cimoné possède sa propre étude et est aviseur légal de plusieurs hommes d'affaires de la PME québécoise. Professeur au niveau collégial, il désire également communiquer avec les administrateurs de demain.

J'apprécie d'autant plus le présent ouvrage qu'il est simple, accessible et riche en son contenu.

Jean-Guy Parent, administrateur.
Maire de Boucherville
Fondateur du groupement québécois d'entreprises Inc.
Ministre Québécois du Commerce Extérieur.

Ce 21e jour de novembre 1985.

TABLES DES MATIÈRES

PRÉFACE

PREMIÈRE PARTIE: NOTIONS PRÉLIMINAIRES

1.1 La justification de la loi ... 1
1.2 Aperçu historique constitutionnel ... 2
1.2.1 La juridiction fédérale ... 3
A. Pouvoir général d'ordre et de paix ... 3
B. Pouvoir résiduaire ... 3
C. Autres pouvoirs ou droits nommés et spécifiques ... 5
1.2.2 La juridiction provinciale ... 6
1.3 Les sources spécifiques du droit ... 6
1.3.1 Les codes ... 8
1.3.2 Les statuts ... 8
1.3.3 Les ordonnances et arrêtés en conseil ... 9
1.3.4 Les règlements ... 10
1.3.5 La jurisprudence ... 10
1.3.6 La doctrine ... 11
1.3.7 L'usage ... 11
1.4 Les étapes de l'adoption d'une loi ... 12
1.5 Les catégories de droit ... 12
1.5.1 Le droit international ... 13
A. Le droit international public ... 14
B. Le droit international privé ... 14
1.5.2 Le droit national ... 14
A. Le droit national public ... 14
1. Le droit constitutionnel ... 15
2. Le droit administratif ... 15
3. Le droit pénal et criminel ... 15
4. Le droit des collectivités locales ... 15
B. Le droit national privé ... 16
1. Le droit civil ... 16
2. Le droit commercial ... 16
3. Le droit social ... 17
Conclusion ... 17
1.6 L'organisation des tribunaux ... 18
1.6.1 Les auxiliaires de la justice ... 19
1.6.2 La Cour fédérale ... 22
1.6.3 Les tribunaux pénaux et criminels ... 22
A. La Cour municipale ... 22
B. La Cour des sessions de la paix ... 23

C. La Cour supérieure de juridiction criminelle ... 23
D. Le tribunal de la jeunesse ... 24
1.6.4 Les tribunaux civils ... 24
A. La Cour provinciale ... 25
La Cour des petites créances ... 25
B. La Cour supérieure ... 26
C. Le Tribunal du travail ... 26
1.6.5 Les tribunaux d'appel ... 27
A. La Cour d'appel du Québec ... 27
B. La Cour suprême du Canada ... 28
1.6.6 La procédure judiciaire ... 29
A. En matière criminelle ou pénale ... 29
1. L'accusation ... 29
2. La comparution ... 31
3. L'enquête préliminaire ... 31
4. Le procès ... 32
5. Le jugement ... 32
B. En matière individuelle ... 32
1. L'action ... 32
2. La défense ... 33
3. La réponse du demandeur ... 33
4. L'inscription au mérite ... 33
5. Le procès ... 39
C. Le recours collectif en matière civile ... 39
1.7 L'arbitrage ... 41

QUESTIONS DE RAPPEL ... 42
CAS PRATIQUES ... 44

DEUXIÈME PARTIE: LES PERSONNES, LES BIENS ET LA PROPRIÉTÉ

Introduction ... 47
2.1 La personnalité juridique ... 47
2.1.1 Le patrimoine et les droits de la personne ... 48
A. Les droits patrimoniaux ... 50
B. Les droits extra-patrimoniaux ... 50
C. Les chartes des droits de la personne ... 50
2.1.2 Les biens ... 51
A. Les meubles par nature ... 52
B. Les biens meubles par détermination ... 53
C. Les immeubles par nature ... 53
D. Les immeubles par destination ... 53
2.1.3 La propriété ... 54
A. L'usus ... 55
B. L'usus fructus ... 55

C. L'abusus 55
D. Les formes d'acquisition 56
E. La copropriété 58
F. La servitude 58

QUESTION DE RAPPEL 60
CAS PRATIQUES 61

TROISIÈME PARTIE: L'ORGANISATION JURIDIQUE DE L'ENTREPRISE

Introduction 63
3.1 L'entreprise individuelle 63
3.2 La société 66
3.2.1 La société en nom collectif 68
3.2.2 La société en commandite 69
3.3 La compagnie 72
3.3.1 Sa création 72
A. Les statuts de constitution 81
B. La liste des administrateurs 81
C. L'avis d'adresse du siège social 82
D. Les frais exigibles 83
3.3.2 Ses composantes et leurs responsabilités 83
A. Les actionnaires 84
B. Les administrateurs 86
3.3.3 Son capital-actions 88
A. Le capital autorisé 89
B. Le capital souscrit 91
C. Le capital émis 91
D. Le capital payé 93
E. Les classes d'actions 93
F. Les actions avec valeur au pair 93
G. Les actions sans valeur au pair 93
H. Les actions ordinaires 94
I. Les actions privilégiées 94
J. Les actions privilégiées quant aux dividendes 95
K. Les actions privilégiées quant au droit de vote 95
L. Les actions privilégiées rachetables 95
M. Les actions privilégiées au cas de liquidation 95
3.3.4 Les livres de la compagnie 95
A. Le livre des actionnaires et administrateurs 96
B. Le registre des transferts 96
C. Le livre des minutes et des lettres patentes 96
D. Le registre des hypothèques 96
E. Le livre des comptes de la compagnie 96

3.3.5 La dissolution et la liquidation de la compagnie 97
A. La dissolution volontaire 97
B. La dissolution forcée 98
3.4 L'entreprise coopérative 98
3.4.1 Les principes du coopératisme 98
A. Les coopératives de consommation 99
B. Les coopératives de production 99
C. Les coopératives de distribution 100
D. Les coopératives d'habitation 100
3.4.2 La formation de la coopérative 100
3.5 La procédure des assemblées délibérantes 103
3.5.1 Le président d'assemblée 103
A. Les fonctions et pouvoirs 103
B. L'élection 103
C. L'appel de la décision du président 104
3.5.2 Le déroulement de l'assemblée 104
A. La vérification des présences 104
B. La vérification du quorum 104
C. L'élection du président et du secrétaire 104
D. L'ordre du jour 105
E. La lecture et l'adoption du dernier procès-verbal 105
F. Les faits découlant de la dernière réunion 105
G. La discussion des points à l'ordre du jour 105
h. Le vote 105
I. La levée de l'assemblée 106
3.5.3 Les incidents 106
A. L'amendement et le sous-amendement 106
B. Le point d'ordre 106
C. La question de privilège 107
D. La question préalable 107
E. La proposition de dépôt 107
F. La remise à une date fixe 107
G. Le renvoi à un comité 107
H. La fixation d'ajournement et l'ajournement 108
I. La suspension des règlements 108
QUESTIONS DE RAPPEL 109
CAS PRATIQUES 111

QUATRIÈME PARTIE: LES CONTRATS

Introduction 113
4.1 La formation du contrat 114
4.1.1 La capacité légale de contracter 114

4.1.2 Le consentement légal 116
A. L'erreur 118
B. La fraude 119
C. La violence et la crainte 120
4.1.3 L'objet du contrat 120
4.1.4 La cause légale 121
4.2 Les effets et la preuve du contrat 122
4.2.1 Les effets du contrat entre les parties 122
4.2.2 Les effets du contrat à l'égard des tiers 122
4.2.3 La preuve du contrat 124
A. L'écrit sous seing privé 125
B. L'écrit authentique 125
C. Le témoignage 126
D. L'aveu 126
E. Les présomptions 127
4.3 La responsabilité contractuelle 127
4.3.1 La contrainte du débiteur 128
4.3.2 L'exécution par un tiers 129
4.3.3 L'annulation du contrat 129
4.3.4 La réclamation en dommages-intérêts 129
4.3.5 Les causes d'exonération de responsabilité 131
A. Le cas fortuit ou la force majeure 131
B. Les clauses limitatives de responsabilité 132
4.4 Le contrat de vente 132
4.4.1 Les caractères du contrat de vente 133
4.4.2 Les obligations de l'acheteur 134
A. L'obligation de payer le prix 134
B. L'obligation de prendre livraison 135
4.4.3 Les obligations du vendeur 135
A. Livrer la chose 135
B. Garantir l'acheteur contre l'éviction 135
C. Garantir l'acheteur contre les vices cachés 136
4.4.4 Les ventes à caractères spécial 138
A. La vente en bloc 138
B. La vente F.A.B. 138
C. La vente d'immeuble 139
D. La vente d'immeuble dans un ensemble immobilier 139
4.4.5 Le contrat d'entreprise 140
4.5 La Loi sur la protection du consommateur 140
4.5.1 Les garanties offertes 141
4.5.2 Les contrats du vendeur itinérant 142
4.5.3 Les contrats de crédit 142
A. Le contrat de crédit variable 143
B. La vente à tempérament 143

4.5.4 Les contrats d'autos et de motos 144
4.5.5 Réparations d'autos et de motos 144
4.5.6 Réparations d'appareils domestiques 145
4.5.7 Autres règles 145
4.6 Le contrat de mandat 146
4.6.1 Les obligations du mandataire 146
A. Face au mandant 146
B. Vis-à-vis les tiers 147
4.6.2 Les obligations du mandant 147
A. Face au mandataire 147
B. Vis-à-vis les tiers 147
4.6.3 L'extinction du mandat 147
4.7 Le contrat de transport 148
4.8 Le contrat d'assurance 150
4.8.1 Une définition 150
4.8.2 Les catégories d'assurances 151
A. L'assurance maritime 151
B. L'assurance terrestre 151
C. L'assurance de personnes 152
D. L'assurance de dommages 152
4.8.3 Les obligations des parties 153
A. Quant à l'assuré 153
B. Quant à l'assureur 154
4.9 Le louage des choses 154
4.9.1 Une définition 154
4.9.2 Les obligations du locateur 155
4.9.3 Les obligations du locataire 156
4.9.4 Durée et renouvellement du bail 157
4.9.5 Le bail résidentiel 157
QUESTIONS DE RAPPEL 159
CAS PRATIQUES 162

CINQUIÈME PARTIE: LA RESPONSABILITÉ LÉGALE

Introduction 167
5.1 Les différents types de responsabilité 167
5.1.1 La responsabilité pénale 167
5.1.2 La responsabilité civile 169
5.1.3 La responsabilité contractuelle 169
5.1.4 La responsabilité délictuelle 169
5.2 La responsabilité de sa propre faute 171
5.2.1 Une personne capable de discernement 172
5.2.2 Un élément de faute 173

5.2.3 Des dommages ... 174
A. Dommages matériels ... 175
B. Dommages physiques ... 175
C. Dommages moraux ... 175
D. Dommages exemplaires ... 176
5.2.4 Un lien de causalité ... 176
5.2.5 Cas d'exonération de responsabilité ... 177
A. Cas fortuit ou force majeure ... 177
B. Acceptation du risque ... 177
C. Faute contributoire de la victime ... 177
D. La faute d'une tierce partie ... 178
5.3 La responsabilité du fait d'autrui et des choses ... 178
5.3.1 La responsabilité pour les choses dont on a la garde . 178
5.3.2 La responsabilité des parents ... 179
5.3.3 La responsabilité du tuteur ... 180
5.3.4 La responsabilité du curateur aux insensés ... 180
5.3.5 La responsabilité de l'instituteur et de l'artisan ... 180
5.3.6 La responsabilité de l'employeur ... 181
5.4 La responsabilité pour les animaux et bâtiments ... 182
5.4.1 La responsabilité pour l'animal ... 182
5.4.2 La responsabilité pour les bâtiments ... 183
5.5 La responsabilité automobile ... 183
5.5.1 Le fonctionnement du régime ... 184
5.5.2 Les ayants droits à l'indemnisation ... 185
5.5.3 Les Québécois hors du Québec ... 185
5.5.4 Les indemnités prévues au régime ... 186
A. Les indemnités de remplacement de revenu ... 186
B. Les indemnités de décès ... 187
C. Les indemnités forfaitaires ... 188
5.5.5 Le droit d'appel ... 188
5.5.6 Autres faits marquants ... 189

QUESTIONS DE RAPPEL ... 190
CAS PRATIQUES ... 192

SIXIÈME PARTIE: LES MOYENS ET LES GARANTIES DE PAIEMENT

Introduction ... 195
6.1 Les effets de commerce ... 196
6.1.1 Le chèque ... 197
A. Les conditions de validité du chèque ... 197
1. Le chèque doit être écrit ... 198
2. Le chèque doit comporter trois (3) parties .. 198
3. Le paiement d'une somme d'argent ... 198
4. Un ordre de paiement inconditionnel ... 198

B. Les particularités du chèque 198
1. Le chèque payable au porteur 199
2. Le chèque payable à ordre 199
3. Le chèque payable à demande 199
C. Les droits et obligations des parties 199
1. Le tiré 199
2. Le tireur 200
3. Le bénéficiaire 200
4. Les endosseurs 200
5. Le détenteur régulier 201
6.1.2 La lettre de change 201
A. Les conditions de validité de la lettre de change 202
1. La lettre de change doit être écrite 202
2. La lettre de change doit comporter trois (3) parties 202
3. Le paiement d'une somme d'argent 202
4. Un ordre de paiement inconditionnel 202
B. Les particularités de la lettre de change 203
1. La lettre de change payable au porteur 203
2. La lettre de change payable à ordre 203
3. La lettre de change payable à demande ou à terme 204
C. Les droits et obligations des parties 204
1. Le tiré 204
2. Le tireur 205
3. Le bénéficiaire 205
4. Les endosseurs 205
5. Le détenteur régulier 205
6.1.3 Le billet à ordre 206
A. Les conditions de validité du billet à ordre 206
1. Le billet doit être écrit 206
2. Le billet doit comporter deux (2) parties 206
3. Une promesse de paiement inconditionnelle 207
4. Le paiement d'une somme d'argent 207
B. Les particularités du billet à ordre 207
1. Le billet payable au porteur 207
2. Le billet payable à ordre 208
3. Le billet payable à demande ou à terme 208
C. Les droits et obligations des parties 208
1. Le souscripteur 208
2. Le bénéficiaire 208
3. Les endosseurs 208
4. Le détenteur régulier 209
6.1.4 La lettre et le billet du consommateur 209

6.2 Les sûretés et privilèges des créanciers 210
6.2.1 Le patrimoine, gage d'exécution 211
6.2.2 Les créanciers privilégiés 213
A. Quant aux meubles 213
B. Quant aux immeubles 215
1. Privilège de l'ouvrier 215
2. Privilège du fournisseur de matériaux 216
3. Privilège du constructeur et du sous-entrepreneur 216
6.2.3 Les garanties conventionnelles 217
A. L'hypothèque 217
B. La dation en paiement 218
C. Le nantissement commercial 219
D. Le cautionnement 220
E. L'assurance-vie 221
F. La cession générale de créances 221
G. La garantie de l'article 178 de la Loi des banques 221
H. Le transport de loyer 221
6.3 L'insolvabilité du débiteur 222
6.3.1 Le dépôt volontaire 222
A. L'enregistrement au dépôt volontaire 222
B. Les conséquences du dépôt volontaire 223
6.3.2 La faillite 224
A. L'ordonnance de séquestre 224
B. La cession des biens 225
C. Les conséquences de la faillite 225
1. Pour le failli 225
2. Pour les créanciers 227

QUESTIONS DE RAPPEL 230
CAS PRATIQUES 233

SEPTIÈME PARTIE: LE TRAVAIL ET LE DROIT

Introduction 237
7.1 Les lois régissant les accidents du travail 237
7.1.1 L'option de l'employé 238
7.1.2 Les indemnités prévues 239
A. Les indemnités de l'ancienne Loi 239
B. Les indemnités de la nouvelle Loi 241
7.1.3 Le droit de retour au travail 242
7.2 Les relations de travail 242
7.2.1 Le contrat de travail individuel 242
7.2.2 La Loi sur les normes du travail 243
A. Le salaire minimal 244
B. La durée du travail 244

C. Les congés annuels et jours fériés 244
D. Le repos hebdomadaire et les congés sociaux ... 245
E. Le préavis de licenciement 245
F. Le congé de maternité 246
G. Le certificat de travail 246
H. Le recours du salarié 246
I. Le recours du salarié de cinq ans de service 247
7.2.3 Le contrat le travail collectif 247
A. Le droit d'association 248
B. L'accréditation 249
Les officiers d'accréditation 250
C. La négociation collective 250
D. La conciliation 251
E. L'arbitrage 252
Le fonctionnement de l'arbitrage 252
F. La grève, le lock-out et le piquetage 253
G. La convention collective 253
H. La grève aux services publics 254
QUESTIONS DE RAPPEL 256
CAS PRATIQUES 258

HUITIÈME PARTIE: L'INCIDENCE DES RÉGIMES MATRIMONIAUX

Introduction 259
8.1 Règles communes aux régimes 259
A. Notions d'ordre public 260
B. Le 1er juillet 1970 261
C. La dissolution des régimes 262
8.1.1 La séparation de biens 263
8.1.2 La société d'acquêts 265
A. La composition du régime 265
B. L'administration des biens 266
C. La responsabilité des dettes 266
D. La dissolution 267
8.1.3 La communauté de biens 267
A. La composition du régime 267
B. L'administration du régime 269
C. La dissolution du régime 269
D. La responsabilité des dettes 270
8.2 Dispositions particulières 270
8.3 Tableau récapitulatif 272
QUESTIONS DE RAPPEL 273
CAS PRATIQUES 274

NEUVIÈME PARTIE: SOLUTIONS AUX QUESTIONS ET CAS PRATIQUES

Partie 1: Questions de rappel: réponses 277
Cas pratiques: solutions-types 281

Partie 2: Questions de rappel: réponses 283
Cas pratiques: solutions-types 285

Partie 3: Questions de rappel: réponses 286
Cas pratiques: solutions-types 292

Partie 4: Questions de rappel: réponses 293
Cas pratiques: solutions-types 298

Partie 5: Questions de rappel: réponses 300
Cas pratiques: solutions-types 303

Partie 6: Questions de rappel: réponses 304
Cas pratiques: solutions-types 309

Partie 7: Questions de rappel: réponses 311
Cas pratiques: solutions-types 314

Partie 8: Questions de rappel: réponses 315
Cas pratiques: solutions-types 318

1

NOTIONS PRÉLIMINAIRES

1.1 LA JUSTIFICATION DE LA LOI

Avant même d'aborder le droit dans son aspect technique, expliquons-en la provenance, le fondement et sa justification. Nous connaîtrons ainsi le vocabulaire spécialisé propre à cette science précise, mais non exacte car un ordinateur ne pourrait remplacer un juge. Par la suite, nous discuterons plus facilement de lois, de statuts, de codes, de structures et de la réglementation juridique.

Toute société, dite organisée et bien structurée, recherche le bien-être, la paix, l'ordre et la protection de ses membres. Un organisme fonctionnel se choisit des personnes qui en assurent l'administration et la gestion. Comme une compagnie, un employeur ou un grand magasin à rayons, la société doit nommer des officiers responsables de la gérance et de l'administration. Ainsi, par le biais du système électoral, un village, une ville, une commission scolaire, une province choisissent leurs dirigeants.

En ce sens, nous sommes tous responsables et solidaires de l'existence de la loi, laquelle recherche le maintien des relations harmonieuses entre des membres pourtant mus par des intérêts différents, voire opposés, au sein d'une même communauté. En effet, comment peut-on penser pouvoir vivre sereinement dans un système où l'on ignore l'étendue de ses libertés et droits d'action. Selon un dicton populaire, la liberté de l'un s'arrête au moment où elle brime celle de l'autre.

En plus de gérer et d'administrer la communauté, les differents gouvernements élus se doivent de formuler des règles de vie acceptables par l'ensemble de la collectivité. Le pouvoir de concevoir et rédiger les règles du jeu nécessaires au bon fonctionnement social s'appelle le *pouvoir législatif*, le *pouvoir exécutif* se rapportant alors à la gérance et à l'administration de l'application concrète des décisions législatives.

La loi peut se définir comme suit:

L'imposition volontaire, par et pour les citoyens, de règles précises et fonctionnelles jugées bénéfiques à l'ensemble d'une collectivité par des représentants élus à titre d'autorité législative.

La loi n'existe qu'à la demande pressante d'individus désireux d'éliminer les frictions personnelles, collectives, sociales, commerciales, industrielles, etc.

Admettons cependant que la loi, édictée par une société et pour son bénéfice, ne pourra jamais plaire à la totalité de ses membres, en raison de la divergeance des intérêts concernés. La loi parfaite et idéale n'existe pas, quoique l'on doive se faire un devoir de l'atteindre.

Conscients de cette réalité, nous nous proposons:

— De donner un bref aperçu de la constitution
— D'étudier les bases juridiques régissant la vie du citoyen, bases de nature personnelle, familiale, matrimoniale
— De cerner et de distinguer les sources et les catégories de droit
— De suivre les étapes d'adoption d'une loi
— D'analyser l'organisation de nos différents tribunaux

1.2 APERÇU HISTORIQUE CONSTITUTIONNEL

Par le traité de Paris (1763), la France remettait le Canada à l'Angleterre.

À partir de cette époque, divers documents ont contribué à l'édification de notre pays, tels:

— L'Acte de Québec (1774)
— L'Acte constitutionnel (1791)
— L'Acte d'Union (1840)
— L'Acte de l'Amérique du Nord britannique (1867), appelé aussi l'Acte confédératif (A.A.N.B.)
— Le Statut de Westminster (1931)

Lors de l'A.A.N.B. en 1867, le Canada ne comptait que quatre (4) provinces: le Québec, l'Ontario, le Nouveau-Brunswick et la Nouvelle-Écosse. Par la suite, vinrent s'ajouter le Manitoba (1870), la Colombie Britannique (1871), l'Île-du-Prince-Édouard (1873), le Territoire du Nord-Ouest et la Terre de Rupert (1883), la Saskatchewan et l'Alberta (1905), enfin Terre-Neuve (1949).

Au plan juridique, L'A.A.N.B. (1867) fixait notre constitution. Cent quarante-sept (147) articles composent ce pacte. Celui-ci détermine les droits fondamentaux des Canadiens, leurs formes de gouvernements de même que leurs pouvoirs respectifs.

Ce pacte (ou loi), malgré son importance fondamentale et ses nombreuses répercussions depuis au-delà d'un siècle, comporte relativement peu d'articles. Sa brièveté et son apparente simplicité ont entraîné régulièrement de sérieuses et fréquentes controverses. Par exemple, les articles 91 et 92 définissent les pouvoirs et les juridictions de l'État central et des provinces. Ils ont donné lieu à de perpétuelles discussions. De fait, les attributions de chaque palier gouvernemental, laconiquement définies, ont soulevé de nombreux conflits constitutionnels. Pensons ici au débat provoqué par la loi 101, loi sur la langue au Québec. N'a-t-elle pas engendré de nombreuses contestations quant à sa validité? La Constitution est une loi fondamentale. En plus de délimiter les droits politiques de ses citoyens, elle fixe la structure et le fonctionnement du gouvernement du pays. Plus concrètement, une loi déclarée inconstitutionnelle comme le chapitre 3 de la loi 101, signifie que l'adoption d'une telle loi par une législature provinciale n'était pas de sa juridiction en vertu de la Constitution.

1.2.1 LA JURIDICTION FÉDÉRALE

A. Pouvoir général d'ordre et de paix

Le gouvernement central possède par l'A.A.N.B. le pouvoir général d'ordre et de paix sur l'ensemble du pays. Par exemple, les événements d'octobre 1970 au Québec inspiraient le premier ministre du Canada à proclamer la Loi sur les mesures de guerre. À tort ou à raison, il avait jugé que l'ordre et la sécurité pouvaient être menacés.

B. Pouvoir résiduaire

Toute matière non explicitement prévue par la constitution ou non attribuée aux provinces relève du gouvernement central. Par ce pouvoir, conféré il y a plus d'un siècle, le fédéral a acquis des droits et des juridictions dans des domaines imprévisibles ou inexistants à cette époque. (Par exemple, la navigation aérienne était inconnue à l'époque des Pères de la Confédération).

JURIDICTIONS NOMMÉES FÉDÉRALES (article 91)	EXPLICATIONS
— L'assurance-chômage	Explique l'existence d'une Commission d'assurance-chômage du Canada dont les règles s'appliquent à tous les citoyens canadiens.
— Le prélèvement des deniers	Il s'agit des impôts fédéraux retenus sur nos salaires et gains financiers.
— Les postes	Nous sommes dotés d'un seul service des postes d'un océan à l'autre.
— La défense du pays	Raison d'être de l'armée canadienne et non d'armées provinciales.
— La navigation	Multitude de lois fédérales régissant ce domaine du transport par eau.
— La monnaie	Le même dollar circule dans toutes les provinces.
— Les poids et mesures	Le système métrique a été décidé et publicisé par le fédéral.
— La faillite	L'insolvabilité d'un débiteur, acculé à la faillite, entraîne l'application d'une loi fédérale même s'il s'agit d'un commerçant québécois.
— Les brevets d'invention	Réglementation fédérale statuant sur les inventions au pays, peu importe la province d'origine.
— L'institution du mariage et le divorce	Même si un mariage est célébré entre Québécois selon les prescriptions de notre droit civil, le divorce sera prononcé en vertu d'une loi fédérale.
— Le droit criminel	Juridiction nommée qui a permis l'élaboration du Code criminel du Canada, applicable à tous les citoyens du pays.

C. Autres pouvoirs ou droits nommés et spécifiques

La constitution attribue de plus à l'État central des pouvoirs exclusifs rapportés à l'article 91 de l'A.A.N.B. Les principaux sont énumérés à la page précédente.

JURIDICTIONS NOMMÉES PROVINCIALES (article 92)	EXPLICATIONS
— Le revenu provincial	Le Québec impose ses citoyens à la source. Les autres provinces n'utilisent pas cette juridiction.
— Les institutions municipales	La Loi des cités et villes ainsi que le Code municipal déterminent le fonctionnement et les pouvoirs des municipalités.
— Les débits de boisson	La Société des alcools du Québec, organisme public, ne trouve pas son pendant dans toutes les autres provinces.
— Les compagnies à charte provinciale	La législation provinciale permet la mise en place d'une corporation.
— La célébration des mariages	Le mariage, institution de juridiction fédérale, mais réglementé par les provinces. Ceci touche les cérémonies, les normes de célébration de même que la séparation.
— La propriété et les droits civils	Le Code civil du Québec édicte les normes légales en ces domaines.
— La procédure civile devant les tribunaux	Il existe un Code de procédure civile régissant le déroulement des causes judiciaires.
— L'imposition de punitions en vue du respect des lois provinciales	Pour faire respecter les lois du Québec, cette disposition permet d'imposer des sanctions même si le pouvoir général d'ordre et de paix appartient au fédéral.
— Les matières de nature locale et privée	Une province peut occuper un domaine de juridiction qui n'affecte pas l'intérêt du pays en autant que ce champ s'avère propre et privé.

1.2.2 LA JURIDICTION PROVINCIALE

La constitution canadienne attribue uniquement aux provinces des pouvoirs exclusifs et rapportés à l'article 92, sans autres pouvoirs généraux. Ces principales juridictions sont exposés au tableau qui précède.

La confusion des juridictions a entraîné inévitablement des différends constitutionnels. Ces frictions ont donné lieu à des débats quasi permanents, chacun des niveaux de gouvernements voulant s'accaparer une part de plus en plus importante d'autorité.

Dans le but de calmer les animosités, le Canada, avec l'assentiment de la plupart des provinces, désirait rapatrier de Londres la Constitution. Ce faisant, le Canada enlevait toute juridiction du parlement britannique sur la Constitution, laquelle peut maintenant être modifiée selon les voeux de la majorité.

Après plusieurs années de conférences constitutionnelles, de contestations judiciaires et de remous politiques, le gouvernement fédéral et les gouvernements provinciaux (moins le Québec), parvinrent le 5 novembre 1981 à une entente sur le rapatriement de la Constitution et sur une formule d'amendement.

L'accord stipulait que la demande de rapatriement de la Constitution serait faite au parlement de Westminster par le gouvernement fédéral et sans opposition des provinces.

Cette formule d'amendement prévoyait que le gouvernement fédéral pouvait modifier la Constitution avec l'autorisation du Sénat, de la Chambre des Communes et du parlement des deux tiers des provinces représentant au moins 50% de la population du Canada d'après le dernier recensement décennal. Toutefois, si une telle modification diminue un droit ou un privilège d'une province, comme par exemple en matière d'éducation, le parlement de cette province peut exprimer sa dissidence et l'amendement n'aura alors aucun effet quant à cette dernière.

Dans les faits, cette formule fut légalement sanctionnée le 17 avril 1982 par la reine d'Angleterre, Élizabeth II, à l'invitation de Pierre E. Trudeau, premier ministre du Canada. Officiellement, le rapatriement eut lieu à cette date.

1.3 LES SOURCES SPÉCIFIQUES DU DROIT

Une revue des sources spécifiques du droit s'impose ici. De prime abord, les termes *loi* et *droit* n'ont qu'un sens très large et peu explicite. Il faut cependant y retrouver un contenu précis et spécifique.

Où retrouve-t-on la formulation écrite de la loi?

Principalement, sept (7) sources spécifiques nous procurent l'information légale:

- — Les codes
- — Les statuts
- — Les ordonnances et arrêtés en conseil
- — Les règlements
- — La jurisprudence
- — La doctrine
- — L'usage

LES SOURCES SPÉCIFIQUES DU DROIT

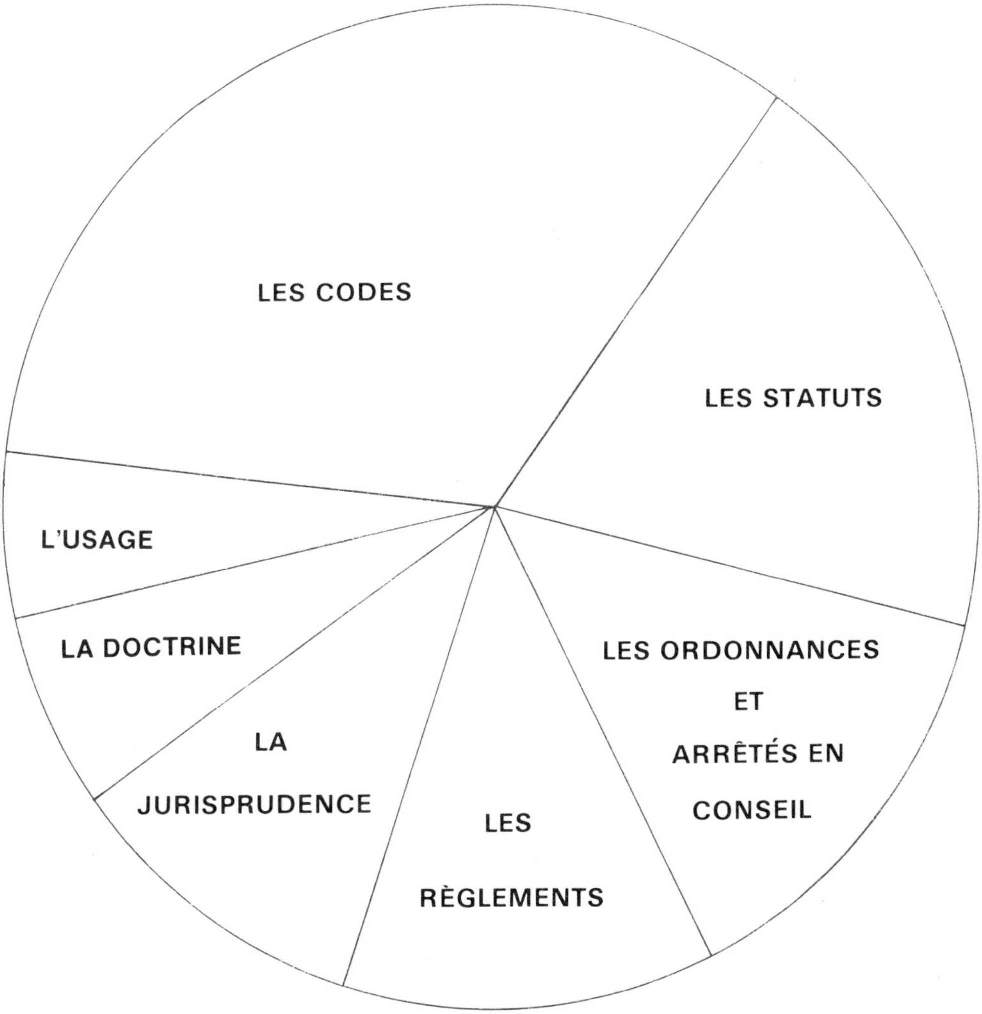

N.B: *Cette illustration ne correspond pas mathématiquement à l'importance de chacune des sources. Elle montre cependant que les codes et les statuts occupent beaucoup plus de place dans le droit que l'usage par exemple.*

1.3.1 LES CODES

Les codes constituent un recueil de règles écrites et multiples numérotées par articles. Ceux-ci couvrent l'ensemble d'un domaine du droit.

Le Code civil du Québec ainsi que le Code criminel du Canada représentent l'illustration pratique d'une telle définition.

En effet, voici deux (2) vastes catégories de droit où le législateur a regroupé, par articles, des règles applicables à chacune des matières.

Le droit civil, en particulier, se rattache aux pouvoirs juridiques des citoyens et à leurs rapports entre eux. Un seul volume composé approximativement de deux mille neuf cents (2900) articles, codifie ce domaine. Les différentes dispositions regroupent des titres aussi variés que la capacité juridique, les régimes matrimoniaux, la propriété, les successions, les contrats, les donations, la responsabilité, etc.

Le Code criminel régit tout un domaine du droit à caractère punitif et contient des règles juridiques par articles, au nombre approximatif de huit cents (800), applicables au vol, à l'enlèvement, à la fraude, à l'agression sexuelle, à la séquestration, au meurtre, etc.

Rappelons que les codes revêtent une importance capitale comme principaux piliers de la loi. Ils couvrent un vaste champ juridique et influencent quotidiennement notre vie.

1.3.2 LES STATUTS

Ils consistent en des règles édictées par nos deux (2) niveaux de gouvernements et traitent de cas particuliers. La législation statutaire, composée d'un nombre restreint d'articles (50 à 200), couvre un sujet précis, contrairement aux codes, couvrant un vaste secteur du droit.

EXEMPLES:

- Loi sur les accidents du travail et des maladies professionnelles (Projet de loi 42, 32e législature, loi en vigueur depuis le 19 août 1985)
- Loi des compagnies du Québec (Ch. C-38, L.R.Q.)
- Loi de la sécurité dans les édifices publics (Ch. S-3, L.R.Q.)
- Loi sur le régime des rentes (Ch. R-9, L.R.Q.)
- Loi de l'assurance-maladie (Ch. A-29, L.R.Q.)
- Loi sur l'assurance-automobile (Ch. A-25, L.R.Q.)
- Loi sur l'assurance-chômage (Ch. 48, statuts fédéraux, 1971)

— Loi des lettres de change (Ch. B-5, S.R.C., 1970)
— Loi sur la faillite (Ch. B-3, S.R.C., 1970)
— Loi sur les sociétés commerciales canadiennes (1974-75-76, Ch. 33, statuts fédéraux)
— Loi sur le divorce (Ch. D-8, S.R.C., 1970)
— Loi sur la libération conditionnelle des détenus (Ch. P-2, S.R.C., 1970)

On se doit de distinguer entre:

— Les lois refondues rédigées par le gouvernement provincial
— Les statuts révisés: écrits par le gouvernement fédéral

À remarquer que les statuts ne forment pas un code, même réunis dans un recueil pour fins de classification. Ils ne se rattachent qu'à des sujets précis et particuliers.

1.3.3 LES ORDONNANCES ET ARRÊTÉS EN CONSEIL

L'élaboration d'une loi peut nécessiter plusieurs mois, voire même plusieurs années de travail. Les différentes phases que sont l'étude, la rédaction, les lectures obligatoires, les commissions parlementaires, la promulgation et la sanction justifient ces longs délais.

La prolifération des lois, due partiellement au rythme accéléré d'évolution de notre siècle, a poussé nos représentants à mettre sur pied la législation par voie d'ordonnances et d'arrêtés en conseil. Cette formule permet de modifier rapidement des parties d'un statut sans devoir recourir au long et fastidieux processus de l'amendement devant la Chambre des Communes ou l'Assemblée Nationale.

Il suffit de prévoir, à l'intérieur d'un statut, la possibilité de modifier certaines parties ou articles déterminés à l'avance, par simple décision du Conseil exécutif des ministres. La loi concernée accorde donc à l'exécutif du gouvernement le pouvoir de modifier et de compléter un statut par une décision écrite appelée *ordonnance*, tandis que le document mettant en vigueur ladite *ordonnance* s'appelle un arrêté en conseil.

La Loi des décrets de convention collective illustre concrètement ce type de législation. Cette loi provinciale prévoit que le Conseil des ministres peut imposer l'application d'une convention collective relative à un métier à tous les employeurs de la province ou d'une région déterminée. De plus en plus utilisée, cette façon de procéder assure une rapidité d'action. Cependant, cette technique ne donne pas aux ministres le pouvoir d'abroger la loi ni de modifier des règles si aucune clause ne le prévoyait à l'intérieur même du statut.

1.3.4 LES RÈGLEMENTS

Le rythme de croissance de notre société, avec ses diverses composantes, empêche le législateur de penser à tout et de rédiger, en conséquence toutes les lois utiles. Le stationnement dans chacune des villes, les règles d'éthique des professions, les normes d'admissions dans les écoles, collèges et universités, voilà autant d'exemples où un gouvernement doit déléguer à d'autres niveaux une partie de son pouvoir législatif.

Cette délégation de pouvoir touche principalement les cités et villes, les commissions scolaires, les corporations professionnelles, les nombreuses régies, etc.

Cette transmission de pouvoir à différents corps publics leur permet de créer leur propre règlementation. Ces derniers conservent la même valeur et la même force légale qu'un statut ou un code. Ils sont rédigés par l'organisme à qui le pouvoir a été délégué.

EXEMPLES:

- Les règlements municipaux relatifs à l'émission des permis d'affaires
- Les règlements municipaux relatifs à la cueillette des ordures ménagères
- Les règlements municiapux concernant les permis de rénovation ou de construction
- Les règlements municipaux de zonage résidentiel, commercial et industriel
- Les règlements d'admission et d'inscription aux collèges et universités
- Les règlements du Collège des médecins ou de la Chambre des notaires
- Les règlements édictés par la Régie des loteries

1.3.5 LA JURISPRUDENCE

La bonne volonté et la conscience professionnelle ne suffisent pas toujours pour dissiper les ambiguïtés découlant de la rédaction de textes légaux. En effet, la loi prévoit une situation juridique qui a le problème d'être dénuée de circonstances concrètes. La loi peut ou ne peut pas s'appliquer, ou s'appliquer d'une certaine manière; c'est ainsi que naissent certaines équivoques qui prêtent souvent flanc à l'interprétation.

Lors de l'audition d'un procès, on voit souvent les juristes citer au président du tribunal des jugements prononcés dans des cas similaires. Même si ces décisions ne lient pas nécessairement le juge, celles-ci apportent quand même une force probante à l'argumentation. En principe, le magistrat peut rendre un jugement totalement contraire à celui de ses prédécesseurs. Il demeure toutefois moralement lié par ces décisions. Il sait bien que des confrères ou des tribunaux supérieurs pourraient éventuellement réviser son verdict en s'inspirant de la jurisprudence établie.

L'état actuel du droit ne permet pas de contredire un texte de loi par la jurisprudence. Celle-ci conserve cependant une grande force légale au niveau de l'interprétation et de l'application de la loi.

1.3.6 LA DOCTRINE

Plusieurs juristes ont commenté un grand nombre de lois et de règlements dans des articles et des ouvrages pour en favoriser une meilleure interprétation. Les avocats dans leurs opinions et les juges dans leurs jugements, s'y réfèrent à l'occasion, particulièrement quand la jurisprudence passée fait preuve de mutisme ou est carrément contradictoire en la matière. Certains de ces auteurs, tel P.B. Migneault en droit civil, ont atteint une telle renommée que leurs écrits font presque figure de *bible* en la matière.

La doctrine constitue l'ensemble de ces écrits et commentaires au sujet de la loi en général.

1.3.7 L'USAGE

La loi admet qu'une pratique locale, commerciale ou professionnelle peut entraîner force de loi.

L'usage, utilisé comme preuve, sert plus rarement et s'avère moins utile que les autres sources et origines spécifiques du droit. Notre loi, écrite presqu'en totalité, laisse peu d'occasions à notre système juridique de recourir à l'usage comme solution légale.

Toutefois, dans les quelques cas où les règles écrites s'avèrent absentes ou peu explicites, l'usage pourrait tenir lieu de loi. Cet usage n'obtiendra sa justification légale qu'à certaines conditions essentielles:

— Uniformité dans l'emploi
— Utilisation sur une très longue période
— Connaissance, par tout le milieu concerné, de l'usage en question.

1.4 LES ÉTAPES DE L'ADOPTION D'UNE LOI

Rappelons d'abord que le pouvoir législatif a pour fonction de voter les lois. Dans notre système fédéraliste, la députation élue par la population va soumettre des lois, soit à l'Assemblée Nationale à Québec, soit à la Chambre des Communes à Ottawa, selon que ces lois relèvent des juridictions prévues par la Constitution.

Donc, l'élaboration d'une loi est confiée à un ministère quelconque du parti au pouvoir. Avant que le projet de loi ne soit acheminé à l'Assemblée Nationale ou à la Chambre des Communes, il est remis aux plus hautes instances décisionnelles du gouvernement pour approbation; suivent ensuite les débats en chambre...

Au fédéral comme au provincial, un projet de loi doit subir l'épreuve de trois lectures successives avant de pouvoir être adopté. Une première lecture sensibilise les députés au projet lui-même; une seconde stimule le débat et la discussion autour du projet, et une troisième vise son adoption.

Il peut arriver qu'au cours de la deuxième lecture, un projet soit déféré en commission parlementaire pour un examen encore plus exhaustif de ses dispositions. Dans ces commissions, il est coutume d'inviter au débat les représentants des parties plus particulièrement intéressées par le projet de loi.

Sauf exception, les lois ainsi adoptées par l'Assemblée Nationale ou la Chambre des Communes sont en vigueur dans un certain délai après leur sanction par le lieutenant gouverneur ou le gouverneur général du Canada.

Enfin, pour le fédéral, soulignons que trois autres lectures sont nécessaires devant le Sénat avant la sanction de la loi. Ordinairement, ces lectures supplémentaires ne sont que des formalités.

1.5 LES CATÉGORIES DU DROIT

Étudions maintenant les différentes catégories de droit existantes. L'organigramme qui suit devrait mieux nous situer.

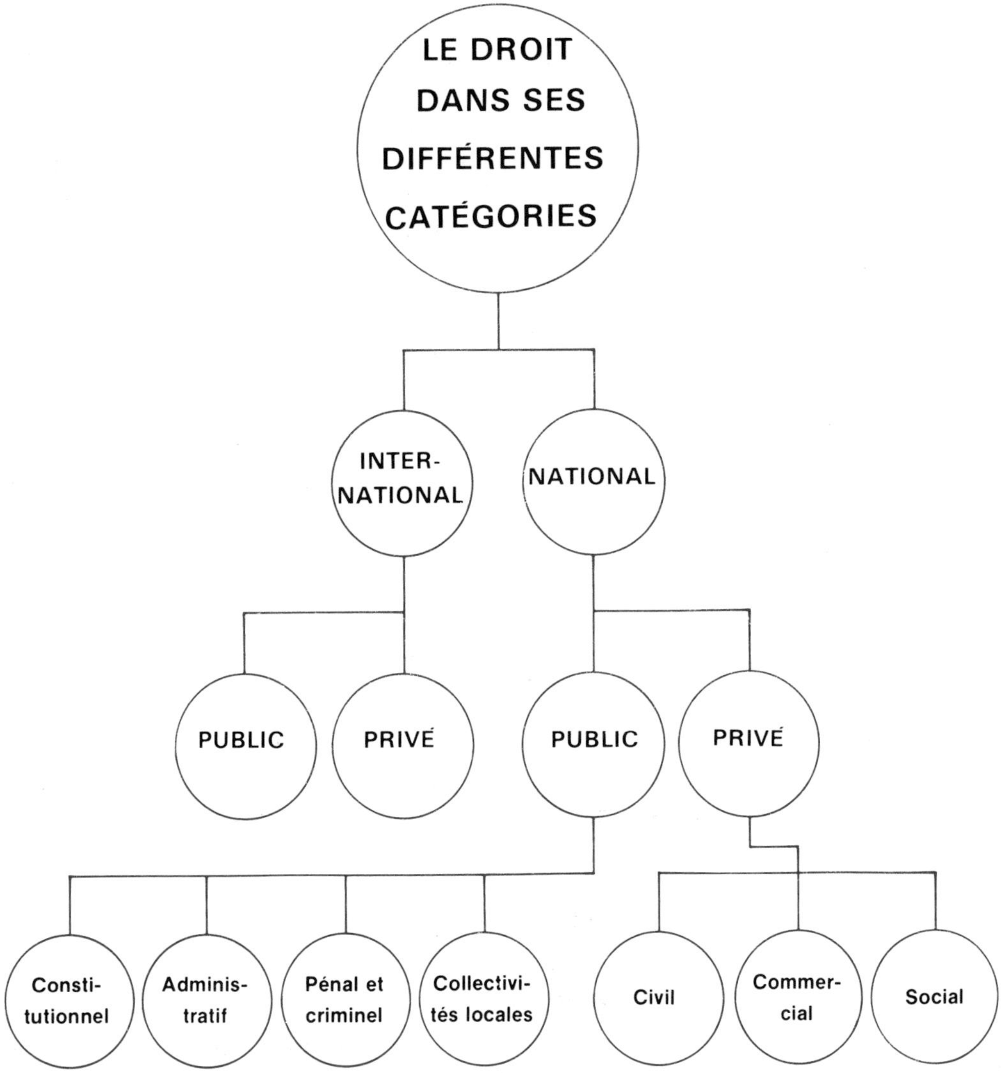

1.5.1 LE DROIT INTERNATIONAL

Sous le titre du droit international, on regroupe tous les rapports juridiques et légaux ou les litiges qui outrepassent les frontières d'un pays.

Ceci inclut les relations légales:

— Entre pays
— Entre pays et citoyens de pays différents ou entre citoyens de différents pays

A. Le droit international public

On qualifie les relations internationales de publiques lorsqu'elles ne mettent en rapport que des pays. Comme exemples citons les ententes sur le désarmement (SALT II), l'établissement de trèves en temps de guerre, la réclamation que le Canada adressait à la Russie suite à l'écrasement d'un satellite sur le territoire canadien. Le droit international public ne repose pas sur des codes ou des lois. Ce droit se nourrit à partir de traités bilatéraux, multilatéraux ou d'ententes.

B. Le droit international privé

Celui-ci implique des rapports légaux entre un ou des citoyens d'un pays et un autre pays ou entre des citoyens de pays différents. Appartiennent à cette forme de droit, les démêlés d'un Québécois avec les services douaniers américains. Un différend légal entre un acheteur canadien et un fournisseur européen relève aussi de ce type de droit.

Bref, le terme *public* se rapporte aux gouvernements et à leurs divers ministères ou organismes alors que le terme *privé* touche nécessairement un ou des citoyens.

1.5.2 LE DROIT NATIONAL

Il touche les relations juridiques à l'intérieur des frontières d'un pays. Ces relations peuvent avoir lieu entre citoyens différents ou entre citoyens et l'État. En conséquence, il faut distinguer entre:

— Le droit national public
— Le droit national privé

A. Le droit national public

À l'intérieur de nos frontières, on qualifie le droit national de public lorsqu'il met en cause les gouvernements, les ministères ou les services de l'État.

Entrent dans le cadre d'une telle définition les relations avec la Commission d'assurance-chômage, la Régie des rentes, les services du bien-être social, etc.

Le droit national public se divise en quatre (4):

1. Le droit constitutionnel
2. Le droit administratif
3. Le droit pénal et criminel
4. Le droit des collectivités locales

1. Le droit constitutionnel

Issu de l'Acte de l'Amérique du Nord Britannique de 1867, il établit les bases politiques, les droits fondamentaux des citoyens et le partage des pouvoirs entre nos deux (2) paliers de gouvernements. Il relève donc du domaine public parce qu'il intéresse l'administration de l'État.

2. Le droit administratif

Quoique public, il régit plus spécifiquement les rapports entre la personne et les divers organismes et services gouvernementaux tels les ministères, les commissions, les régies, etc. Les relations avec la Commission d'assurance-chômage, la Régie des rentes, le ministère des Postes représentent des exemples de ce type de droit.

3. Le droit pénal et criminel

Tout contrevenant à des normes établies par le législateur en vue du maintien de l'ordre et de la paix ou du respect des lois encourt une peine. Elle peut consister en une amende, à l'emprisonnement ou à une restriction de liberté. Le Code criminel, les statuts provinciaux et fédéraux contiennent les règles de droit et l'éventail des sanctions applicables.

Quoique le terme *pénal* implique l'imposition d'une peine, on l'emploie plus fréquemment pour désigner une infraction à une loi statuaire.

EXEMPLES:

— Une fausse déclaration à la Régie d'assurance-automobile du Québec
— la violation d'un règlement établi en vertu de la Loi sur les normes du travail

Le terme *criminel* fait appel à des infractions au Code criminel.

EXEMPLES:

— L'enlèvement d'un individu
— Le meurtre

4. Le droit des collectivités locales

Il traite des rapports juridiques entre les citoyens et les institutions municipales et scolaires. La législation est particulièrement abondante en matière municipale avec les chartes des principales villes, les lois sur les communautés urbaines, la Loi sur les cités et villes et le Code municipal.

B. Le droit national privé

On qualifie le droit national de privé lorsque les relations ou les litiges n'ont lieu qu'entre personnes. L'État ou ses différents services ne sont nullement impliqués.

Les problèmes juridiques entre voisins, entre conjoints et entre un employeur et ses employés font tous partie de cette catégorie de droit.

Le droit national privé se divise en trois (3):

1. Le droit civil
2. Le droit commercial
3. Le droit social

1. Le droit civil

Voilà, à notre avis, la catégorie la plus importante de notre système légal. Écrit et codifié, il fixe les normes et les règles des relations privées des membres de notre société. Entre diverses personnes d'une même collectivité, il établit les règles de droit applicables. Il pose les bases de la liberté d'action de chacun. Le code civil régit la naissance, le mariage (éventuellement la séparation), les devoirs parentaux, les obligations contractuelles, les droits à la propriété, le décès, la succession, etc.

Ce type de droit au Québec, parce que codifié et écrit, diffère de celui des autres provinces. En matière civile, c'est le *commom law* qui régit le reste du territoire canadien. Il s'agit de règles non écrites mais imposées et applicables par des jugements rendus depuis tout près de dix (10) siècles.

L'augmentation considérable des litiges chez des couples mariés depuis quelques années a incité de plus en plus les juristes et les justiciables à désigner sous le titre de droit matrimonial, l'ensemble des problèmes juridiques engendrés par ces conflits de nature purement civile. Il s'agit plus spécifiquement de la séparation de corps, du divorce, de l'annulation de mariage, de la demande de pension alimentaire et de la garde d'enfants. D'ici peu, nous parlerons éventuellement d'un nouveau domaine du droit.

2. Le droit commercial

Il se rattache plus particulièrement aux actes juridiques posés par les commerçants et les hommes d'affaires, ainsi qu'aux actes de commerce. Cette définition, apparemment vague et imprécise, correspond exactement à ce type de droit. Une législation spécifique à cette catégorie n'existe pas, elle se résume à quelques articles du Code civil, à l'usage et à certaines lois particulières comme la Loi de la protection du consommateur.

Soulignons qu'il est important de connaître ces quelques articles du Code Civil puisqu'ils établissent les règles de droit spécial quant à la preuve et à la prescription des créances commerciales.

Une partie précise du droit commercial se développe très rapidement et reçoit de plus en plus la désignation spécifique de droit corporatif. Il s'agit de toute la partie traitant de la création, règlementation, gestion et liquidation des compagnies.

3. Le droit social

Relativement nouveau, son importance va de pair avec le phénomène de ralentissement économique que connaît le monde libre. Ce type de droit règlemente le bien-être des membres d'une collectivité et vise à aplanir les disparités sociales trop évidentes.

Les relations de travail et la conciliation locateur-locataire appartiennent justement au droit social. Ce droit veut faciliter les rapports humains en recherchant la conciliation, la médiation, la pondération.

La partie la plus importante du droit social se nomme le droit du travail qui s'occupe de tous les problèmes qui naissent en ce domaine, tels la négociation de conventions collectives, le règlement des griefs et la sécurité au travail.

Conclusion

Nous ne voudrions pas laisser l'impression qu'il existe des cloisons étanches entre les différentes catégories de droit. Contrairement aux mathématiques par exemple, l'addition d'un principe à un autre, en droit, ne donne pas nécessairement deux (2) principes. La loi prête toujours flanc à l'interprétation.

Comme illustration, la Loi sur l'assurance-chômage comporte trois (3) volets:

— Le social en assurant un minimum de revenus au chômeur
— L'administratif en mettant en relation des services gouvernementaux et le citoyen
— Le pénal en imposant des sanctions pour fausse déclaration et fraude

1.6 L'ORGANISATION DES TRIBUNAUX

L'étude des différentes catégories de droit et de leur provenance nous force à constater, dans le rouage juridique, la multitude de lois et de normes, tant municipales, provinciales que fédérales. Elle donne aussi un aperçu de la quantité d'intervenants nécessaires pour l'application de ces lois ou normes. Expliquons alors l'organisation juridique, i.e. les différents tribunaux appelés à siéger quant aux différentes matières ainsi que les auxiliaires de la justice participant aux rouages juridiques.

Nous nous familiariserons ainsi non seulement avec les catégories de tribuanaux, avec leur fonctionnement, leurs responsabilités, leurs matières respectives, mais aussi avec ces intervenants sans lesquels la règle de droit ne pourrait être appliquée. Tout comme les cours de justice, ces auxiliaires portent des noms spécifiques à leurs attributions. Quant aux cours de justice, elles possèdent leurs attributions spécifiques et peuvent être saisies d'un dossier selon l'importance du litige.

Il importe ici, d'établir une distinction entre les tribunaux judiciaires et les tribunaux administratifs. Les premiers, qui à l'opposé des seconds, seront étudiés dans le présent ouvrage, s'occupent des litiges entre les individus. Par exemple, Micheline qui poursuivra Denis en séparation de corps à la Cour supérieure, Henri qui poursuivra Jean en dommages-intérêts pour 4 000 $ à la Cour provinciale ou Bernard qui devra se présenter à la Cour des sessions de la paix pour répondre à une accusation de voies de fait.

Les tribunaux administratifs, eux, traitent des rapports entre les citoyens d'une part et l'État ou des organismes d'autre part. Ainsi, Raymond qui désire un permis de camionneur en vrac s'adressera au Tribunal des transports, et Guy qui revendique un permis de vente de boissons pour son épicerie devra se présenter à la Régie des permis d'alcool du Québec.

C'est, en fait, via les tribunaux administratifs que le gouvernement accorde souvent certains bénéfices aux justiciables en vertu de lois statutaires. L'intervention de plus en plus fréquente de l'État depuis quelques années et dans plusieurs domaines a provoqué leur essor rapide. À cet interventionnisme notoire de l'État, il faut ajouter que certains tribunaux administratifs traitent de domaines tellement spécialisés qu'ils requièrent de ses membres des compétences plus poussées que la simple connaissance du droit. Ainsi, un ingénieur pourra-t-il siéger au bureau de révision de l'évaluation foncière à raison de sa compétence à jouer avec des concepts impliquant une connaissance poussée en ingénierie. Soulignons enfin que ces tribunaux administratifs peuvent porter des dénominations différentes selon les lois statutaires: ils peuvent être appelés tribunal, bureau de révision, régie, office, etc .

1.6.1 LES AUXILIAIRES DE LA JUSTICE

Le juge: son rôle s'inscrit dans l'aboutissement suprême et logique du rouage judiciaire. Un juge se doit d'appliquer la loi; il peut l'interpréter mais ne peut aller à l'encontre, ou créer de son propre chef une règle de droit: ce soin est dévolu au pouvoir législatif, non au pouvoir judiciaire.

Soulignons que le juge a l'obligation de trancher le débat entre des justiciables. Ce devoir est si impératif que l'article 11 du Code civil stipule: "le juge ne peut refuser de juger sous prétexte du silence, de l'obscurité ou de l'insuffisance de la loi."

Les juges sont choisis parmi les avocats membres du Barreau depuis au moins dix ans. Il ne peut vaquer à une autre profession que celle de juge.

Le protonotaire: afin de suppléer au rôle du juge dans des procédures déterminées ou en cas d'incapacité ou d'absence du juge, le protonotaire a certains pouvoirs de la nature de ceux d'un juge. Ainsi, il peut rendre jugement sur une affaire qui n'a pas fait l'objet d'une contestation. Par exemple, si Micheline poursuit Henri sur une action sur compte pour services rendus de 2 000 $ à laquelle Henri n'a pas répondu, le protonotaire pourra rendre jugement en faveur de Micheline pour la somme réclamée.

Le protonotaire est aussi un greffier. Il est notamment en charge de la célébration des mariages civils. Il est nommé par le ministère de la Justice du Québec et est, ordinairement, choisi parmi les membres du Barreau du Québec.

L'avocat: les justiciables ont le choix de se faire représenter par avocat ou d'agir par eux-mêmes. Le rôle de l'avocat est de représenter son client dans les procédures judiciaires devant le tribunal. Son rôle ne consiste pas seulement à s'occuper des litiges, il peut aussi agir comme conseiller juridique.

Le procureur de la Couronne est l'avocat oeuvrant pour le compte de l'État dans des poursuites de nature criminelle ou pénale.

L'avocat doit être membre du Barreau.

Le notaire: le travail principal du notaire consiste en la rédaction et en la passation de contrats de vente d'immeubles, de baux commerciaux, de testaments, etc . En plus de recevoir ces actes authentiques, il peut agir aussi à titre de conseiller juridique.

Le notaire doit être membre de la Chambre des Notaires.

Le greffier: le greffier est le gardien des procédures et des archives de la cour. Il est aussi désigné comme le protonotaire à la Cour Suprême et comme registraire en matière de faillite.

Il est un fonctionnaire du ministère de la Justice.

L'huissier: son rôle est capital dans le déroulement d'une cause: il s'assure que tout acte émanant d'une partie vienne à la connaissance de ou des autres parties en cause. Le travail de l'huissier consiste à se déplacer chez l'autre partie pour lui transmettre les procédures.

En plus de ce rôle d'émissaire, il agit comme le prolongement du jugement en une cause puisqu'il a le pouvoir de saisir les biens de la partie contre laquelle un jugement a été rendu.

Il est officier de justice et est nommé par le ministère de la Justice.

Le shérif: son rôle se retrouve à la toute fin du rouage judiciaire. Le shérif procède à la vente en justice des immeubles saisis.

Greffier audiencier: ce fonctionnaire s'occupe du bon déroulement lors de l'audition d'un procès. Il note tous les incidents sourvenant (objections, représentations des avocats...). Il assermente les parties et les témoins.

Il est officier de justice.

Commissaire à l'assermentation: nommé par le ministère de la Justice sur la bonne réputation du sujet, son rôle consiste simplement à recevoir le serment de quiconque sur une déclaration ou un document.

Coroner: lorsqu'il y a mort violente d'un individu, son rôle consiste à faire la lumière sur les circonstances entourant cette mort, et à déterminer s'il y a responsabilité criminelle. Son enquête peut avoir lieu publiquement.

Régistrateur: il a la responsabilité de tenir à jour les documents relatifs aux transactions entourant les biens immeubles pour son district judiciaire. Ces documents sont publics.

Syndic: il n'est concerné que dans la gestion, l'administration et la liquidation de la faillite d'un individu ou d'une corporation.

LA PYRAMIDE JUDICIAIRE

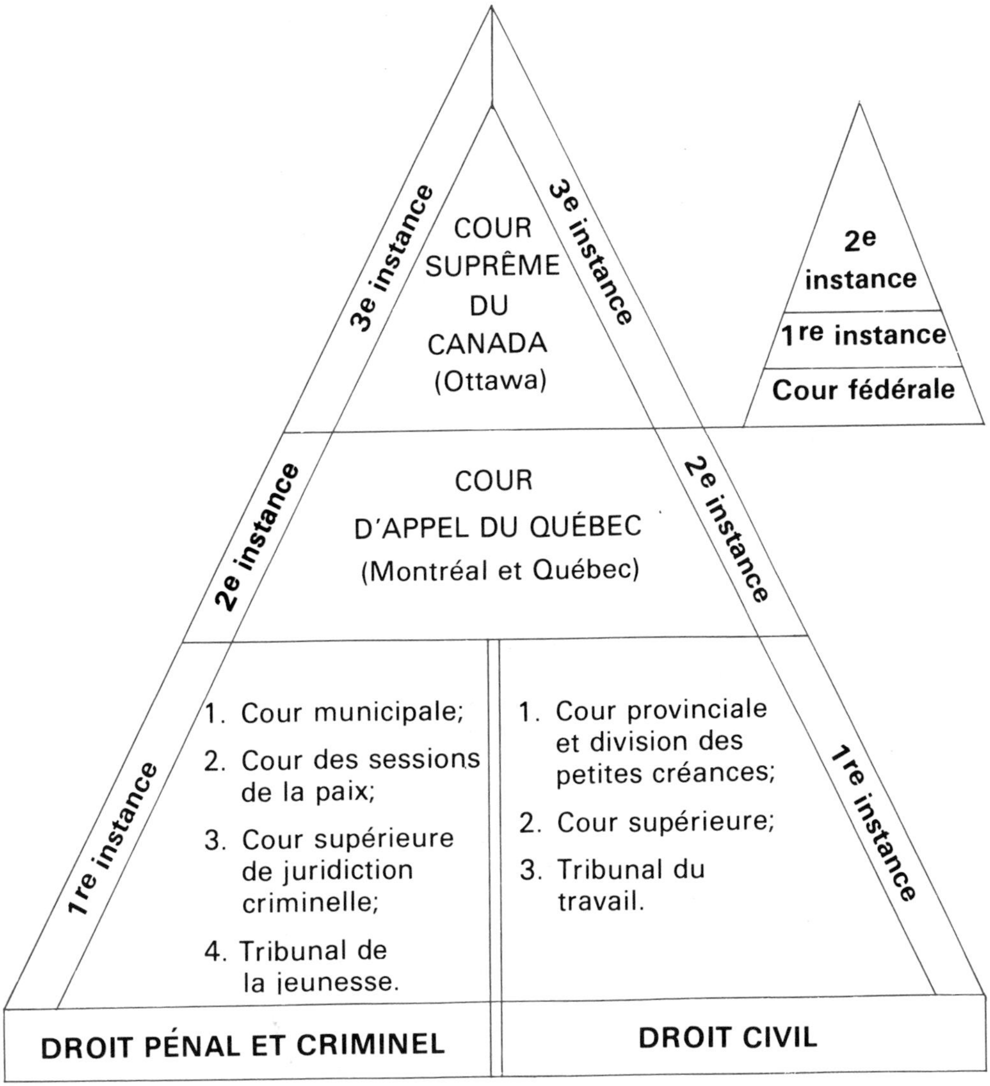

L'organigramme qui précède nous démontre que certains tribunaux ne s'occupent que de matières criminelles et d'autres, de litiges civils. Ceci ne vaut cependant que pour les cours de première instance (celles qui forment la base de la pyramide). Elles entendent les causes portées pour la première fois en justice.

Les tribunaux de deuxième et troisième instances sont habilités à entendre tous les litiges, qu'ils soient de nature criminelle ou civile.

1.6.2 LA COUR FÉDÉRALE

La Cour fédérale apparaît à l'écart dans notre tableau synthèse. De fait, elle diffère des autres. Cette cour ne se prononce que sur des problèmes impliquant le gouvernement fédéral et sur des questions exclusivement de juridiction fédérale.

Les litiges en rapport avec les brevets, les marques de commerce, les taxes fédérales relèvent de ce tribunal. Celui-ci possède aussi juridiction sur les poursuites en dommages-intérêts contre le gouvernement fédéral ou l'un de ses organismes. Par exemple, si un camion militaire endommageait votre clôture pour 800 $, vous pourriez réclamer cette somme devant la Cour fédérale même si la Cour provinciale peut entendre votre plainte. La Cour fédérale possède même ses propres tribunaux de première et de deuxième instances dont les jugements demeurent susceptibles d'appel devant la Cour suprême du Canada.

1.6.3 LES TRIBUNAUX PÉNAUX ET CRIMINELS

Certaines cours n'entendent que des causes relatives au droit criminel et pénal telles:

A. La Cour municipale
B. La Cour des sessions de la paix
C. La Cour supérieure de juridiction criminelle
D. Le Tribunal de la jeunesse

A. La Cour municipale

Tribunal le plus connu du citoyen, il se retrouve dans presque toutes les municipalités de la province. Dans des villes importantes comme Montréal et Québec, des juges y siègent de façon permanente. Dans les petites municipalités, des avocats de pratique privée font souvent office de juge sur une base partielle au rythme d'une à deux fois par semaine.

La Cour municipale a particulièrement juridiction sur l'application des multiples règlements édictés par la ville. Elle entend également les poursuites intentées pour infractions aux règles de la circulation routière survenues à l'intérieur des limites de son territoire. Cette cour entend également les délits mineurs prévus par le Code criminel, par exemple, le vol à l'étalage et l'ivresse au volant d'un véhicule. Ce tribunal, présidé par un seul juge, porte des jugements après audition de la preuve et rend des sentences punitives pouvant aller de la simple amende à l'incarcération. Soulignons que la procédure suivie en Cour municipale est semblable à celle prévalant à la Cour des sessions de la paix.

B. La Cour des sessions de la paix

Ce tribunal, probablement le plus important au niveau du droit pénal, s'occupe essentiellement des infractions prévues par:

— Le Code criminel
— Le Code de la route
— Les différents statuts édictés tant par le gouvernement fédéral que provincial

Le vol, la fraude, l'enlèvement, la Loi fédérale sur les stupéfiants et le Code de la sécurité routière, voilà autant d'exemples de matières confiées à ce tribunal. La nomination des juges permanents de cette cour appartient au gouvernement provincial. Ce dernier tient compte des avis de divers organismes dont le ministère de la Justice et le Barreau du Québec. Cette cour siège dans les trente-quatre (34) districts judiciaires du Québec couvrant ainsi tout son territoire. Si un accusé commet son forfait à St-Jean, il comparaîtra devant la Cour des sessions de la paix du district d'Iberville. Montréal et Québec demeurent les deux (2) districts les plus achalandés.

Cette cour est présidée par un seul juge qui doit rendre jugement sur la culpabilité ainsi que sur la sentence.

C. La Cour supérieure de juridiction criminelle

Elle retient le plus l'attention du public et des médias d'information. C'est à cette cour que se déroulent les procès avec jurés.

En effet, le Code criminel prévoit certains délits exclusifs à cette cour, tels le meurtre et la trahison. De plus, pour une grande partie des infractions criminelles, l'accusé pourra choisir un procès:

— Devant juge seul à la Cour des sessions
— Avec juge et jurés à la Cour supérieure de juridiction criminelle

La télévision et le cinéma ont toujours su exploiter le côté spectaculaire du procès avec juge et jurés. Cette cour s'avère très impressionnante pour le profane. Un (1) juge, douze (12) jurés, les avocats, le greffier, le sténographe, le public, voilà beaucoup de regards braqués sur l'accusé et les témoins.

Il appartient au gouvernement fédéral de nommer les juges de cette cour. Quant aux jurés, le hasard et la liste électorale s'en chargent. Tout citoyen majeur peut être assigné en tant que juré: n'échappe pas à ce devoir civique qui veut. Au cours du procès, le juge garde toujours la gouverne du droit et les jurés, celle des faits.

Après l'audition, les jurés rendent un verdict unanime d'acquittement ou de culpabilité. Le juge décide alors de la sentence, s'il y a lieu.

D. Le Tribunal de la jeunesse

Le Tribunal de la jeunesse doit sa création au gouvernement provincial qui y nomme les juges appelés à le présider. Ce tribunal, antérieurement la Cour du bien-être social, siège également dans chacun des districts judiciaires du Québec.

Cette Cour s'adresse à des mineurs accusés d'infractions criminelles ou pénales. Contrairement aux cours déjà évoquées, l'esprit du Tribunal de la jeunesse ne prône pas l'imposition systématique de sentences punitives mais vise la réhabilitation du délinquant dans la société. De caractère plus sociologique, elle n'impose une sentence punitive, telle la détention en maison fermée, qu'en dernier recours. Elle préfère encadrer plutôt qu'incarcérer. Les prévenus y sont d'ailleurs appelés des délinquants plutôt que des accusés.

Ce tribunal s'occupe également de parents mal intentionnés à l'égard de leurs enfants ou de majeurs qui entraînent des jeunes au crime. Cette cour possède aussi le pouvoir de renvoyer un délinquant à une cour supérieure. Jugé alors comme un adulte, il recevra une sentence qui n'aura pour but que l'imposition d'un châtiment. On voit rarement cette procédure utilisée. Le tribunal y contraindra à l'occasion un délinquant d'habitude, insensible aux recommandations repétées du juge. À ce tribunal, les audiences se déroulent à huis clos et aucune cause ne peut faire l'objet de publicité quelconque.

En matière civile, cette cour a également juridiction en matière d'adoption. C'est devant elle que les futurs parents présenteront leur requête et entendront la décision.

1.6.4 LES TRIBUNAUX CIVILS

Comme en droit criminel, il existe plusieurs tribunaux propres aux matières civiles. Chacun jouit d'attributions ou de juridictions spécifiques. Ces cours portent les noms suivants:

A. La Cour provinciale et sa division des petites créances
B. La Cour supérieure
C. Le Tribunal du travail

A. La Cour provinciale

La Cour provinciale siège aussi dans chacun des districts judiciaires du Québec. Évidemment, le nombre de juges et de salles d'audience varie avec l'ampleur du district. Les juges nommés en permanence par le gouvernement provincial entendent les causes en réclamation d'une valeur inférieure à 15 000 $. Ainsi toute poursuite sur récupération de loyer commercial, sur chèque revenu sans provision, sur paiement d'un compte ou en dommages-intérêts est entendue à cette cour à la condition expresse de respecter la limite monétaire fixée.

Tribunal de première instance, cette cour entend donc la première tout litige propre à sa juridiction; de plus, elle peut agir comme tribunal d'appel, notamment en ce qui concerne les décisions de la Régie du logement.

Cependant, une demande de pension alimentaire, même pour un montant inférieur à 15 000 $, ne relève pas de la compétence de cette cour. En effet, cette réclamation appartient à la juridiction de la Cour supérieure. Par contre, la loi permet à la Cour provinciale d'entendre des réclamations de taxes municipales et scolaires ou des poursuites en cassation d'un rôle d'évaluation d'immeubles imposables, pour ne citer que ces deux (2) cas. Cette compétence de la Cour provinciale lui est exclusive quelle que soit la somme en jeu.

Beaucoup de citoyens s'adressent à cette cour et des attentes de plusieurs mois, voire plus d'un an, s'avèrent souvent nécessaires.

La Cour des petites créances, ision de la Cour provinciale, fût instituée en 1972. Elle désire faciliter l'accès à la justice dans les causes limitées à une valeur inférieure à 1 000 $.

Les juges de la Cour provinciale président ce tribunal où la procédure se veut simple et accessible. Toute personne physique peut y intenter une poursuite. Les compagnies ou autres personnes morales ne peuvent s'adresser à cette division de la Cour provinciale, la loi le leur interdit formellement. Elles peuvent cependant y être poursuivies. Une réclamation inférieure à 250 $ entraîne des frais de 10 $; dans les autres cas, il en coûte 20 $. Une compagnie ou une personne morale réclamant une somme inférieure à 1 000 $ devrait donc s'adresser à la Cour provinciale. Le débiteur poursuivi, s'il est une personne physique, pourra demander que la cause soit transmise à la division des petites créances. C'est ce que la loi appelle le *référé*.

À ce tribunal, sauf cas spéciaux, les avocats ne peuvent représenter les parties au litige. La procédure informelle permet à chaque partie de défendre sa cause elle-même, d'égal à égal. Le juge dirige les débats et rend un jugement écrit et motivé. Le système s'avère rapide (à peine quelques mois s'il y a contestation de la demande), efficace dans l'ensemble et peu coûteux pour le contribuable. Il n'y a pas d'appels possibles des décisions de cette cour.

Cette création de 1972 demeure donc, par son originalité, très utile car elle permet:

— L'introduction rapide des recours
— L'élimination des frais judiciaires élevés
— Les représentations personnelles assumées sans l'aide d'un avocat

B. La Cour supérieure

L'article 31 du Code de procédure civile reconnaît en cette cour le tribunal de droit commun qui connaît en première instance toute demande non attribuée à un autre tribunal. En fait, ce tribunal s'inscrit comme le plus important de nos tribunaux civils.

Siégeant seul, le juge de la Cour supérieure reçoit toute réclamation de plus de 15 000 $ sans limite maximale. Ce tribunal s'occupe également des causes de nature matrimoniale telles la séparation, le divorce, la garde légale des enfants et les pensions alimentaires, peu importe le montant impliqué. Elle s'occupe aussi de l'application de la Loi sur la faillite et du recours collectif entré en vigueur le premier janvier 1979.

En plus de cette juridiction très large, la Cour supérieure exerce aussi un droit de surveillance et de regard sur les tribunaux administratifs, les corps politiques et les corporations. Même si cette cour n'est pas une cour d'appel, on peut, par exemple, s'adresser à ce tribunal dans le cas où un membre de la Régie du logement ou de la Régie de l'assurance-automobile du Québec outrepasserait ses fonctions ou les limites de son mandat.

Les juges qui siègent à la Cour supérieure sont nommés par le gouvernement fédéral.

C. Le Tribunal du travail

Un juge de la Cour provinciale préside ce tribunal très restreint et très spécialisé en relations de travail. Il agit très souvent en appel des décisions rendues sur des demandes d'accréditation décidées par les commissaires du travail. Il peut aussi imposer des sanctions à caractère pénal pour dérogation à certains articles du Code du travail.

1.6.5 LES TRIBUNAUX D'APPEL

On s'adresse aux tribunaux d'appel dans le but de faire réviser des sentences ou des jugements rendus par des tribunaux de première instance. Ainsi la Cour d'appel du Québec siège en deuxième instance, en révision d'un premier jugement.

A. La Cour d'appel du Québec

Toute partie impliquée dans un premier jugement peut se pourvoir, si elle se déclare insatisfaite, en appel à cette cour. Cette possibilité dans la pratique se confine à de rares cas.

On permet l'appel de façon générale et sans trop de restrictions pour les tribunaux chargés de l'application du droit criminel et du droit pénal. Il en va autrement pour les cours de droit civil. Il n'y a pas d'appel pour la Cour provinciale, sauf par exception et sur permission d'un juge de la Cour d'appel. La division des petites créances ne pourra en aucun temps se pourvoir en appel.

On constate que la Cour d'appel s'avère ambivalente. Elle entend aussi bien les appels logés pour les causes civiles que pour les causes criminelles, causes entendues antérieurement par les tribunaux inférieurs.

Quant à la Cour supérieure, ses jugements peuvent être portés en appel à la condition expresse que la valeur en litige excède 10 000 $. La valeur en litige s'interprète de la façon suivante:

POUR LE DEMANDEUR:

Le montant de la demande originale	—	Le montant accordé par la cour	=	La valeur en litige
EXEMPLE: 17 000$	—	1 000$	=	16 000$ (appel permis)

POUR LE DÉFENDEUR:

	Le montant auquel il a été condamné	=	La valeur en litige
EXEMPLE:	1 000$	=	1 000$ (appel non permis)

Dans notre exemple, le demandeur pourrait loger appel auprès de la Cour d'appel du Québec puisque, pour lui, la valeur en litige (16 000 $) excède la limite fixée par la loi (10 000 $). Quant au défendeur, il devra payer le montant auquel il a été condamné puisque la valeur en litige, dans son cas, ne lui permet pas de s'adresser à un tribunal d'appel.

Les juges de la cour d'appel, nommés par le gouvernement fédéral, siègent uniquement à Montréal et à Québec. Seize (16) districts judiciaires, prévus au Code de procédure à l'article 30, dépendent de la Cour d'appel de Montréal; les autres relèvent de Québec.

À cette cour siègent trois (3), cinq (5) ou sept (7) juges en même temps et ceci pour chaque cause entendue. Ceux-ci rendent leur verdict à la majorité après avoir pris connaissance du compte rendu sténographique du premier procès et de l'audition des représentations des avocats. Aucun témoin ne comparaît et nul interrogatoire ne se déroule devant ce tribunal.

B. La Cour suprême du Canada

Comme troisième et dernière instance, au sommet de la pyramide judiciaire apparaît la Cour suprême du Canada. Elle se définit comme le tribunal de dernier recours en révision des jugements rendus par la Cour fédérale et la Cour d'appel.

Historiquement, la Cour suprême du Canada n'a pas toujours été notre dernier tribunal d'appel. Avant 1949, le Conseil privé (Angleterre) pouvait réviser, sur appel, tout jugement de notre Cour suprême. Cette dernière possède sa juridiction aussi bien en matière civile que pénale. L'instruction de la cause se fait sensiblement de la même façon qu'à la Cour d'appel du Québec.

Ce tribunal n'exerce son mandat qu'à Ottawa et plusieurs juges (5, 7 ou 9) y siègent à la fois. En matière civile, la valeur en litige doit excéder 10 000 $. D'autres motifs peuvent aussi pousser la Cour suprême à recevoir l'appel, tels des questions importantes relevant des droits futurs des parties (*Exemples:* pension alimentaire, injonction permanente).

Une fois arrivée à ce stade judiciaire, toute partie encourt des frais considérables. De plus, plusieurs années s'écouleront entre les faits qui ont donné lieu au litige et la décision de cette cour.

1.6.6 LA PROCÉDURE JUDICIAIRE

Les litiges de nature civile ou pénale mènent à des auditions devant les différentes cours de première instance. Le processus juridique approprié diffère selon qu'il s'agit de matières civiles ou pénales.

A. En matière criminelle ou pénale

Lorsque le législateur édicte qu'un comportement constitura un crime, il en fera un *acte criminel* ou une *infraction criminelle* selon qu'il le jugera plus ou moins grave.

S'il s'agit d'infractions criminelles comme le voie de fait simple ou le méfait, le tout se déroulera devant un juge seul.

S'il s'agit d'actes criminels, alors des distinctions s'imposent:

— dans le cas d'actes criminels sous la juridiction absolue d'un juge, comme le vol simple ne dépassant pas 200 $, l'accusé ne peut choisir un procès devant juge et jury et devra se présenter devant un juge seul

— s'il s'agit d'actes criminels sous la juridiction absolue de la Cour supérieure de juridiction criminelle comme le meurtre et la trahison, l'accusé ne peut être jugé que par un juge et un jury

— dans les cas d'actes criminels où il a le choix, ce qui constitue la majorité des actes criminels comme l'agression sexuelle, le vol qualifié et le vol par effraction, l'accusé pourra, selon son désir, être jugé par un juge et un jury ou par un juge seul avec ou sans enquête préliminaire.

1. L'accusation

Les procédures s'intentent en cette matière au nom de la Reine contre un accusé. Un avocat, appelé procureur de la Couronne représente la poursuite dans les multiples procédures régies par le Code criminel. Lors du procès, la poursuite devra prouver, hors de tout doute raisonnable, la culpabilité de l'accusé, et ce, à la satisfaction du tribunal. En effet, dans notre Code criminel, le prévenu jouit d'une présomption d'innocence. La preuve hors de tout doute est la règle en cette matière. Le moindre doute doit bénéficier à l'accusé. L'esprit du Code criminel exige une conviction au plus haut point de la culpabilité d'un individu, au risque même d'innocenter de réels criminels, dans le but évident de ne pas condamner un innocent.

CANADA
PROVINCE DE QUÉBEC
DISTRICT DE MONTRÉAL
VILLE DE BOUCHERVILLE

Cour Municipale
de la Ville de Boucherville

ELIZABETH II, par la Grâce de Dieu, reine du Royaume-Uni, du Canada et de ses autres royaumes et territoires, chef du Commonwealth et défenseur de la foi.

ELIZABETH the Second, by the Grace of God of the United Kingdom, Canada and Her other Realms and Territories Queen Head of the Commonwealth, Defender of the Faith.

NO DE DOSSIER

A-27814-2-10

A : / *To :* M. DENIS NANTEL

Adresse : / *Address :* 210, rue Tournante, Longueuil, Québec

Attendu que vous avez été inculpé comme suit :
Whereas you have been charged before me as follows :

A / *At* Boucherville district de / *district of* Montréal

Que le ou vers le 2 janvier 1980 étant alors conducteur d'un véhicule automobile immatriculé 431Y202/Qué. 79, a conduit ledit véhicule dans les rues De Muy et De Montbrun, direction nord-sud, dans les limites de la Ville de Boucherville, alors que ses facultés étaient affaiblies par l'effet de l'alcool,

Contrairement à l'article 234 du Code Criminel.

VRAIE COPIE

1 - A ces causes, les présentes vous enjoignent, au nom de Sa Majesté, d'être présent à la cour municipale de Boucherville, le
This is therefore to command you, in Her Majesty's name, to attend court on the
6e jour de / *day of* février *19* 80 à 19:30 heures, au 500 Rivière-aux-Pins, Boucherville / *at 19:30 o'clock, at 500 Rivière-aux-Pins, Boucherville*
afin d'être traité selon la loi;
to be dealt with according to law;

2 - A ces causes, les présentes vous enjoignent, au nom de Sa Majesté, de comparaître le
This is therefore to command you, in Her Majesty's name, to appear on the 28 janvier *19* 80
à / *at* 13:30 heures, au / *o'clock, at* 500, Rivière-aux-Pins, Boucherville, Qué.
aux fins de la Loi sur l'identification des criminels. (Ne pas tenir compte de cet alinéa s'il n'est pas rempli).
for the purposes of the Identification of Criminals Act. (Ignore if not filled in).

Vous êtes averti que l'omission, sans excuse légitime, de vous conformer à la présente sommation, constitue une infraction en vertu des articles 133(4) et/ou 455.6 du Code Criminel. Les articles 133(4) et 455(6) du Code Criminel s'énoncent comme suit: (Voir verso)
You are warned that failure without lawful excuse to comply with this summons in an offence under subsections 133(4) and/or 455.6 of the Criminal Code. Subsections 133(4) and 455(6) of the Criminal Code state as follows: (See over)

Daté du / *Dated this* 8 janvier *19* 80

A Boucherville

(signé) ....
Juge Cour Municipale et/ou Juge de Paix

Greffier de la Cour Municipale

2. La comparution

Toute poursuite s'appuie sur des faits; à titre d'exemple, mentionnons le vol d'une bijouterie. Ce cas entraîne l'arrestation du prévenu ou l'émission d'une sommation délivrée par un policier ou un huissier. Cette sommation ordonne à l'accusé de comparaître devant la cour à une date précise. Lors d'une arrestation, l'accusé devra comparaître devant un juge dans les vingt-quatre (24) heures suivantes. Le prévenu répondra alors à l'accusation telle que portée.

À ce stade, l'accusé comparaît devant la cour pour répondre à l'accusation par un plaidoyer oral de culpabilité ou de non-culpabilité. Il devra exercer son choix: un procès devant juge seul ou avec jurés.

Un plaidoyer de non-culpabilité n'indique pas nécessairement que l'accusé jure de son innocence. Il ne fait que demander à la Couronne de prouver sa culpabilité.

Le plaidoyer de culpabilité entraîne le prononcé immédiat de la sentence. Il ne devrait pas avoir lieu sans la consultation préalable d'un avocat.

3. L'enquête préliminaire

Lors de l'enregistrement d'un plaidoyer de non-culpabilité, le juge cite l'accusé à son enquête préliminaire. Le procureur de la Couronne assignera ses témoins principaux, produira ses pièces à conviction pour démontrer que la poursuite possède les éléments de preuve justifiant la tenue d'un procès. La défense ne plaide pas à ce stade des procédures. Le juge décidera, s'il y a lieu, de citer l'accusé à son procès.

Entre temps, l'accusé peut bénéficier d'une remise en liberté provisoire dans l'attente de son procès. La Couronne peut s'opposer à une remise en liberté pure et simple et demander un cautionnement ou l'incarcération pour assurer la présence de l'accusé à la date fixée pour l'audition. L'enquête sur cautionnement a pour but de décider de la mise en liberté, avec ou sans cautionnement, ou de l'incarcération du prévenu.

Il arrive que des accusés changent leur plaidoyer à ce stade des procédures. Dans ces cas, ils recevront leur sentence et le procès n'aura pas lieu.

4. Le procès

La poursuite tente alors de démontrer, hors de tout doute raisonnable, la culpabilité de l'accusé.

La défense, pour la première fois depuis le début des procédures, exerce son droit le plus strict. Elle étaye sa preuve en faisant entendre ses témoins et en établissant sa version des faits. Précisons qu'aux yeux de la loi l'accusé n'est pas contraignable: personne ne peut l'obliger à témoigner dans sa propre cause.

5. Le jugement

À la suite du procès, les jurés délibèrent et rendent un verdict de culpabilité ou de non-culpabilité. Le juge impose alors la sentence appropriée. Si le procès n'a eu lieu que devant un juge seul, ce dernier décidera tant de la culpabilité que de la sentence.

Notons qu'en matière criminelle, contrairement au droit civil, les procédures se déroulent oralement et non par écrit.

B. En matière civile individuelle

Le droit civil s'exerce très différemment du droit criminel. Un demandeur intente une poursuite contre un défendeur. Apparaissent alors une foule d'écrits. Le réclamant doit démontrer au juge qu'il possède la prépondérance de preuve, soit en qualité, soit en quantité. Le doute laissé dans l'esprit du juge ne saurait justifier, pour cette seule raison, le renvoi de la poursuite, contrairement au droit criminel.

Le Code civil édicte que, en général, une mise en demeure doit précéder l'introduction des procédures. Il s'agit d'un avis sous forme de lettre provenant du réclamant ou de son avocat et expédié au débiteur lui enjoignant d'exécuter ses obligations, à défaut de quoi, des recours appropriés seront intentés. La mise en demeure n'est toutefois pas obligatoire: si le contrat contient une stipulation à l'effet que le seul écoulement du temps constitue une mise en demeure; si la chose à exécuter ne pouvait l'être que dans un certain temps que le débiteur a laissé écouler; s'il s'agit d'un contrat de nature commerciale avec un terme pour l'accomplir; s'il s'agit d'une obligation de ne pas faire ou enfin, s'il s'agit d'un cas de responsabilité délictuelle ou quasi-délictuelle.

1. L'action

La poursuite du demandeur s'appuie sur des faits; citons comme exemple la poursuite sur compte impayé de 2 700 $ pour l'installation d'une piscine. Cette poursuite ou action prend naissance par l'émission à la cour, par l'avocat du demandeur, d'un bref d'assignation. Ce document, délivré par huissier, ordonne au défendeur de comparaître au palais de justice dans un délai de dix (10) jours. Ce bref s'accompagne de la déclaration du demandeur expliquant les motifs de cette poursuite.

Dûment signifié, le défendeur devra comparaître par écrit au palais de justice et non personnellement, comme en matière criminelle. L'intimé choisit alors de contester ou non la poursuite. S'il conteste, d'autres procédures suivent.

2. La défense

Le défendeur doit rédiger sa défense dans un autre délai de dix (10) jours après sa comparution.

Il relate les faits qui, à ses yeux, le justifient de ne pas se soumettre aux exigences de la partie demanderesse, Ce document doit être signifié à l'avocat du demandeur et produit au greffe du tribunal. Dans notre exemple, il s'agit évidemment de la Cour provinciale. Notez qu'à n'importe quel stade des procédures et jusqu'à la date du procès, les parties peuvent régler leur différend (règlement hors cour).

Lors de la rédaction de sa défense, le défendeur peut, par une demande reconventionnelle rédigée dans le même document, poursuivre à son tour le demandeur pour une réclamation résultant de la même source ou d'une source connexe à la demande principale. Les deux réclamations seront jugées en même temps.

3. La réponse du demandeur

La défense entraîne la rédaction, par l'avocat du demandeur d'une réponse écrite. Encore ici, signification à la partie adverse et production à la cour s'imposent.

4. L'inscription au mérite

Résumons:

— La partie demanderesse formule sa plainte (bref et déclaration)
— La partie défenderesse explique pourquoi elle ne se plie pas aux exigences du demandeur (défense)
— La partie demanderesse répond à la défense (réponse)

CANADA
PROVINCE DE QUÉBEC
District de BEAUHARNOIS

Numéro 760-05-xxxxxx-80

COUR **PROVINCIALE**

ÉLISABETH DEUX Par la grâce de Dieu, Reine du Royaume-Uni, du Canada et de ses autres royaumes et territoires, chef du Commonwealth défenseur de la foi.

À LA RÉQUISITION DE DENIS CÔTÉ, médecin, domicilié et résidant au numéro civique 177 de la rue Du Thon, en la cité de Montréal, district de Montréal.

Partie demanderesse,

NOUS COMMANDONS À HENRI DE LA MALCHANCE, mécanicien, domicilié et résidant au numéro civique 2216 de la rue Granby, en la cité de Valleyfield, district de Beauharnois.

Partie défenderesse,

De comparaître en notre Cour au Palais de Justice à VALLEYFIELD

dans les DIX jours de la signification de ce bref, pour répondre à la demande

contenue en la déclaration ci-jointe.

À défaut par vous de produire, dans ce délai, un acte de comparution signé par vous-même ou

votre procureur, jugement pourra être rendu par défaut.

EN FOI DE QUOI, nous avons signé,

À VALLEYFIELD

Ce 21 janvier 1980

Procureur(s) de la demanderesse

S) CLAUDE LAROUCHE
Officier autorisé

C A N A D A

PROVINCE DE QUEBEC
DISTRICT DE BEAUHARNOIS

NO: 760-05-xxxxxx-80

C O U R   P R O V I N C I A L E

DENIS COTE

Demandeur

VS

HENRI DE LA MALCHANCE

Défendeur

D E C L A R A T I O N

AU SOUTIEN DE SON ACTION, LE DEMANDEUR DECLARE:

1- Le demandeur est médecin, mais il opère également commerce dans le domaine des piscines et ce depuis plusieurs années;

2- Au cours du mois de juillet 1979, à la réquisition du défendeur, le demandeur a effectué l'installation d'une piscine de marque "Le Tremplin" pour une somme de 4 700$, le tout conformément à un contrat écrit et signé entre les parties, produit au soutien des présentes pour valoir que de droit et ce sous la cote P-1;

3- Un solde de 2 700$ est resté impayé;

4- Malgré la mise en demeure des procureurs soussignés et produite aux présentes sous la cote P-2, le défendeur refuse et/ou néglige de payer le solde dû;

5- L'action du demandeur est bien fondée en faits et en droit;

PAR CES MOTIFS, PLAISE AU TRIBUNAL:

ACCUEILLIR l'action du demandeur;

CONDAMNER le défendeur à payer au demandeur la somme de 2 700$ avec intérêts au taux légal depuis l'assignation;

CONDAMNER le défendeur aux entiers dépens;

VALLEYFIELD, le 21 janvier 1980

PROCUREURS DU DEMANDEUR

C A N A D A

PROVINCE DE QUEBEC
DISTRICT DE BEAUHARNOIS

NO: 760-05-xxxxxx-80

C O U R P R O V I N C I A L E

DENIS COTE

Demandeur

VS

HENRI DE LA MALCHANCE

Défendeur

C O M P A R U T I O N

Nous comparaissons pour le défendeur, M. HENRI DE LA MALCHANCE, en cette cause, sous toute réserve que de droit;

LONGUEUIL, le 29 janvier 1980

Duval & Turcotte [signature]

PROCUREURS DU DEFENDEUR

C A N A D A

PROVINCE DE QUEBEC
DISTRICT DE BEAUHARNOIS

NO: 760-05-xxxxxx-80

C O U R   P R O V I N C I A L E

DENIS COTE

Demandeur,
défendeur-reconventionnel,

VS

HENRI DE LA MALCHANDE

Défendeur,
demandeur-reconventionnel

DEFENSE ET DEMANDE RECONVENTIONNELLE

EN DEFENSE A L'ACTION TELLE QU'INTENTEE, LE DEFENDEUR DIT:

1- J'admets les paragraphes 1, 2 et 3 de la déclaration;

2- J'admets le paragraphe 4 de la déclaration, mais nie devoir la somme réclamée;

3- Je nie catégoriquement le paragraphe 5 de la déclaration du demandeur;

4- Lors de l'installation de la piscine, le demandeur a causé des dommages à ma propriété, ce pourquoi je suis bien fondé à refuser le paiement et exiger compensation;

5- L'action du demandeur est mal fondée en faits et en droit;

ET D'ABONDANT, ME PORTANT DEMANDEUR RECONVENTIONNEL, J'AJOUTE:

6- Les dommages causés à ma propriété s'élèvent à la somme de 4 600$ et j'exige le remboursement de ces dommages;

7- Je suis bien fondé à réclamer compensation pour le solde du contrat plus le remboursement par le demandeur de la différence, soit 1 900$;

8- Le demandeur, défendeur-reconventionnel, doit supporter la responsabilité des dommages causés;

9- La demande reconventionnelle est bien fondée en faits et en droit;

PAR CES MOTIFS, PLAISE AU TRIBUNAL:

REJETER l'action du demandeur;

ACCUEILLIR la présente défense et demande reconventionnelle;
LE TOUT AVEC DEPENS;

Longueuil, le 7 février 1980.
Duval et Tremblay

PROCUREURS DU DEFENDEUR
DEMANDEUR-RECONVENTIONNEL

A F F I D A V I T

Je, soussigné Henri De La Malchance, domicilié au 2216 de la rue Granby en la cité de la Valleyfield, district de Beauharnois, étant dûment assermenté sur les Saints Evangiles, dépose et dis:

1- Je suis le défendeur et demandeur reconventionnel en la présente instance;

2- Je suis personnellement au courant de tous les faits relatés dans ma défense et demande reconventionnelle;

3- Tous les faits et les moyens que j'allègue sont véridiques à ma connaissance personnelle.

En foi de quoi j'ai signé à Longueuil, ce 7 février 1980.

Henri De La Malchance

Assermenté devant moi
à Longueuil, ce septième
jour du mois de février
1980.

Commissaire à l'assermentation

À ce stade, l'une ou l'autre des parties rédige une inscription pour *audition au mérite*. Ici aussi, la signification à la partie adverse est requise. Cette inscription constitue la dernière procédure écrite, et à cette étape seulement, la cour achemine le dossier pour audition devant le juge du procès (inscription sur le rôle). Plusieurs mois s'écoulent entre cette dernière procédure et l'audition de la cause. Les tribunaux ne suffisent pas à la demande et, sauf exceptions, ils traitent les dossiers dans l'ordre chronologique de leur inscription.

5. Le procès

Le procès clôturera donc au besoin un long échange contradictoire de procédures écrites. Le juge écoutera les deux (2) parties ainsi que leurs témoins et rendra jugement, immédiatement ou plus tard, par écrit. Le juge basera sa décision sur la règle de la prépondérance de preuve.

Le cheminement évoqué ici ne représente qu'un déroulement sommaire et simplifié de la poursuite en matière civile. D'innombrables procédures peuvent s'ajouter à celles décrites. Mais il n'en reste pas moins que notre déroulement apparaît comme la succession habituelle des procédures en cette matière.

C. Le recours collectif en matière civile

Le législateur québécois adopta le recours collectif, en vigueur depuis 1979. Il permet à un individu, appelé le représentant, de demander par requête présentée à un juge de la Cour supérieure, l'autorisation de poursuivre en matière civile un débiteur pour son intérêt personnel et celui de ses concitoyens placés dans une situation identique à la sienne devant le même défendeur. Par exemple, Pierre fait face à des problèmes de suspension avec son camion autres propriétaires de camions FORD rencontrant les mêmes problèmes de suspension. Une corporation sans but lucratif ou un syndicat dûment accrédité peuvent agir comme représentant à l'occasion. Le tribunal permettra l'exercice du recours collectif si à son avis:

— le recours des membres soulève des questions de droit ou de fait identiques, similaires ou connexes

— les faits allégués paraissent justifier les conclusions recherchées

— la composition du groupe rend difficile ou peu pratique l'application des articles 59 ou 67 du Code de procédure civile

— le membre auquel il entend attribuer le statut de représentant est en mesure d'assurer une représentation adéquate

Tel est, substantiellement, le contenu de l'article 1003 du Code de procédure civile.

Selon l'article 1005 du même Code, le jugement qui accepte la requête du représentant:

— décrit le groupe dont les membres seront liés par le jugement à survenir
— identifie les principales questions qui seront traitées collectivement et les conclusions recherchées qui s'y rattachent
— ordonne la publication d'un avis aux membres dans les journaux

L'article 1006 du Code de procédure établit que l'avis aux membres du groupe doit indiquer:

— la description du groupe
— les principales questions qui seront traitées collectivement et les conclusions recherchées qui s'y rattachent
— la possibilité pour un membre d'intervenir au recours collectif
— le district dans lequel le recours sera exercé
— le droit d'un membre de s'exclure du groupe, les formalités à suivre et le délai pour exercer l'exclusion
— le fait qu'un membre qui n'est pas un représentant ou un intervenant ne peut être appelé à payer les dépens du recours collectif
— tout autre renseignement que le tribunal juge utile d'indiquer à l'avis

La procédure en recours collectif s'instruit en deux (2) étapes: la première donne l'autorisation de poursuivre pour un groupe déterminé, la seconde concerne le litige en lui-même et ce dernier s'instruit comme n'importe quelle autre cause civile.

L'audition d'une cause au mérite quant au recours collectif se déroule sensiblement de la même façon qu'une autre cause civile.

Le juge décidera en premier lieu de la responsabilité du défendeur puis chaque membre du groupe devra faire la preuve de ses dommages.

L'article 1031 du Code de procédure civile prescrit que le tribunal ordonne le recouvrement collectif si la preuve permet d'établir d'une façon suffisante le montant total des réclamations et qu'il détermine alors le montant dû par le débiteur même si l'identité de chacun des membres ou le montant exact de leur réclamation respective ne sont pas établis.

Un fond d'aide aux recours collectifs a été créé pour aider au financement des procédures.

1.7 L'ARBITRAGE

Quand deux parties élaborent une entente, elles peuvent prévoir que s'il existe une mésentente concernant les obligations au contrat, elles s'en remettront non pas à la décision d'un tribunal judiciaire, mais à la décision d'un ou de plusieurs arbitres qu'elles choisiront elles-mêmes. L'arbitrage existe déjà avec les dommages matériels découlant des accidents d'automobiles entre les compagnies d'assurances. Les parties peuvent donc nommer un ou plusieurs arbitres qui entendront les parties et recevront leur preuve, pour enfin rendre jugement sur l'objet du litige.

Il n'est pas besoin d'être avocat, juge ou notaire pour être arbitre. L'arbitre peut très bien être un ingénieur, un évaluateur ou votre voisin. Ainsi deux voisins qui ne sont pas d'accord sur l'utilisation d'une ruelle commune aux deux, pourraient valablement se référer à un autre voisin respecté des deux pour trancher le litige.

La procédure d'arbitrage présente de nombreux avantages: elle peut s'avérer moins coûteuse que l'instruction ordinaire d'un procès, et surtout, elle possède l'avantage d'obtenir une décision rapide et motivée. Le problème naît lorsque la partie qui succombe est de mauvaise foi et qu'elle recherche, par tous les moyens, à passer outre la décision arbitrale. Cette partie de mauvaise foi peut, s'il y a lieu, contester la juridiction des arbitres et entraîner le litige dans des procédures longues et coûteuses.

Nous soulignons que la procédure d'arbitrage a pris une telle importance qu'elle fait maintenant l'objet de dispositions spéciales au Code de procédure civile (art. 940 ss. C.P.C.).

QUESTIONS DE RAPPEL

1. Quelle est la raison d'être de la loi?
2. Comment pourriez-vous définir la loi?
3. Quelle est l'origine de la constitution canadienne?
4. Qu'est-ce que le législateur?
5. Notre constitution pourrait-elle être modifiée? Si oui, comment?
6. Quels sont les principaux pouvoirs attribués au gouvernement fédéral en vertu de la constitution?
7. Quelles sont les principales juridictions accordées par l'article 92 de l'A.A.N.B.?
8. Quelle est la distinction à faire entre la juridiction fédérale et la juridiction provinciale quant au mariage?
9. Qu'entend-on par l'imposition de punitions aux fins de respect des lois provinciales?
10. Comment peut-on distinguer un code d'un statut? Donnez des exemples.
11. Expliquez la différence entre une ordonnance et un arrêté en conseil.
12. Quelle est la principale distinction à effectuer entre le Code criminel et le Code civil?
13. Y a-t-il une différence entre une loi révisée et un statut refondu?
14. Les règlements ont-ils la même force de loi qu'un statut? Expliquez.
15. La jurisprudence peut-elle servir à contredire un article d'un code?
16. Qu'entend-on par la doctrine? Est-elle utilisée en cour?
17. Existe-t-il une différence entre le droit criminel et le droit pénal? Si oui, laquelle? Si non, pourquoi?
18. Qu'entend-on par le droit des collectivités locales?
19. Qu'entend-on par *tribunaux de première instance*?
20. Quelle distinction doit-on faire entre la Cour des sessions de la paix et la Cour supérieure de juridiction criminelle?
21. Quels sont les objectifs recherchés par le Tribunal de la jeunesse?
22. Est-ce qu'en certaines circonstances, un mineur peut être jugé par la Cour des sessions?
23. Où siègent la Cour provinciale et la Cour supérieure?

24. À quel taux horaire travaille un avocat qui représente le demandeur à la Cour provinciale, division des petites créances?
25. Pourquoi la division des petites créances ne peut-elle pas s'occuper d'une réclamation en pension alimentaire de 610 $?
26. Quel est le tribunal habilité à prononcer les divorces?
27. Distinguez les tribunaux administratifs des tribunaux judiciaires.
28. À quelles conditions peut-on en appeler d'un jugement rendu par la Cour supérieure?
29. Quelles cours peuvent entendre en appel les décisions rendues par la Cour des sessions?
30. Quelle est l'importance des témoins à la Cour suprême du Canada?
31. Quel est le plus haut tribunal d'appel au Québec?
32. Établissez les distinctions essentielles entre la procédure civile et la procédure criminelle.
33. Que signifie la règle de la prépondérance de preuve?
34. Qu'est-ce que la mise en demeure? Expliquez.
35. Pour quelle(s) raison(s) l'accusé peut-il exiger un procès devant dix (10) jurés?
36. Définissez et expliquez les différentes étapes du recours collectif.
37. Quels sont les avantages de l'arbitrage? Expliquez.

CAS PRATIQUES

1. Joseph Lacour, avocat, vous raconte que:

   a) Il a représenté un individu accusé d'avoir commis un vol
   b) Il a représenté un locataire à la Régie du logement
   c) Il a représenté un client pour l'obtention d'un permis à la Régie des alcools du Québec
   d) Il a procédé à l'incorporation de plusieurs compagnies
   e) Il a négocié le renouvellement d'une convention collective de travail, en plus de plaider plusieurs griefs

   À quelles catégories de droit Me Lacour s'est-il adonné dans sa pratique? Expliquez.

2. Le 20 juin 1979, François, âgé de 25 ans, obtient sa première carte de crédit de AC Finance Ltée.

   François, trop dépensier, ne parvient pas à rembourser la somme de 476 $, qu'il doit à AC Finance Ltée.

   Il reçoit aujourd'hui, par huissier, un bref d'assignation de la Cour provinciale, le tout accompagné d'une déclaration lui réclamant la somme de 476 $.

   Les procédures ont été préparées par Me Portefeuille, représentant de AC Finance Ltée.

   a) AC Finance Ltée avait-elle le droit de confier sa réclamation à Me Portefeuille?
   b) Me Portefeuille s'est-il adressé au tribunal compétent?
   c) Que peut faire François s'il ne désire pas être représenté par un avocat?
   d) En présupposant que François doit réellement la somme, pourrait-il avoir un moyen de défense valable?

3. Jean-Pierre a fait exécuter des travaux de rénovation sur sa propriété par la compagnie Y. Lacasse Rénovation Inc. pour la somme de 18 000 $.

   Jean-Pierre, insatisfait du résultat, refuse catégoriquement de payer le solde de 5 000 $ à la compagnie Y. Lacasse Rénovation Inc.

   Jean-Pierre est alors poursuivi par Me Amoché, procureur de la compagnie Y. Lacasse Rénovation Inc.

   Me Léquerre, conseiller juridique de Jean-Pierre, désire poursuivre la compagnie Y. Lacasse Rénovation Inc. en dommages-intérêts par suite de la mauvaise exécution des travaux et cela pour une somme de 16 000 $.

a) À quelle Cour Me Amoché s'est-il adressé?
b) Que fera Me Léquerre pour introduire sa demande?

Par suite d'une décision rendue, l'action de Y. Lacasse Rénovation Inc. est rejetée et Jean-Pierre obtient 8 000 $ pour dommages. Il est toujours insatisfait, désire obtenir davantage et est de plus convaincu qu'une mauvaise décision a été rendue. Que peut-il faire?

4. Monsieur Parthenais s'est illégalement introduit dans une maison d'habitation:
il a volé un système de son d'une valeur de 2 000 $ et un téléviseur couleur d'une valeur de 600 $;
il a causé des dommages évalués à la somme de 400 $.

Monsieur Lacellule réclame justice, les objets n'ayant pas été retrouvés:

a) Quelle poursuite monsieur Lacellule devra-t-il intenter?
b) Expliquez la différence entre les différents recours.
c) Quelles seront les formalités des procédures?

5. Raymond doit comparaître sous plusieurs accusations criminelles commises depuis 18 mois: un vol simple de 50,00 $; deux vols simples de 350.00 $ et 1 500,00 $ respectivement; un incendie et un meurtre. Quel tribunal a juridiction pour chaque cas? Établissez des distinctions nécessaires.

6. Vous êtes procureur de la Couronne. Ce matin, vous vous présentez devant le Tribunal de la jeunesse alors que Maurice âgé de 17 ans, sera accusé de vol. Il est un habitué de cette cour mais jusqu'ici, ses sentences, relativement peu sévères, l'ont toujours laissé indifférent. Quelle demande spéciale pouvez-vous effectuer et pourquoi? Ses amis peuvent-ils assister à sa comparution? Pourquoi?

7. Thérèse, résidente de Confliville, désire intenter un recours collectif contre le Syndicat des chauffeurs d'autobus à l'emploi de cette ville pour la perte financière subie lors de la grève illégale de ses membres la semaine dernière.

— Peut-elle présenter sa requête devant la Cour municipale de Confliville et pourquoi?
— Si la requête est acceptée, le groupe visé pourra-t-il inclure les victimes de la grève illégale de ces mêmes chauffeurs survenus il y a trois ans?
— Advenant un jugement favorable sur la requête, que peut faire Arthur s'il n'est pas intéressé à demeurer dans le groupe désigné?

2

LES PERSONNES, LES BIENS ET LA PROPRIÉTÉ

INTRODUCTION

Certaines notions de droit civil, essentielles à une saine étude de l'organisation juridique de l'entreprise, méritent qu'on s'y attarde:

— La personne juridique
— La propriété
— Les types de biens
— La connaissance de certains droits
— Le patrimoine

Cette nomenclature constitue l'essence même du présent chapitre. En plus de donner à l'étudiant ou à l'homme d'affaires une compréhension claire et distincte de ces notions, cette partie du volume s'avère essentielle à une bonne connaissance de notre droit.

2.1 LA PERSONNALITÉ JURIDIQUE

À l'occasion, nous utilisons les termes *personne physique* et *personne morale*. La première de ces expressions, *personne physique*, est bien connue des gens. Tous et chacun d'entre nous connaissons la chaleur d'une poignée de main. Chaque individu constitue, aux yeux de la loi, une personne corporelle et physique. Dès notre naissance, certains droits nous sont déjà acquis. Dans certaines situations, la loi accorde même des droits à l'enfant conçu mais non encore né.

La loi en général et, plus particulièrement, le Code civil du Québec reconnaissent aussi une personnalité juridique à la personne morale. L'article 352 de notre Code civil énonce ce qui suit:

> "Toute corporation légalement constituée forme une personne fictive ou morale dont l'existence et la successibilité sont perpétuelles... et qui est capable de certains droits et sujette à certaines obligations."

La *personne morale* représente donc une personne abstraite, incorporelle dont la loi et même les gens reconnaissent l'existence. Aussi entend-on souvent: "Je vais chez Eaton" ou "J'emprunte à la Banque Royale". Ces noms commerciaux, connus de tous, projettent une image distincte de leurs membres ou de leurs officiers. Instinctivement, les gens considèrent les corporations comme des entités, exactement ce que la loi recherche. Les compagnies, les corporations, les syndicats et les coopératives constituent autant d'exemples de personnalités morales et légales possédant des droits et des obligations. Elles ont un nom exclusif et peuvent acquérir des biens ou s'en départir, contracter, etc.

Les articles 356 (dernier paragraphe) et 357 du Code civil nous indiquent que:

> "Les corporations... rendues personnes morales ou fictives, sont comme telles régies par les lois affectant les individus...
>
> Toute corporation a un nom propre qui lui est donné lors de sa création... et c'est sous ce nom qu'elle est désignée et connue, et qu'elle fait tous ses actes et exerce tous les droits qui lui appartiennent."

Nous étudierons plus loin comment constituer une personne morale (compagnie, etc.).

2.1.1 LE PATRIMOINE ET LES DROITS DE LA PERSONNE

Qualifions donc les droits des personnes physiques et morales.

Au civil, il faut distinguer deux (2) catégories de droits aux personnes juridiques: patrimoniaux et extra-patrimoniaux. Avant d'aller plus loin, ouvrons une parenthèse et précisons la nature du patrimoine juridique, notion fondamentale du droit civil:

> *L'ensemble des biens, des droits et des obligations d'une personne physique ou morale.*

Le patrimoine juridique s'inspire donc d'une vision comptable des droits et des obligations d'un individu. Il s'exprime en valeurs positives et négatives, en actif et en passif.

Prenons l'exemple de Paul, vaillant père de famille dont le patrimoine juridique est représenté par le tableau suivant:

+		−	
DROITS ET BIENS		OBLIGATIONS	
Son automobile vaut	4 000$	Dû sur cartes de crédit	400$
Son chalet vaut	11 000$	Solde d'un emprunt bancaire	3 000$
Son compte en banque	1 600$	Solde du financement de son auto	1 000$
Ses meubles valent	6 000$		
Sa collection de timbres vaut	800$		
TOTAL:	23 400$	TOTAL:	4 400$
VALEUR NETTE DU PATRIMOINE = 19 000$			

Dans notre exemple, la valeur nette du patrimoine de Paul s'établit positivement. Dans le cas contraire, la loi aurait considéré Paul comme un individu insolvable puisque l'aspect positif de son patrimoine n'aurait pas couvert ses dettes et obligations.

Cette notion de patrimoine, capitale en droit, constitue en fait la base et le fondement des garanties de paiement des créanciers. Fermons ici la parenthèse et revenons aux droits du patrimoine.

A. Les droits patrimoniaux

Ils se définissent comme le regroupement des droits propres à une personne physique ou morale, droits évaluables monétairement. Ces droits patrimoniaux s'expriment donc en valeur pécuniaire quantifiable, à l'intérieur du circuit économique. Nous retrouvons d'ailleurs ces droits dans l'exemple précédent.

B. Les droits extra-patrimoniaux

Ils se définissent comme des droits exclusifs à la personne physique et qu'on ne peut évaluer en argent.

Ils comprennent d'abord les droits fondamentaux de la personne humaine, tels les libertés politiques et religieuses, le droit d'association et le principe d'égalité de tous les citoyens entre eux sans égard à leur sexe, langue, origine ethnique et couleur de peau.

S'y ajoutent le droit à l'éducation, les droits parentaux, le droit à la citoyenneté, le droit au mariage, etc.

Ils sont toujours inaliénables, personne ne pouvant les transiger ou céder et toute entente en ce sens, bien que librement consentie, sera toujours annulée par les tribunaux.

C. Les Chartes des droits de la personne

Dès 1975 le législateur Québécois s'est doté d'une Loi qu'il a intitulée "Charte des droits et libertés de la personne" (L.R.Q. Chap. C-12), et dans laquelle figure les droits les plus élémentaires de chaque citoyen de notre société. Cette Charte n'a d'application qu'à l'intérieur de la juridiction provinciale prévue par la Constitution.

En 1982, l'imbroglio politique découlant des négociations constitutionnelles a fait en sorte que le pouvoir fédéral a adopté sa propre Charte Canadienne (Loi de 1982 sur le CANADA (R-U) 1982 C-11) et l'a appliquée non seulement dans les limites de sa juridiction, mais aussi aux lois émanant des législatures provinciales. Donc actuellement, le justiciable québécois se trouve privilégié par l'application de deux Chartes pour ses droits et libertés.

Les Chartes canadienne et québécoise des droits et libertés de la personne sont importantes en raison de leur effet sur l'application des autres lois, et aussi de la gravité des sujets qu'elles traitent.

Les sujets dont traitent les deux chartes sont similaires: elles établissent les libertés fondamentales telles que la liberté d'expression de réunions pacifiques et d'associations; elles garantissent l'égalité des droits tels que le droit au respect de la vie privée ou à la jouissance paisible de sa propriété. Ces droits et libertés s'exercent en pleine égalité, indépendamment de toute discrimination basée sur la couleur, la race, le sexe, l'âge, et les déficiences mentales et physiques. Pour la Charte québécoise, le législateur a ajouté, entre autres, la discrimination basée sur l'orientation sexuelle.

Pour l'employeur québécois, notons l'obligation qu'il a d'accorder un traitement égal aux membres de son personnel qui accomplissent un travail équivalent au même endroit. Dans la même foulée, le législateur mentionne cependant une liste limitative de situations où il est réputé ne pas y avoir de discrimination: la distinction basée sur l'ancienneté, l'évaluation au mérite...

Ces chartes prévoient dans l'ensemble un éventail de situations dans lesquelles peut se retrouver n'importe quel justiciable: celui qui est arrêté et traîté sans respect, celui contre qui des fouilles sont effectuées, ou celui qui se trouve dans le besoin et à qui l'on refuse des moyens d'assistance, etc.

L'effet de ces chartes est déterminant sur l'application de lois émanant des deux niveaux de législature. Elles s'appliqueront à la place d'une loi quelconque dont les termes seraient en contravention avec elles, à moins qu'une disposition expresse prévue à cette loi le permette. Soulignons qu'au niveau de la charte québécoise, quiconque souffre d'une atteinte à un droit ou à une liberté peut réclamer pécuniairement des dommages de l'auteur.

2.1.2 LES BIENS

La loi en général et, plus particulièrement, le Code civil distinguent deux (2) catégories de biens:

— Les biens meubles
— Les biens immeubles

La loi établit des régimes juridiques et des règles spécifiques très différents pour chacune de ces catégories. Ainsi, l'emprunt d'une somme d'argent garanti par une propriété, ce qu'il convient d'appeler *l'hypothèque*, ne peut s'obtenir que pour un bien immeuble. Le prêt hypothécaire n'existe pas pour les biens meubles (Exemples: auto, télévision). Néanmoins, le bien meuble peut être mis en gage ou même faire l'objet d'un nantissement commercial. La vente d'un bien meuble s'opère sans enregistrement légal alors que la vente d'une propriété immobilière l'exige. Le régistrateur du district judiciaire concerné en est chargé. L'achat du bien meuble implique généralement le paiement d'une taxe de vente alors que la propriété d'un immeuble engendre le paiement de taxes municipales et scolaires ainsi que des droits de mutation. Ces quelques exemples démontrent la grande importance de distinguer les différentes catégories de biens.

Quoique très nombreux, les biens tant corporels qu'incorporels se distinguent en meubles ou immeubles (Livre II, Titre I du Code civil, art. 374 et suivants.) Les meubles et immeubles se subdivisent en deux (2) autres sous-catégories:

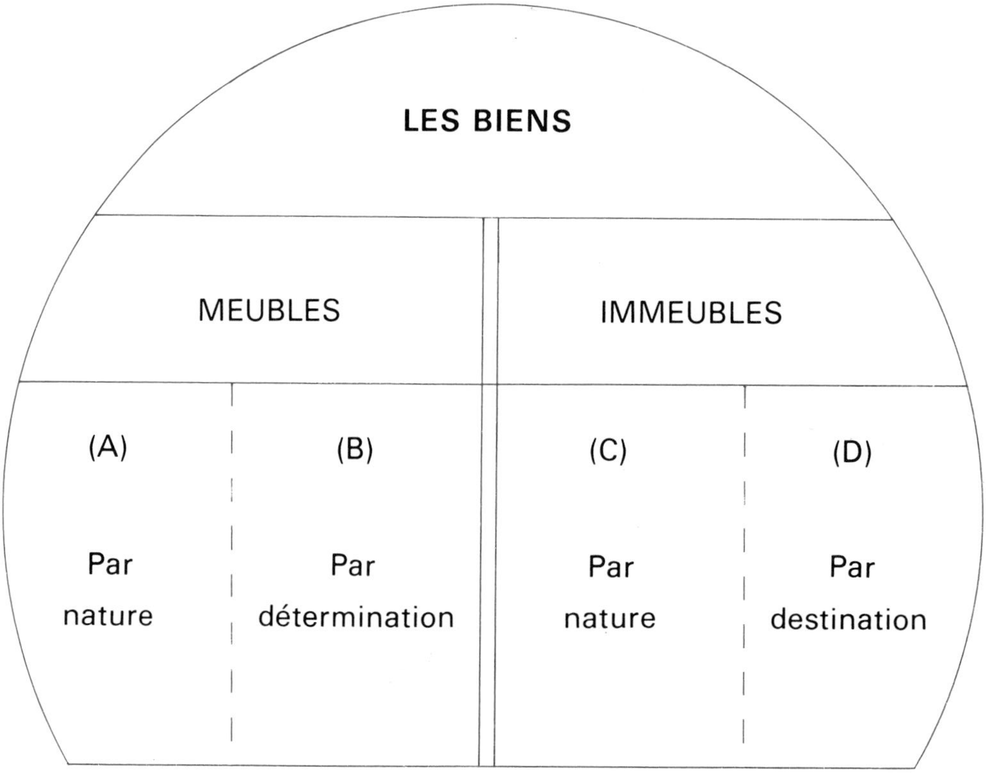

A. Les meubles par nature

L'article 384 de notre Code civil les définit comme des corps ou des choses qui peuvent se transporter d'un lieu à un autre, d'eux-mêmes ou par force externe (pour les choses inanimées). Par conséquent, un animal doit être considéré comme un bien meuble parce qu'il se déplace. Une chaise, un vêtement, un téléviseur, une automobile entrent tous dans cette catégorie de biens parce qu'ils sont déplaçables et susceptibles d'être déplacés facilement même s'ils demeurent longtemps au même endroit.

B. Les biens meubles par détermination

En nombre beaucoup plus restreint, ils n'entrent pas dans le cadre d'une définition aussi large que la précédente. Les articles 387 et 388 du Code civil précisent cette catégorie de meubles.

"Sont meubles par la détermination de la loi... les obligations et actions qui ont pour objet des effets mobiliers y compris les créances... les actions ou intérêts dans les compagnies de finance, de commerce ou industries... les rentes constituées...".

Cette catégorie de biens meubles prédéterminée par la loi rassemble des choses incorporelles et intangibles. Nous pouvons y inclure en exemple les certificats de dépôt et les obligations d'épargne du Canada ou des droits d'auteurs.

C. Les immeubles par nature

Ces biens possèdent tous un caractère de fixité et de non-mutabilité. Ils sont tous rattachés à la terre de façon directe ou indirecte. Ils constituent les fonds de terre, les bâtiments, les moulins, les récoltes sur pied, les fruits pendants et les arbres.

De par leur nature même, ces biens sont déclarés immeubles.

Cependant, la main de l'homme ne doit pas altérer la nature de ces biens considérés comme immeubles. Si l'on procède à la démolition d'un bâtiment, ses matériaux reprendront leur caractère de bien meuble. Il en va de même pour les fruits cueillis, les arbres abattus et les récoltes coupées.

D. Les immeubles par destination

L'article 379 du Code civil les définit dans les termes suivants:

"Les objets mobiliers que le propriétaire a placés sur son fonds à perpétuelle demeure, ou qu'il y a incorporés sont immeubles par destination..."

Et l'article 380 ajoute:

"Son censés avoir été attachés à perpétuelle demeure les objets placés par le propriétaire qui tiennent à fer et à clous, qui sont scellés en plâtre, à chaux ou à ciment ou qui ne peuvent être enlevés sans être fracturés, ou sans briser ou détériorer la partie du fonds à laquelle ils sont attachés.

Les glaces, les tableaux... sont censés mis à perpétuelle demeure, lorsque, sans eux la partie de l'appartement qu'ils couvrent demeurerait incomplète ou imparfaite."

Les biens immeubles par destination sont donc constitués par la fixation d'un bien préalablement meuble à un immeuble par nature. Cette incorporation doit s'effectuer pour y demeurer toujours.

Trois (3) conditions s'avèrent essentielles à l'existence d'un immeuble par destination:

— À l'origine, un meuble incorporé à un immeuble par nature
— Cette incorporation doit s'effectuer par le propriétaire
— Et à perpétuelle demeure

Voyons quelques cas concrets:

— Une piscine amovible installée sur un terrain creusé à cette fin devient un immeuble par destination
— Le tableau fixé au mur d'une salle de cours est un immeuble par destination
— Les banc vissés au plancher d'un théâtre deviennent immeubles par destination
— Le four encastré devient un immeuble par destination à moins que l'opération soit réalisée par un locataire
— Les systèmes d'intercommunication installés dans les murs deviennent immeubles par destination

Le Code civil distingue d'autres catégories d'immeubles. Nous nous limitons dans cet ouvrage aux principales, les autres s'avérant plus techniques et moins susceptibles d'intérêt général.

2.1.3 LA PROPRIÉTÉ

Instruit de la distinction juridique entre les biens meubles et immeubles, il devient dès lors nécessaire de connaître la façon légale d'en acquérir la propriété. Par surcroît, sait-on en quoi consiste juridiquement le droit de propriété et ce qu'il accorde à celui qui le détient? Possède-t-on les mêmes droits selon que l'on acquiert des meubles ou des immeubles?

Sauf pour quelque nuances pratiques ou techniques, le droit de propriété ne se retrouve que dans une seule et même définition tant pour les biens meubles que pour les biens immeubles:

"La propriété est le droit de jouir et de disposer des choses de la manière la plus absolue pourvu qu'on n'en fasse pas un usage prohibé par les lois et les règlements."

(article 406 du Code civil)

Et l'article 408 d'ajouter:

"La propriété d'une chose soit mobilière, soit immobilière, donne droit sur tout ce qu'elle produit..."

Ces deux (2) articles du Code civil nous révèlent les trois (3) attributs essentiels du droit de propriété;

— L'usus
— L'usus fructus
— L'abusus

A. L'usus

Il confère le droit de se servir ou d'utiliser le bien dont on est propriétaire en autant que cet usage respecte les lois et les règlements existants. Comme propriétaire d'une automobile, vous avez le droit d'utiliser celle-ci comme bon vous semble. Cependant, si vous circulez à 140 kilomètres/heure dans les rues de Laval, vous défiez les lois et les règlements. Vous devrez alors subir la restriction de votre droit d'utilisation.

B. L'usus fructus

Il donne droit à la perception des fruits produits par votre bien, meuble ou immeuble. Vous pouvez donc garder et jouir des fruits naturels et des fruits civils (loyers perçus d'un immeuble à appartements, intérêts sur vos dépôts bancaires ou dividendes de placement).

C. L'abusus

Il permet de disposer de la propriété de l'objet ou de s'en départir à volonté. Vous pourriez donc vous départir librement de votre bien par vente, par donation et même par destruction partielle ou totale. Encore là, il faudra éviter de faire un usage abusif ou illégal de cet attribut. Entre autres, vous pourriez mettre le feu à votre auto si vous y trouvez plaisir mais sûrement pas sur la rue Ste-Catherine à Montréal, et encore moins dans le but de récupérer de vos assureurs une somme quelconque.

Certains observateurs de la scène juridique diront que le droit de propriété s'amenuise progressivement à cause de lois de plus en plus socialisantes. Il ne nous appartient pas de trancher la question. D'un strict point de vue juridique, ce droit si vaste et si important souffre de restrictions importantes.

EXEMPLES:

— La Régie du logement vient mettre un frein à l'augmentation que vous jugiez bon d'exiger de votre locataire. N'est-ce pas là l'interdiction formelle de jouir de votre droit d'utiliser votre propriété à votre guise? D'en percevoir des revenus ou fruits civils plus grands?

— La Commission des normes du travail impose le taux minimum de rémunération. N'est-ce pas restreindre les droits de gérance et d'administration des employeurs?
— La propriété d'un immeuble entraîne l'obligation de payer des taxes foncières. Ce pouvoir de taxation ne va-t-il pas à l'encontre des droits individuels?

D. Les formes d'acquisition

Le Code civil prévoit sept (7) façons différentes d'acquérir le droit de propriété sur un bien meuble ou un bien immeuble:

— Par possession ou occupation
— Par accession
— Par succession
— Par testament
— Par contrat
— Par prescription acquisitive
— Par l'effet de la loi et des obligations

Faisons un rapide survol de chacune de ces formes d'acquisition.

— *Par possession ou occupation*

Le Code civil, à l'article 2268, crée une présomption de propriété au possesseur d'un bien meuble corporel. La simple possession d'un bien meuble laisse donc présumer du juste titre de propriété.

— *Par accession*

Par accession, il faut comprendre un ajout à un bien dont on a déjà la propriété. "Tout ce qui s'unit et s'incorpore à la chose appartient au propriétaire..." (article 413 du Code civil). Les améliorations à un immeuble appartiennent en principe au propriétaire du bâtiment.

— *Par succession et par testament*

Lors du décès d'une personne, ses légataires ou héritiers se partageront ses biens, qu'il y ait un testament ou pas, car notre droit reconnaît deux formes de succession: la succession testamentaire et la succession légale ou *ab intestat*. sans testament

Tout citoyen majeur et sain d'esprit peut disposer des biens à son entière volonté lors de son décès.

Le législateur reconnaît trois (3) formes de testaments:

— Le testament notarié ou authentique, reçu devant deux notaires ou devant un notaire et deux témoins
— le testament suivant la forme dérivée de la loi d'Angleterre où le testateur doit signer en présence de deux témoins
— le testament olographe qui doit être rédigé au long de la main du testateur et signé par lui sans nécessité de témoins

Ce n'est qu'en l'absence d'un testament valide que la succession légale s'applique et le Code civil aux articles 614 à 640 prévoit une série de règles aux fins de déterminer à qui les biens seront dévolus.

— *Par contrat*

L'acquisition du droit de propriété par contrat fait principalement appel à l'achat du bien par écrit ou verbalement. L'achat d'un simple journal de main à main accorde le droit de propriété par contrat verbal. Évidemment, le contrat écrit procure aux parties une entente mieux définie.

— *Par prescription acquisitive*

Ce moyen accorde le droit de propriété sur les biens mobiliers ou immobiliers par la simple possession durant une certaine période de temps dont la longueur dépend de la bonne ou mauvaise foi du possesseur.

Bonne foi signifie la conviction honnête de se croire dans ses droits. Supposons que je trouve une montre identique à celle que j'ai perdue et que je décide de la garder croyant que c'est la mienne, je suis de bonne foi. Toutefois si je la garde, n'ayant pas perdu la mienne, parce *je prends une chance*, je deviens alors de mauvaise foi, car je sais qu'elle ne m'appartient pas.

Toute possession d'un bien pouvant conduire à la prescription acquisitive doit avoir les qualités suivantes: continue et ininterrompue, paisible et publique, sans équivoque et à titre de propriétaire.

En matière immobilière, si le possesseur a un titre, tel un contrat d'achat, et est de bonne foi, il acquerra la propriété de l'immeuble et se libérera des charges ou vices l'affectant par une possession de dix (10) ans. *En matière mobilière*, s'il s'agit d'un possesseur de bonne foi, la prescription sera de trois (3) ans.

En cas de mauvaise foi, la possession devra durer trente (30) ans pour acquérir le droit de propriété, tant en matière immobilière que mobilière.

Retenons cependant que le voleur et le receleur ne pourront jamais devenir propriétaire par prescription acquisitive.

E. La copropriété

Si le droit de la propriété est un droit souverain et absolu, certaines situations exigent le partage de ce droit et le limitent: la copropriété en est un exemple. Plusieurs personnes peuvent se porter acquéreurs d'un même bien et en profiter comme tout propriétaire. Relativement aux immeubles, il existe deux modes de copropriété: la copropriété établie par déclaration (condominium), et la copropriété indivise.

Prenons d'abord l'exemple d'un cas de copropriété indivise. Richard et Johanne achètent un duplex: les deux sont propriétaires de l'immeuble. Aux yeux de la loi, aucun ne peut cependant revendiquer une partie exclusive d'habitation. Ce fait ne les empêche cependant pas de conclure entre eux une convention à cet effet, mais qui n'aura force de loi qu'entre eux et non à l'encontre d'une tierce personne. Quand Richard vendra, il ne cédera que la part indivise qu'il a dans l'immeuble.

Richard et Johanne peuvent aussi transformer leur duplex en deux condominiums. Ils passeront alors devant notaire pour une déclaration en ce sens, en ayant pris soin de faire délimiter par un arpenteur-géomètre l'étendue et la valeur de leur partie exclusive. Les parties qui servent aux deux et sur lesquelles aucun ne peut revendiquer un usage exclusif resteront toutefois parties indivises. Quand Richard vendra sa fraction exclusive, il devra céder sa quote-part de ses droits indivis sur les parties communes.

Le condominium a de multiples avantages: lors d'une vente, le consentement des autres copropriétaires n'est pas requis. On peut hypothéquer sa fraction individuelle; ensuite, le Code civil ne prise guère les situations où un droit de propriété n'est pas clairement attribué à quelqu'un. Un copropriétaire indivis peut ainsi forcer les autres copropriétaires à acheter sa propre part ou à vendre l'immeuble. Ce genre de situation peut devenir extrêmement embarassant dans des cas où une des parties agit de mauvaise foi.

F. La servitude

Une autre atteinte au droit souverain et absolu de propriété consiste à concéder une servitude au bénéfice d'un autre immeuble, terrain, etc. Il arrive qu'un propriétaire d'un terrain cède une partie de sa propriété au profit d'un autre; ainsi Richard peut permettre l'installation d'un poteau de l'Hydro-Québec dans sa cour. Il accordera alors à l'Hydro-Québec une servitude qu'il faudra nécessairement publiciser et enregistrer à l'index aux immeubles.

Quand un fonds de terre profite de l'utilisation d'un autre fonds, il y a servitude en faveur du premier; celui-ci s'appellera le fonds dominant, celui-là le fonds servant.

La servitude est, comme on le constate, une atteinte singulière au droit souverain de propriété de celui qui possède le fonds servant.

QUESTIONS DE RAPPEL

1. Qu'entend-on par personne morale?
2. Les droits et obligations sont-ils les mêmes pour la personne physique et la personne morale?
3. Qu'est-ce que le patrimoine juridique?
4. Quelle distinction doit-on établir entre les droits patrimoniaux et les droits extra-patrimoniaux?
5. Quelle est la distinction essentielle entre les biens meubles et les biens immeubles?
6. Où peut-on retrouver la liste des meubles par nature?
7. À quelles conditions essentielles un bien meuble peut-il devenir un immeuble par destination?
8. Quelle sorte de bien légal est une piscine?
9. Qu'entend-on par le droit de propriété?
10. Nommez et expliquez les attributs du droit de propriété.
11. Quelle différence y a-t-il entre les fruits naturels et les fruits civils?
12. Qu'est-ce que la prescription acquisitive? Donnez des exemples.
13. À quelles conditions peut-on devenir propriétaire par prescription acquisitive?
14. Qu'est-ce que le droit d'accession?
15. Nommez et expliquez quelques restrictions au droit de propriété.
16. Nommez et expliquez brièvement les trois sortes de testament.
17. Qu'est-ce qu'une succession *ab intestat*? Expliquez.
18. Quelle est la différence entre la copropriété indivise et un condominium?
19. Quelle est la différence entre le droit de propriété et une servitude?
20. Quelle est l'importance des Chartes des droits des personnes?

CAS PRATIQUES

1. M. Poupart est locataire au rez-de-chaussée d'un luxueux duplex. Il bénéficie des avantages du sous-sol et son propriétaire l'a autorisé à s'y installer un bar qui s'incorpore au plancher et à la tuyauterie de l'immeuble.

   Quatre ans plus tard, l'immeuble est mis en vente pour défaut de paiement des taxes municipales.

   M. Poupart s'est fait dire que son bar serait vendu avec la propriété puisqu'il est devenu un immeuble par destination.

   Il vous consulte. Conseillez-le.

2. Richard possède pour 4 000 $ d'obligations d'épargne, mais il néglige de rembourser ce qu'il doit par suite de l'utilisation de sa carte de crédit, soit 768 $.

   Il allègue qu'il est sans travail, qu'il ne possède ni meubles ni immeubles et que ses obligations ne peuvent faire l'objet d'une saisie. Car seuls les meubles, les immeubles et le salaire sont saisissables.

   Ses obligations sont-elles saisissables? Pourquoi?

   Quel genre de biens constituent-elles? Expliquez.

3. Monsieur Mourant est décédé il y a deux mois laissant dans le deuil son épouse et ses trois enfants. Par testament notarié, il a légué tous ses biens à un étranger de la famille, soit son associé, Monsieur Lachance. Son épouse vous consulte aujourd'hui pour faire annuler le testament sous prétexte qu'il n'a avantagé personne dans la famille. Conseillez-la.

4. Claudette se rend à la salle de bains du CEGEP qu'elle fréquente et y trouve, près du lavabo, une très jolie bague qui vaut approximativement 1 200 $.

   Honnête et désireuse de retrouver la propriétaire du bijou, durant deux mois elle fait enquête, place des affiches au collège et fait diffuser des messages par l'intermédiaire de la radio étudiante.

   Personne ne réclame la bague et Claudette se résigne à la garder car elle lui va bien. Elle la porte régulièrement.

   Quatre ans plus tard, Claudette rencontre Janine dans une discothèque et cette dernière, ancienne consoeur de collège, reconnaît sa bague et la réclame.

   Claudette allègue être devenue propriétaire par prescription acquisitive.

   Qu'en pensez-vous? Expliquez.

5. En 1969, Monsieur Therrien a acheté une ferme de Monsieur Côté par contrat passé devant le notaire du village. Il vient d'apprendre que des erreurs se sont produites lors de l'achat si bien que sa ferme appartient et ce, depuis plusieurs décennies, à Madame Champoux. Monsieur Therrien a-t-il des droits? Si oui, lesquels? Si non, pourquoi?

3

L'ORGANISATION JURIDIQUE DE L'ENTREPRISE

INTRODUCTION

Voici l'une des parties fondamentales de cet ouvrage. Elle vise à familiariser le lecteur avec les différents types d'entreprises. De ce fait, elle devrait intéresser davantage les éventuels chefs d'entreprises ou ceux qui songent à modifier la structure juridique d'une organisation déjà existante. Aussi, toute personne, désireuse de connaître le type d'entreprises avec lesquelles elle transige, devrait trouver ici intérêt et profit. En bref, la présente partie se veut une vulgarisation des caractéristiques, avantages et inconvénients des différentes formes d'entreprises.

Nous ne traiterons pas de l'entreprise publique. Nous nous limiterons à l'étude des quatre (4) formes de l'entreprise privée reconnues par la loi:

— L'entreprise individuelle
— La société
— La compagnie
— La coopérative

3.1 L'ENTREPRISE INDIVIDUELLE

L'entreprise individuelle s'avère probablement la forme la plus simple, la plus répandue de l'entreprise privée. Les propriétaires uniques de petits commerces adoptent généralement cette forme d'entreprise tels le dépanneur, le restaurateur du coin, le tabagiste, le vendeur de journaux ou le cordonnier. Notons qu'un mineur exerçant un commerce est réputé majeur pour les fins de ce commerce.

Quoique simple, puisqu'ayant des activités limitées ne nécessitant qu'un faible investissement, cette organisation doit répondre à quelques exigences légales.

Quiconque désire commercer sous cette forme devra, au préalable, faire enregistrer sa raison sociale dans tous les districts judiciaires où il a l'intention d'exploiter son entreprise. Ceci ne s'applique pas dans le cas d'une personne célibataire dont l'entreprise porte le nom.

Pour effectuer cet enregistrement, on remet au protonotaire de la Cour supérieure une déclaration énonçant:

— Le nom et l'adresse du propriétaire
— Le but de son commerce
— Le nom de sa raison sociale
— Son régime matrimonial

Le propriétaire doit enregistrer cette déclaration au plus tard dans les quinze (15) jours suivant le début des opérations. Cette formalité coûte 15 $ et permet dès lors au public d'identifier le propriétaire de l'entreprise.

La loi lui impose également l'obligation de déposer une nouvelle déclaration concernant tout changement important dans sa situation, comme par exemple, un mariage ou une modification de son régime matrimonial, et ce, dans les quinze (15) jours de ce changement.

Le défaut du commerçant de se conformer aux prescriptions de la loi en matière d'enregistrement, peut lui entraîner le paiement d'une amende.

Le commerce dont la raison sociale a été enregistrée devra porter à la fin de sa dénomination, la mention *Enr.* pour *Enregistrée.*

L'entreprise individuelle ne possède pas d'entité juridique légale et n'est pas une personne morale au sens de la loi. En effet, comment pourrait-on intenter des procédures contre le *Dépanneur du Crépuscule Enr.* vu l'impossibilité de savoir que la propriété appartient à M. Pierre Paul.

BUREAU DU PROTONOTAIRE
RAISONS SOCIALES

CANADA
PROVINCE DE QUÉBEC
DISTRICT DE MONTREAL

Dans la Cour Supérieure.

Je soussigné, DENIS LALANDE, domicilié et résidant au numéro civique 7722 de la rue du Commerce en la cité de Montréal, déclare que j'entends faire affaires et que je fais déjà affaires dans la vente de disques au détail depuis le 14 janvier 1980 sous les noms et raison sociale de:

LE PALAIS DU DISQUE ENR.

Mon lieu d'affaires sera situé au numéro civique 7720 de la rue du Commerce en la cité de Montréal.

Je déclare être seul intéressé à cette entreprise et aucune autre personne n'est associée avec moi.

Je suis marié à dame Jocelyne Dubois-Lalande sous le régime conventionnel de la séparation de biens par contrat de mariage dûment exécuté le 2 août 1979 par Me Luc Marquis, notaire.

ET JE SIGNE À MONTRÉAL CE
16 JANVIER 1980.

M. DENIS LALANDE

Avantages:

— Coûts juridiques de formation très minimes
— Autorité unique du propriétaire lui conférant totale liberté dans le mode de gérance, de gestion et d'administration
— Aucun partage des profits
— Taux d'imposition peu élevé sur des revenus modestes

Inconvénients:

— Investissement des capitaux généralement supporté par une seule personne
— Relève aléatoire
— Difficulté de s'absenter (maladie, etc.)
— Taux d'imposition très élevé s'il génère de gros profits
— Responsabilité personnelle et illimitée à supporter

Le propriétaire unique demeure personnellement responsable des dettes de son entreprise. Non seulement l'actif de son commerce mais aussi tous ses biens personnels garantissent les sommes dues. Éventuellement, on pourrait vendre son chalet en justice pour régler les dettes de son commerce. L'entreprise individuelle, nous le répétons, ne forme pas une entité juridique distincte de son propriétaire aux yeux de la loi. Elle disparaît très souvent avec le décès du propriétaire.

Précisons d'autre part que l'impôt pour ce genre d'entreprise est identique à celui du particulier qui la détient: plus son propriétaire fera des profits, plus il paiera d'impôt. Le propriétaire aura alors intérêt à considérer son incorporation aux fins de transformer son entreprise en compagnie.

3.2 LA SOCIÉTÉ

Plusieurs personnes réunies peuvent légalement faire des affaires d'ordre commercial, industriel ou professionnel. Ce genre d'entreprise s'appelle une société.

Quoique la loi prévoit plusieurs sortes de sociétés, nous n'expliquerons que la société dite commerciale. Celle-ci regroupe essentiellement la société *en nom collectif* et la société *en commandite.*

La société se définit comme un regroupement d'au moins deux (2) personnes désireuses de collaborer à une activité commerciale et lucrative. L'article 1830 de notre Code civil prévoit donc en ce sens que:

"Il est de l'essence d'un contrat de société qu'elle soit pour le bénéfice commun des associés et que chacun d'eux y contribue en y apportant des biens, son crédit, son habileté et son industrie."

La société se rapproche à la fois de l'entreprise individuelle et de la société de capitaux (la compagnie).

La loi définit la société comme un *contrat* qui, précisons-le, n'est pas nécessairement écrit. Un contrat verbal suffit à former une société. Par ailleurs, on recommande fortement de prévoir les moindres détails de l'entente des parties dans un écrit. Ce dernier facilitera le respect de l'entente par le fait qu'on aura spécifié, décrit, défini toutes les particularités de l'entreprise de même que les obligations des divers membres.

Un contrat type pourrait prévoir un préavis à donner aux autres associés advenant le départ prématuré de l'un d'eux; dans la même foulée, il devrait mentionner une possibilité de rachat par les co-associés, le tout à une valeur déterminée. Au cas de décès d'un associé, une clause peut exiger une assurance sur la vie de chacun à une valeur permettant le rachat de la part de l'associé concerné. En plus des clauses bancaires usuelles (EXEMPLE: nombre de signatures requises pour les chèques, etc.), il peut être sage d'ajouter une clause d'arbitrage.

Ce type d'entreprise implique des conditions de base essentielles:

— Le consentement des parties
— La mise en commun d'un capital
— La participation à la gestion
— Le partage des profits

Une entente entre deux (2) ou plusieurs personnes, essence même de la société, requiert le consentement de tous et chacun à la formation de l'entreprise. Nous présupposons évidemment que les parties jouissent de la capacité juridique de contracter. Quant à la mise en commun d'un capital, mentionnons que notre Code civil exige que chacune des parties à la société y apporte des biens, son crédit, ses connaissances ou son travail. Soulignons que cet apport de l'associé à la société devient propriété de cette dernière. L'investissement d'un capital ou l'apport des associés ne se limite pas nécessairement dans une quote-part monétaire. Bien sûr, certains devront y mettre de l'argent, mais d'autres pourront se contenter d'y fournir leur travail ou le matériel nécessaire au fonctionnement de l'entreprise. Par exemple, dans une société à trois (3), formée pour imprimer et distribuer des circulaires, Paul y apporte son capital, Charles son équipement d'imprimerie; Claude, lui, se charge de l'obtention des contrats et des relations avec la clientèle.

Quant à la gestion et l'administration de la société, l'article 1850 de notre Code civil prévoit que chacun des membres a un droit de gestion, chacun de ses gestes obligeant les autres. Il s'avère essentiel que les membres de la société participent à l'administration. Cependant, les associés pourront s'entendre sur une délégation de leurs pouvoirs à un autre membre, d'où l'intérêt d'un contrat écrit.

Quant aux profits, la loi oblige l'entreprise à les partager entre chacun des associés. S'avère nulle et non avenue toute convention verbale ou écrite en vertu de laquelle on exclut un ou des associé(s) de la participation aux profits (1831 (2) Code civil). Quoique chaque associé a présumément droit à un partage égal des profits en vertu de l'article 1848 du Code civil, on peut légalement stipuler des modalités différentes de partage en autant que tous recevront une partie des bénéfices. Ainsi, Paul pourrait recevoir 10% des avantages, Charles 30% et Claude 60%. Ceci demeure entièrement légal puisque chacun des sociétaires participe aux revenus de l'entreprise.

Quant aux pertes, les associés peuvent convenir valablement qu'un des leurs ne participera pas aux pertes de la société.

Dans le but de rendre public l'existence de la société et l'identité de ses membres, la loi exige aussi que cette société produise une déclaration signée de chacun des membres, enregistrée chez le protonotaire du district où l'entreprise s'établit. Cette déclaration s'effectue sensiblement dans les mêmes termes que celle de l'entreprise individuelle. L'enregistrement s'impose comme cette dernière dans les quinze (15) jours du débat des opérations.

Voyons maintenant les deux (2) principales formes de sociétés commerciales existantes:

— La société en nom collectif
— La société en commandite

3.2.1 LA SOCIÉTÉ EN NOM COLLECTIF

Cette société réunit deux (2) ou plusieurs personnes en affaires sous une raison sociale dûment enregistrée. Cette raison sociale contient généralement les noms de tous ou de quelques-uns des associés. Par exemple: *Les Imprimeurs Malo, Drouin et Lanctôt Enr.* L'addition de l'abréviation Enr. dans la raison sociale nous permet de conclure qu'il s'agit ici d'une société et non d'une compagnie ou d'une corporation.

Le Code civil prescrit:

"Les sociétés en nom collectif sont celles qui sont formées sous un nom collectif ou raison sociale, consistant ordinairement dans le nom des associés ou de l'un ou de plusieurs d'entre eux, et dans lesquelles tous les associés sont conjointement et solidairement tenus des obligations de la société."

(article 1865)

La loi rend donc les associés responsables des dettes de l'entreprise. Non seulement les membres de la société assument les dettes éventuelles de la société mais aussi ils risquent leurs biens personnels, tout comme le propriétaire unique. De plus, la loi les tient responsables conjointement et solidairement. On pourrait obliger chacun des membres à payer seul toutes les dettes de la société.

Il lui appartiendra, par la suite, de récupérer auprès de son ou ses associé(s) les sommes dues. Advenant le cas où l'un des associés se volatilise, les partenaires restants devront payer intégralement les fournisseurs. On ne peut donc apporter l'argument de responsabilité partielle quant aux dettes. La loi permet cependant aux associés un consensus sur une responsabilité inégale du débit. En général, les ententes régissant le partage des profits jouent pour les dettes dans les même proportions. Cette entente écrite ou verbale entre les associés n'a malheureusement aucun effet quant aux tiers: locateur, fournisseurs, clientèle, etc.

La société en nom collectif reste donc une entreprise sans entité morale complète. Ses membres demeurent personnellement responsables des dettes de façon solidaire face aux tiers-étrangers. La compagnie, elle, fonctionne différemment. Ses membres n'engagent nullement leur responsabilité personnelle.

3.2.2 LA SOCIÉTÉ EN COMMANDITE

Cette forme d'entreprise comporte, tout comme la société en nom collectif, le regroupement de personnes désireuses d'organiser un commerce. Nous devons distinguer deux (2) types d'associés dans ce genre d'entreprise: les commanditaires et les commandités.

— *Les commandités*

Ils gèrent et administrent l'entreprise. Leur travail consiste à la rentabiliser. Comme membres actifs, ils doivent supporter les dettes selon une responsabilité personnelle, conjointe et solidaire tout comme les membres de la société en nom collectif.

— *Les commanditaires*

Ils demeurent des associés au même titre que les commandités mais jouent le rôle de bailleurs de fonds de la société. Ils se contentent d'investir ou de fournir des biens à la société. Ils ont aussi droit au partage des profits.

Il ne s'agit pas cependant de simples prêteurs. Si la société s'avère rentable, ils retireront non seulement les intérêts des sommes investies mais une part des profits réalisés par l'entreprise.

Les avantages des commanditaires dépassent de beaucoup ceux des commandités. Ils ne risquent que leur mise de fonds dans l'entreprise puisque leur responsabilité, en cas de dettes, se limite au capital monétaire investi. En d'autres termes, ils ne risquent pas leurs biens personnels, contrairement aux commandités face aux tiers. Ce type d'associés se compare aux actionnaires d'une compagnie; les commandités s'identifient plus aux associés en nom collectif. Notons cependant que ce privilège des commanditaires (limitation de leur responsabilité face aux dettes) leur est accordé en autant qu'ils ne s'immiscent pas dans l'administration de l'entreprise. S'ils tiennent à participer à la prise de décision, ils s'assimilent alors aux commandités et engagent leur responsabilité personnelle. Il apparaît logique que les commanditaires n'aient pas à supporter les conséquences financières d'une gestion qui leur échappe.

Quoique tenu à l'écart de l'administration, "le commanditaire a le droit d'examiner de temps à autre l'état et les progrès des affaires de la société et de donner des avis concernant leur administration..." (article 1887 du Code civil).

D'autre part, la loi a fait une obligation pour les commandités de rendre compte de leur administration et de leur gestion aux commanditaires.

La loi permet donc un traitement de faveur à une certaine catégorie d'associés dans la société en commandite. Cependant, ces privilèges accordés aux commanditaires devront apparaître dans une déclaration signée et enregistrée. Cette déclaration doit indiquer le nom de l'entreprise, la nature des affaires, son lieu d'affaires, les noms et adresses des commandités, les noms et adresses des commanditaires, le montant de l'investissement de chacun des commanditaires, la date à laquelle la société naît et celle où elle doit cesser ses opérations. De plus, selon l'article 1883 de notre Code civil, la raison sociale de l'entreprise devra comporter les mots *société en commandite*.

Ces prescriptions de la loi, quoique simples et logiques, sont essentielles. Le non-respect de l'une ou l'autre de ces dispositions laisse présumer qu'il s'agit d'une société en nom collectif plutôt qu'en commandite. Les pseudo-commanditaires auront droit, de ce fait, à l'administration et seront assimilés purement et simplement aux commandités, supportant en plus le fardeau d'une responsabilité illimitée, personnelle, conjointe et solidaire.

Comme l'entreprise individuelle, la société présente des avantages et des inconvénients. Résumons-les:

Avantages:

— Procédures d'association simples et peu coûteuses comparativement à la compagnie
— Potentiel de capital monétaire plus élevé par l'implication de plusieurs membres
— Crédibilité financière augmentée par l'union des personnes
— Inconvénient mineur advenant l'absence motivée d'un des associés

Inconvénients:

— Responsabilité à la fois personnelle et illimitée des membres (sauf les commanditaires) face aux dettes de l'entreprise
— Durée de vie précaire, passagère de la société
— Partage de l'administration obligatoire
— Imposition fiscale très élevée si les revenus sont considérables, contrairement à la compagnie

Comme pour l'entreprise individuelle, la durée de l'existence de la société reste très fragile. En effet, la société cesse légalement d'exister et meurt avec les principaux événements suivants prévus par l'article 1892 du Code civil:
— Arrivée du terme prévu pour sa durée
— Perte des biens de la société
— Faillite de la société ou de l'un des associés
— Mort de l'un des associés: ici la part du défunt accroît au profit de ses héritiers
— Volonté de tous les associés d'y mettre fin

L'un ou l'autre de ces cas entraîne la dissolution et la liquidation. Cette liquidation occasionne un partage, soit à l'amiable ou par un liquidateur dûment nommé par le tribunal. Il va de soi que la dissolution de la société de gré à gré est beaucoup plus rapide, plus simple et moins onéreuse qu'une liquidation par voie de cour.

On procède d'abord au paiement des dettes. Si les biens dépassent en valeur les dettes, le résidu se divise entre les associés selon les stipulation des parties ou à défaut, à parts égales.

Si les dettes excèdent les biens, les actifs personnels des associés serviront au paiement des dettes de la société. Cependant, les biens des associés ne serviront au paiement des dettes de la société qu'après le paiement des créanciers particuliers de tel associés pris séparément.

3.3 LA COMPAGNIE

La compagnie est une personne morale qui possède, en vertu de la loi, les mêmes droits, attributs et obligations que la personne physique, sauf quant à ce qui est propre à la personne humaine et sous réserve des lois applicables en l'espèce. La compagnie, une fois constituée, devient une entité indépendante et distincte de ses membres, actionnaires, administrateurs ou officiers. Lors de sa constitution, on lui donne un nom et un domicile qui sera son siège social et, au cours de son existence, elle pourra, comme toute personne, acquérir un patrimoine et engager sa responsabilité contractuelle et délictuelle. Cette distinction implique une dissociation complète entre les actionnaires ou administrateurs et la compagnie quant au paiement des dettes de celle-ci. De même, aucune responsabilité n'incombera à la compagnie à l'égard des dettes des actionnaires.

Il existe principalement trois (3) types de compagnies:

- Les compagnies à but lucratif
- Les compagnies sans but lucratif
- Les corporations de la Couronne

Comme nous ne nous intéressons qu'à l'étude du droit de l'entreprise commerciale, notre attention sera axée sur la constitution des compagnies à but lucratif. Il importe donc d'envisager la compagnie de la façon suivante:

- Sa création
- Ses composantes et leurs responsabilités
- Son capital-actions
- Ses livres

3.3.1 SA CRÉATION

L'entreprise individuelle et la société peuvent être créées sans trop de formalités. La compagnie, elle ne peut prendre naissance qu'avec l'assentiment de l'un ou de l'autre de nos gouvernements.

La constitution canadienne de 1867 (A.A.N.B) prévoyait une compétence égale entre le Fédéral et les provinces pour la constitution des compagnies. De fait, les deux (2) niveaux de gouvernements ont occupé ce champ de juridiction. Au Québec, il existe la Loi sur les compagnies (Ch. C-38, L.R.Q.) et, au Fédéral, la Loi sur les sociétés commerciales canadiennes (1974-75-76, Ch. 33, statuts fédéraux).

Le champ d'activités et d'opérations d'une compagnie constituée par la loi provinciale se limite aux objets provinciaux tels qu'énumérés dans la Constitution de 1867 et au territoire québécois. Elle pourra cependant exercer ses activités en dehors de la province en autant qu'elle sera habilitée à cette fin par l'autorité du lieu où elle désire opérer.

Par ailleurs, la création d'une corporation en vertu de la Loi fédérale permet à cette entreprise d'étendre ses activités à plusieurs provinces et à l'extérieur du territoire canadien. Ce dernier type de constitution s'avère donc nécessaire pour les entreprises de transport ferroviaire, de transport par camions ou par autobus interprovinciaux

Avant l'obtention de lettres patentes ou du certificat de constitution selon le mode d'incorporation choisi, il peut exister une étape préliminaire dont l'effet est de faire économiser du temps à la future compagnie: c'est l'étape du fidéi pré-incorporatif . L'opération est simple: elle consiste en un mandat donné à un actionnaire par les autres, aux fins de procéder immédiatement à l'achat ou à l'acquisition de biens nécessaires à l'opération de la future compagnie et de signer au lieu et place de la companie à être formée. Cette étape n'est pas obligatoire, mais peut accélérer la mise en opération de la future compagnie.

Exception faite des entreprises constituées obligatoirement par lois spéciales (banques, compagnies d'assurances, etc.), la compagnie prend naissance soit par lettres patentes, soit par enregistrement.

Dans le premier cas, les personnes intéressées devront soumettre une requête en incorporation qui sera accordée à la discrétion du pouvoir fédéral ou provincial concerné. Ce mode d'incorporation est prévu au Québec par la Loi sur les compagnies, partie I. Cette requête vise essentiellement l'obtention de lettres patentes. La requête doit proposer le nom projeté de la compagnie en plus d'évoquer tous les objets que la compagnie a l'intention de poursuivre. Un mémoire de convention doit y être joint, lequel mentionne notamment les souscriptions d'actions de tous les requérants. Enfin les requérants doivent y joindre une déclaration assermentée.

Dans le cas des compagnies constituées par enregistrement, les requérants, qu'on appelle dans ce cas les fondateurs, procèderont par dépôt des statuts de la compagnie et, en autant que ceux-ci soient conformes aux lois, l'incorporation sera automatiquement accordée. L'État n'a aucun pouvoir discrétionnaire. Une incorporation par enregistrement est de droit nouveau: au provincial, elle est régie par la Loi sur les compagnies, partie I-A qui a été récemment créée en février 1980; au niveau fédéral, elle relève de la Loi sur les sociétés commerciales canadiennes, laquelle est entrée en vigueur le 15 décembre 1975. Pour les fins de notre étude, nous porterons notre attention sur la constitution de la compagnie en vertu de la partie IA de la Loi sur les compagnies.

Il importe ici de noter que la procédure d'incorporation au gouvernement fédéral et les formalités d'usage, présentent beaucoup de similarités avec leurs pendants provinciaux. Voilà pourquoi nous n'en traiterons pas spécifiquement dans ces pages, préférant plutôt en signaler les différences au passage.

En vertu de la loi, la formation de la compagnie par enregistrement exige certaines formalités:

— Les statuts de constitution
— Une liste des administrateurs
— Un avis de l'adresse du siège social

L'on remarquera que les objets de la compagnie ne sont pas mentionnés dans ce mode d'incorporation, au contraire de la Loi des compagnies partie I. La raison en est qu'une telle compagnie est sensée jouir du même pouvoir qu'une personne physique. La compagnie formée sous la partie I est forcément limitée par la description des activités mentionnées dans sa requête pour lettres patentes; sous la partie I-A, il n'y a donc pas de risque qu'une telle compagnie puisse excéder les objets pour lesquels elle a été formée puisqu'aucune mention n'est requise.

Dans l'incorporation par enregistrement, le certificat de constitution remplace les lettres patentes.

STATUTS DE CONSTITUTION
Formulaire 1
(Partie 1A de la Loi sur les compagnies)

1 Dénomination sociale ou numéro matricule MAGIC SON INC. il faut réservé le nom	2 District judiciaire du Québec où la compagnie établit son siège social MONTREAL
3 Description du capital-actions VOIR ANNEXE 1	4 Nombre (ou nombre minimum et maximum) d'administrateurs MINIMUM 1, MAXIMUM 5
5 Restrictions sur le transfert des actions, le cas échéant VOIR ANNEXE 2	
6 Limites imposées à son activité, le cas échéant N/A aucune limite	
7 Autres dispositions VOIR ANNEXE 3	

8 Fondateurs

Nom et prénom	Adresse incluant le code postal (s'il s'agit d'une corporation, indiquez le siège social et la loi constitutive)	Profession	Signature de chaque fondateur (s'il s'agit d'une corporation, signature de la personne autorisée)
DUGAS, SERGE	1516, RUE TOURNANTE, LONGUEUIL, QUÉ.	ADMINISTRATEUR	Serge Dugas

Si l'espace est insuffisant, joindre une annexe

Réservé au ministère

Date du dépôt Numéro de dossier

AVIS RELATIF À LA
COMPOSITION DU CONSEIL D'ADMINISTRATION
Formulaire 4
(Partie 1A de la Loi sur les compagnies)

1. Dénomination sociale ou numéro matricule

MAGIC SON INC.

2. Les administrateurs de la compagnie sont:

Nom et prénom	Adresse résidentielle complète (Incluant le code postal)	Profession
TREMBLAY, DENIS	210, RUE LÉVIS, LONGUEUIL, QUÉ.	PROFESSEUR
DUGAS, SERGE	1516, RUE TOURNANTE, LONGUEUIL.	ADMINISTRATEUR
MATHE, DENISE	12930, RUE PARTHENAIS, MONTRÉAL.	SECRÉTAIRE

Si l'espace est insuffisant, joindre une annexe

La compagnie

par: Serge Dugas (signature) Fonction du signataire ADMINISTRATEUR Date: 31 JANVIER 1980

Réservé au ministère

Date du dépôt

Numéro de dossier

AVIS RELATIF À L'ADRESSE OU AU CHANGEMENT D'ADRESSE DU SIÈGE SOCIAL

Formulaire 2

(Partie 1A de la Loi sur les compagnies)

Dénomination sociale ou numéro matricule

MAGIC SON INC.

Avis est donné par les présentes que l'adresse du siège social de la compagnie, dans les limites du district judiciaire indiqué dans les statuts, est la suivante:

1520 RUE TOURNANTE
Numéro civique — Nom de la rue

LONGUEUIL
Localité

QUEBEC — J4H-2X7
Province ou pays — Code postal

La compagnie

par: (signature) — Fonction du signataire: ADMINISTRATEUR — Date: 31 JANVIER 1980

Réservé au ministère

Date du dépôt — Numéro de dossier

ANNEXE 1

Le capital autorisé de la compagnie sera constitué comme suit:
- Actions de catégorie "A": nombre illimité;
- Actions de catégorie "B": nombre illimité.

Les actions susmentionnées comporteront et seront assujetties respectivement aux droits, privilèges, restrictions et conditions qui suivent:

1. Actions de catégorie "A":

A. Sans valeur nominale
Les actions de catégorie "A" seront sans valeur nominale. permet d'aller plus bas que la valeur nominal

B. Votantes
Les actions de catégorie "A" conféreront à leurs détenteurs le droit d'être convoqués, d'être présents et de voter à toute assemblée des actionnaires.

C. Participantes
Elles sont sujettes aux droits prioritaires des détenteurs d'actions de catégorie "B". Advenant le cas d'une dissolution ou d'une liquidation forcée ou volontaire, les détenteurs des actions de catégorie "A" auront le droit de participer au partage de l'actif résiduel de la compagnie.

D. Dividendes
Si, dans une année, après avoir pourvu aux dividendes attribuables aux actions de catégorie "B", il reste des profits ou surplus disponibles pour dividendes, tels profits ou surplus ou une partie d'iceux pourront, à la discrétion des administrateurs, être déclarés comme dividendes sur les actions de catégorie "A".

2. Actions de catégorie "B":

A. Valeur nominale P.C.9 – rachetable
La valeur nominale des actions de catégorie "B" est fixée à 10$. on ne peut vendre moins que 10 mais plus

B. Non votantes
Elles sont sujettes aux dispositions de la Loi sur les compagnies; les détenteurs des actions de catégorie "B" n'auront, comme tels, aucun droit de vote pour l'élection des administrateurs ou pour tout autre fin; de plus, ils n'auront pas le droit d'être convoqués ou d'assister aux assemblées des actionnaires.

C. Non participantes
Advenant le cas d'une dissolution ou d'une liquidation forcée ou volontaire de la compagnie, les détenteurs des actions de catégorie "B" n'auront aucun droit au partage de l'actif résiduel de la compagnie.

D. Dividendes
Les détenteurs des actions de catégorie "B" ont droit, chaque année, sur déclaration par les administrateurs, à même les fonds de la compagnie pouvant alors légalement servir à ces fins, à un dividende préférentiel et cumulatif au taux de 13% par année sur le montant payé pour chacune des actions de catégorie "B".

E. Rachetables
Sous réserve de la Loi sur les compagnies, la compagnie peut racheter la totalité ou une partie des actions de catégorie "B" émises, moyennant paiement du montant versé pour chaque action et des dividendes déclarés et impayés à la date du rachat. Le rachat, s'il est partiel, sera fait par tirage au sort, de la manière déterminée par les administrateurs dans l'exercice de leurs fonctions. Si les administrateurs en décident ainsi, la compagnie peut racheter les actions de la catégorie "B" sur une base proportionnelle sans tenir compte des fractions d'actions, et les administrateurs peuvent prendre les dispositions nécessaires pour éviter le rachat de fractions d'actions.

ANNEXE 2

Restrictions sur le transfert des actions

1. Les actions ordinaires ne pourront être vendues, données, aliénées, échangées ou transférées d'une manière quelconque, sauf pour cause de mort, (clause 8), à moins qu'au préalable elles n'aient été offertes aux détenteurs dûment enregistrés des actions ordinaires de la compagnie au "prorata" du nombre d'actions ordinaires déjà détenues dans le capital-actions réparti de la compagnie;

2. Dans le cas où l'un des détenteurs d'actions ordinaires ne se prévaudrait pas de ce droit et avantage, sa proportion accroîtra aux autres détenteurs au "prorata" des actions ordinaires qu'ils détiennent;

3. L'offre de vendre doit être faite au secrétaire de la compagnie par écrit et le secrétaire de la compagnie, dans un délai de soixante (60) jours, doit s'enquérir auprès des détenteurs des actions ordinaires de l'intention qu'ils ont d'acheter les actions ordinaires offertes, ce délai de soixante (60) jours sera computé de la date où l'offre écrite de vendre sera reçue par le sécrétaire;

4. À compter de ce délai de 60 jours, les détenteurs d'actions ordinaires qui auront notifié le secrétaire de leur désir de se prévaloir de l'offre, devront acquitter le prix des actions ordinaires achetées dans un délai de soixante (60) jours supplémentaires;

5. Le prix défini pour les actions ordinaires ne sera pas supérieur au prix établi par les vérificateurs de la compagnie au dernier bilan de la compagnie, sans tenir compte de l'achalandage;

6. Dans le cas où les détenteurs des actions ordinaires ne se prévaudraient pas de ce privilège d'achat, il sera loisible au proposant vendeur de vendre à quiconque les actions ordinaires qu'il offre de vendre, mais à un prix qui ne devra pas être inférieur au prix qu'il aura demandé aux autres actionnaires;

7. Il pourra être passé outre aux conditions établies ci-dessus quant au transfert des actions ordinaires, en autant que le consentement écrit des détenteurs représentant au moins 75% des actions ordinaires réparties soit fourni;

8. Les conditions et restrictions ci-dessus relatives au transfert des actions ordinaires pourront s'appliquer aux actions aliénées pour cause de mort, lorsque les administrateurs de la compagnie le décideront par voie de résolution; dans ce cas, avis de cette résolution sera donné aux exécuteurs testamentaires ou ayants droit de l'actionnaire décédé, les enjoignant d'offrir en vente selon la procédure ci-haut décrite toutes ou parties des actions ordinaires détenues par ce dernier au prix sus-mentionné.

ANNEXE 3

Autres dispositions

ET IL EST DE PLUS ORDONNÉ QUE:

1. La compagnie peut acquérir et détenir des actions, obligations ou autres valeurs de compagnie, les vendre ou autrement en disposer;

2. Les administrateurs peuvent, lorsqu'ils le jugent opportun:

a) faire des emprunts de deniers sur le crédit de la compagnie;

b) émettre des obligations ou autres valeurs de la compagnie et les donner en garantie ou les vendre pour les prix et sommes jugés convenables;

c) nonobstant les dispositions du Code Civil, hypothéquer, nantir ou mettre en gage les biens mobiliers ou immobiliers, présents ou futurs de la compagnie, pour assurer le paiement de telles obligations ou autres valeurs, ou donner une partie seulement de ces garanties pour les mêmes fins; et constituer l'hypothèque, le nantissement ou le gage ci-dessus mentionnés par acte de fidéicommis, conformément aux articles 28 et 29 de la Loi des pouvoirs spéciaux des corporations (Ch. P. 16, L.R.Q., 1970), ou de toute autre manière;

d) hypothéquer ou nantir les immeubles, ou donner en gage ou autrement frapper d'une charge quelconque les biens meubles de la compagnie, ou donner ces diverses espèces de garanties pour assurer le paiement des emprunts faits autrement que par émission d'obligations, ainsi que le paiement ou l'exécution des autres dettes, contrats et engagements de la compagnie.

3. Les administrateurs de la compagnie pourront être démis de leurs fonctions par résolution adoptée à une assemblée générale spéciale des actionnaires dûment convoquée à cette fin;

4. Le nombre des actionnaires sera limité à cinquante (50) sans compter les employés de la compagnie ou ceux qui ont déjà été à son emploi;

5. Il n'y aura aucune invitation au public pour la souscription des valeurs mobilières de la compagnie;

6. Aucune action du capital-actions de la compagnie ne pourra être transférée sans l'approbation expresse du conseil d'administration.

A. Les statuts de constitution

La Loi sur les compagnies prévoit que la compagnie peut être constituée par un ou plusieurs fondateurs. Toute personne, corporation ou compagnie peuvent être fondatrices à l'exception des personnes âgées de moins de 18 ans, des interdits, des faibles d'esprit, des faillis non libérés et des corporations en liquidation. Le ou les fondateurs ne seront pas nécessairement actionnaires ou même administrateurs de la compagnie. Leur rôle se limite à signer et à disposer les statuts de constitution auprès du directeur chargé de l'administration de la loi

Les statuts doivent obligatoirement indiquer:

- La dénomination sociale de la compagnie. Notons que la compagnie peut, en attendant d'avoir un nom définitif, utiliser un numéro matricule par exemple: Québec 11,356 Inc.
- Le district judiciaire où elle établit son siège social au Québec
- Les nom, prénom, adresse et profession de chacun des fondateurs. Si le fondateur est une corporation, on devra indiquer la dénomination sociale, l'adresse du siège social ainsi que la loi constitutive
- La valeur nominale des actions de chaque catégorie ou le fait qu'elles sont sans valeur nominale
- Le nombre maximal d'actions de chaque catégorie ou le fait qu'elles sont sans valeur nominale
- Le nombre maximal d'actions de chaque catégorie, s'il y a lieu
- S'il y a plusieurs catégories d'actions, les droits, privilèges, conditions et restrictions de chacune de ces catégories
- En cas d'émission d'une catégorie d'actions par série, la faculté accordée aux administrateurs de déterminer, avant l'émission, le nombre et la désignation des actions de chaque série et les droits, privilèges, conditions et restrictions dont les actions sont assorties
- Les restrictions imposées au transfert des actions, s'il y a lieu
- Le nombre minimal ou maximal des administrateurs
- Les limites imposées à ses activités, s'il y a lieu

B. La liste des administrateurs

Les statuts de constitution doivent nécessairement être accompagnés d'un avis relatif à la composition du conseil d'administration. Il faut dresser la liste complète des administrateurs et mentionner leurs nom, prénom adresse et profession. Le nombre des administrateurs apparaissant sur cette liste doit respecter les dispositions prévues dans les statuts de constitution.

Lors de tout changement dans la composition du conseil d'administration, au cours de l'existence de la compagnie, cet avis devra être de nouveau complété en indiquant les nom, adresse et profession des nouveaux administrateurs et expédié au directeur chargé de l'administration de la loi.

C. L'avis d'adresse du siège social

L'adresse du siège social devra être fixée dans les limites du district judiciaire indiqué dans les statuts de constitution. Advenant un changement du siège social, dans les limites de ce district judiciaire, la compagnie devra faire parvenir un avis de ce changement au directeur chargé de l'administration de la loi. Par contre, lorsque le nouveau siège social se situe dans un autre district judiciaire, cet avis devra être accompagné d'une copie du règlement autorisant ce changement.

Sur réception des statuts, des avis et des droits prescrits par règlement, le directeur chargé de l'administration de la loi doit délivrer et enregistrer le certificat d'incorporation auquel aura été annexé un exemplaire des statuts de constitution.

À compter de la date figurant sur le certificat, la compagnie est une corporation au sens du Code civil. Dès lors, l'entreprise, comme toute personne physique, affichera une individualité, un visage distinctif. Elle portera un nom exclusif que nul ne pourra utiliser sans sa permission. À ce nom doit s'ajouter le mot INCORPORÉ ou son abréviation INC. distinguant la compagnie d'une société.

L'entreprise se voit conférer, par le Code civil et par la Loi des compagnies du Québec, des pouvoirs d'opération et de fonctionnement. Non seulement la personne morale que constitue alors la compagnie peut agir quant aux objets mentionnés dans la charte, mais de plus elle peut:

- Exercer le droit de poursuite
- S'engager par contrat
- Émettre des chèques
- Contracter des emprunts

Cependant, certains pouvoirs ne lui sont pas accordés:

- Témoigner dans une cause
- Agir en tant que juré
- Devenir tuteur à la personne d'un mineur
- Exercer une profession libérale

D. Les frais exigibles

S'incorporer selon la Loi sur les sociétés commerciales canadiennes, coûte 500 $, auquel montant des frais de réservation doivent s'ajouter (15 $). Le rapport annuel de la compagnie à l'État coûte 35 $.

Au niveau provincial, il en coûte 200 $ pour s'incorporer, 15 $ pour réserver sa dénomination sociale et l'on doit faire parvenir au ministère un rapport initial qu'accompagne un autre montant de 35 $; le rapport annuel coûte lui aussi 35 $.

Dans les deux cas, l'achat des livres et le sceau de la compagnie à être formée peut coûter jusqu'à 80 $.

Enfin, tous ces montants ne comprennent pas les honoraires professionnels (avocat, notaire) requis pour l'élaboration des statuts de la compagnie.

3.3.2 SES COMPOSANTES ET LEURS RESPONSABILITÉS

Avant d'entreprendre l'étude des composantes de la compagnie, ouvrons une parenthèse et distinguons les compagnies publiques des compagnies privées. Qu'il suffise de rappeler que les compagnies publiques voient leurs actions vendues au grand public et un nombre d'actionnaires non limité. Les actionnaires conservent le droit de vendre librement leurs actions à quiconque, au prix et au moment qu'ils désirent. Les transactions s'effectuent souvent par l'entremise d'un courtier en valeurs mobilières.

La compagnie privée, reconnue par nos deux (2) gouvernements, prévoit un nombre maximum d'actionnaires limité à cinquante (50). Le grand public ne peut acquérir ces actions. Les propriétaires ne pourront se départir de leurs actions qu'en obtenant, au préalable, l'approbation du conseil d'administration. Souvent, ils devront les offrir aux autres actionnaires avant qu'ils ne puissent les transférer à des étrangers. Notons que la compagnie privée devient de plus en plus populaire chez nous car elle permet à quelques personnes, directement impliquées, de conserver le contrôle de leur entreprise et d'éviter l'arrivée d'intrus.

Par exemple, cinq (5) ou six (6) amis pourraient se constituer une compagnie privée. Ils ne risquent pas de voir l'un d'eux transférer ses actions à un compétiteur indésirable au sein de l'entreprise.

La compagnie ou corporation compte principalement deux (2) catégories de membres: les actionnaires et les administrateurs.

A. Les actionnaires

Le moyen le plus utilisé pour devenir actionnaire est le transfert d'actions. Sauf les restrictions apparaissant aux règlements ou aux statuts constitutifs, une action est transférable. Ce transfert s'effectue le plus souvent par endossement du certificat; il doit être immédiatement enregistré dans le registre des transferts de la corporation. D'autres moyens existent, tels la souscription (l'achat directement du trésor de la corporation) d'actions, le transfert suite au décès d'un actionnaire.

Les actionnaires sont porteurs des certificats d'actions, preuve de leur investissement dans l'entreprise. Une seule action suffit pour devenir membre. Celui qui investit dans la compagnie se voit émettre par cette dernière, et sous son sceau, un certificat d'actions attestant de son investissement.

Le rôle de l'actionnaire demeure restreint au sein de la compagnie. Il ne possède aucun pouvoir administratif ou exécutif. Il ne peut intervenir en aucune façon dans le déroulement des opérations quotidiennes de l'entreprise. Il ne participe que financièrement à l'entreprise, il gère par personnes interposées. À titre de membre, il a droit au partage des bénéfices: les dividendes de la compagnie. Ces derniers se partagent au prorata du nombre d'actions possédées. Le fait de détenir dix (10) actions sur cent (100) émises entraînera évidemment le paiement de 10% des dividendes déclarés. Il appartient aux dirigeants de la compagnie de décider de la distribution (et de sa date) des dividendes et l'actionnaire n'y peut rien.

Si la compagnie cesse ses opérations ou fait faillite, lors de la liquidation, l'actionnaire aura droit, après paiement des dettes et remboursement des obligations de l'entreprise, à la distribution des deniers restants. Le partage s'effectuera encore ici au prorata du nombre d'actions détenues. Lors d'une faillite où les actifs ne suffisent pas à rencontrer les dettes, les actionnaires perdent leur apport monétaire mais ne risquent pas de se voir réclamer personnellement le paiement des dettes de l'entreprise. Ils ne sont tenus qu'à une responsabilité limitée à la valeur de leurs actions. Par contre, le propriétaire unique ou les membres d'une société (sauf les commanditaires) placés dans la même situation financière ne jouissent pas de cet avantage. L'actionnaire possède le droit primordial d'assister aux assemblées des actionnaires et de participer à l'élection des dirigeants ou administrateurs de la compagnie. Il possède ainsi un certain droit de regard ou de décision dans l'administration de l'entreprise.

Lors de l'assemblée annuelle, tous les actionnaires présents élisent les nouveaux administrateurs, approuvent les règlements adoptés par l'administration sortante et nomment le vérificateur ou l'expert-comptable de la compagnie pour la prochaine année. Ce dernier, comptable de profession, reçoit un mandat d'un (1) an. À la réunion annuelle subséquente, il devra répondre de son examen des comptes ainsi que des états financiers de la compagnie. Il atteste qu'il a contrôlé les livres comptables de l'entreprise et que le bilan financier des opérations, présenté par les administrateurs, correspond à la situation réelle. Précisons que l'année financière de l'entreprise peut différer de l'année du calendrier. Chaque compagnie fixe elle-même la date initiale du début de ses opérations annuelles.

Lors des assemblées, chaque actionnaire se voit attribuer un nombre de votes proportionnel au nombre d'actions qu'il détient. Les actionnaires absents peuvent voter par procurations écrites lors de ces assemblées. Les décisions se prennent à la majorité absolue du nombre d'actions exprimé par les votes. Ainsi, un actionnaire détenant cinquante pour cent (50%) plus une (1) des actions émises par une compagnie possédera le contrôle de cette dernière. Il peut donc décider des administrateurs de son choix et même, il en va de son intérêt, s'élire à ce poste.

Les actionnaires peuvent aussi être convoqués à des assemblées spéciales pour voter l'approbation de décision importantes qui ne peuvent souffrir le délai de l'assemblée annuelle à venir. Généralement, les administrateurs d'une entreprise ont la latitude voulue pour gérer l'entreprise et il appartiendra à l'assemblée générale d'entériner ou de désapprouver leurs actes. Dans ce dernier cas, il n'y a pas d'effet rétroactif sur les décisions prises en cours d'exercice par les administrateurs.

Un moyen très courant utilisé par les actionnaires pour renforcer leur pouvoir par rapport à celui des administrateurs, est une convention qu'ils font entre eux à l'effet de subordonner à leur accord toute décision importante qui devrait relever d'un conseil d'administration ordinaire. Cette convention peut inclure d'autres clauses: elle peut prévoir l'obligation d'un actionnaire d'offrir ses actions aux autres advenant son départ de la compagnie, etc. Les éléments d'une telle convention peuvent alléger le fardeau des administrateurs et atténuer leur responsabilité. Nous soulignons que la Loi sur les société commerciales canadiennes reconnaît expressément cette sorte de convention (art. 142) ainsi que la Loi sur les compagnies du Québec (art. 123.91).

La loi prévoit la convocation d'assemblées spéciales pour certains règlements ou actes qu'une entreprise envisage. La convocation devra alors identifier clairement l'objet de la réunion. Ainsi, les décision suivantes doivent s'appuyer sur une assemblée spéciale:

- La fusion de la compagnie à une autre
- L'augmentation des pouvoirs de l'entreprise
- l'augmentation ou la réduction du capital-actions
- La modification du nombre d'administrateurs
- La dissolution et la liquidation volontaires de la compagnie

Dans ces cas, le lecteur sera à même de constater qu'il s'agit de règlements importants qui, pour la plupart, entraînent des modifications aux statuts constitutifs décernés à la compagnie. Dans ces situations, si l'assemblée spéciale entérine les recommandations de ses administrateurs, il y aura lieu, pour ces derniers, de requérir des autorités gouvernementales les modifications aux statuts constitutifs. Alors seulement, les règlements adoptés entreront en vigueur. Lors de la tenue de telles assemblées, les décisions doivent rallier souvent plus que la majorité absolue. Dans plusieurs circonstances, il faut une majorité des 2/3 ou des 3/4. On se doit de consulter la Loi des compagnies qui détermine, pour chaque situation, le pourcentage requis des votes en valeur ou en actionnaires.

B. Les administrateurs

Les affaires de la compagnie sont administrées par le conseil d'administration formé d'un ou de plusieurs administrateurs. Une exception: les compagnies, dont les actions ont été émises par voie de distribution publique et qui sont toujours en circulation, devront avoir au moins trois administrateurs. Toute personne physique âgée de plus de dix-huit (18) ans, à l'exception des interdits, des faibles d'esprit et des faillis non libérés peut être administrateur d'une compagnie. La qualité d'actionnaire n'est pas requise. La réalité nous apprend qu'il en va tout autrement, car, généralement, les détenteurs d'un grand nombre d'actions réclament cette tâche. Les premiers administrateurs de la compagnie sont ceux dont les noms figurent sur la liste des administrateurs transmise avec les statuts de constitution. Leur mandat se termine à l'élection de leurs remplaçants.

Les administrateurs sont élus lors de l'assemblée générale annuelle des actionnaires. À moins que les règlements de la compagnie ne prévoient un vote à main levée, l'élection des administrateurs s'opère par vote secret. La Loi sur les compagnies prescrit un terme d'un (1) an au mandat des administrateurs. Les statuts ou les règlements de la compagnie peuvent prolonger ce terme s'il n'excède pas deux (2) ans.

Les décisions du conseil d'administration se prennent sous forme de règlements ou de résolutions. Les règlements demeurent soumis à l'entérinement des actionnaires alors que les résolutions appartiennent à l'éventail normal des décisions que les administrateurs sont habilités à prendre sans référence obligatoire à l'assemblée. Toute décision des administrateurs est prise à la majorité absolue des membres. Les administrateurs n'ont qu'une voix par vote, le nombre d'actions détenues n'ayant pas ici d'importance.

À l'intérieur des plus grosses corporations, le conseil d'administration peut déléguer une partie de son pouvoir décisionnel aux officiers ou au comité exécutif de l'entreprise. Ce dernier sert de lien entre le personnel de l'entreprise et le conseil d'administration. Pour former un tel comité, le nombre d'administrateurs de la compagnie devra compter au moins sept (7) membres. De plus, la formation de ce comité devra rallier les 2/3 en valeur des actionnaires présents à une assemblée spéciale convoquée à cette fin. Dans les compagnies privées et les petites et moyennes entreprises, un tel comité se voit très rarement.

Habituellement, les règlements et les résolutions sont adoptés par le conseil d'administration lors d'une assemblée générale, et le procès-verbal de cette assemblée sera consigné aux registres de la compagnie. Afin de répondre à une politique de plus en plus fréquente, la Loi sur les compagnies prévoit maintenant que les résolutions écrites, signées de tous les administrateurs habilités à voter sur ces résolutions lors des assemblées, ont la même valeur que si elles avaient été adoptées au cours de ces assemblées. Il n'y a aucune disposition semblable prévue pour les assemblées des actionnaires.

Une fois la tâche des administrateurs comprise, il y a lieu de se demander si ces derniers assument une responsabilité financière quelconque dans l'entreprise. Les membres du conseil d'administration assurent une gestion dont ils ne devront répondre qu'à l'assemblée annuelle. Ils ne supportent pas personnellement les pertes ou dettes de l'entreprise s'ils ont agi avec diligence et bonne foi dans l'exercice de leurs fonctions. À l'instar des actionnaires, ils n'engagent pas leur responsabilité pour les affaires de la compagnie. Au risque de se répéter, rappelons que cette forme d'entreprise crée une entité juridique morale totalement distincte de ses membres et qu'elle supporte seule, sur ses actifs, la responsabilité de ses dettes ou pertes financières.

Toutefois, la Loi des compagnies prévoit quelques cas où l'administrateur doit répondre personnellement des affaires de l'entreprise. La loi veut écarter les fraudes et les abus de la part d'administrateurs peu scrupuleux. Ainsi, ils portent la responsabilité personnelle du paiement du salaire des employés jusqu'à concurrence de six (6) mois si ceux-ci ont dû travailler sans rémunération. L'action doit avoir cependant été prise dans l'année du jour où la dette était exigible à la condition que le jugement n'ait pu être exécuté contre la compagnie. Les gestionnaires doivent, de plus, répondre des informations contenues dans les livres et registres exigés par la loi. Si des informations fausses ou incomplètes apparaissent aux livres et créent des conséquences financières ou pénales à la compagnie, les administrateurs sont alors tenus personnellement et solidairement responsables. Les mêmes conséquences s'appliquent dans le cas de dirigeants qui déclarent le paiement de dividendes alors que la situation financière commandait le contraire. Bref, tout acte frauduleux ou toute décision outrepassant les limites de leur mandat rendent les administrateurs personnellement responsables. La loi fédérale prévoit, elle, plusieurs situations bien définies où la responsabilité personnelle et solidaire des administrateurs est engagée, notamment dans les cas suivants:

— L'émission d'actions en contrepartie de biens ou de services inférieurs en valeur, sauf si les administrateurs prouvent qu'il leur était impossible raisonnablement d'en connaître la valeur réelle

— Le paiement exécuté de mauvaise foi d'une commission à toute personne qui achète des actions ou s'engage à en acheter

— Le prêt aux actionnaires pour l'achat d'une résidence ou d'actions de la compagnie, si l'opération rend la compagnie insolvable

— Le manque de bonne foi dans le paiement d'une indemnité à un administrateur

— Le salaire des employés: les mêmes dispositions qu'au provincial prévalent mais l'action ne devra être intentée contre eux plus de deux (2) ans après la fin de leur mandat d'administrateur

3.3.3 SON CAPITAL-ACTIONS

L'objet d'un capital-actions est d'abord de financer les opérations d'une compagnie. En contrepartie du titre qu'est l'action, l'actionnaire investit dans la compagnie. Il existe bien d'autres sources de financement pour la compagnie, mais l'investissement de ses membres représente une part très importante. L'emprunt, le nantissement commercial, les cessions générales de créances en vertu de la Loi des banques, ou encore l'émission d'obligations sont autant de moyens pour la compagnie de stimuler l'apport nécessaire au financement de ses opérations.

Précisons la différence qui existe entre l'action et l'obligation: l'obligation est une créance qui porte intérêt - tel un prêt - faisant partie du passif de la compagnie; d'autre part, l'action rapporte des dividendes et donne à son détenteur le droit de participer à la bonne marche de la compagnie et aux bénéfices, le cas échéant.

Nous avons utilisé à quelques occasions le terme de capital-action. Nous en parlions plus particulièrement au niveau de la rédaction des statuts de constitution. Il faut préciser les moindres détails du capital-actions de l'entreprise que l'on désire incorporer car toute modification entraînera l'obligation de préparer et de déposer, auprès du directeur, des statuts de modification. Ce changement nécessite l'approbation des actionnaires convoqués pour cette fin à une assemblée spéciale.

Dans le but de mieux saisir ce que représente le capital-actions, prenons l'exemple de l'entreprise qui prévoit dans ses statuts constitutifs un capital-actions de 100 000 $, composé de 8 000 actions ordinaires d'une valeur de 10 $ chacune et de 200 actions privilégiées de 100 $ chacune.

Le capital-actions se compose du capital autorisé, du capital souscrit, du capital émis ainsi que du capital payé. Avant de poursuivre, mentionnons cependant qu'au niveau fédéral, l'on ne parle que de catégories d'actions et du nombre maximal d'actions que la compagnie peut émettre, nombre qui sera illimité, à défaut de stipulation contraire. Toute action émise doit être entièrement payée au préalable et en conséquence, nous n'y trouvons pas les concepts du capital souscrit, du capital émis et du capital payé. Toutefois ces compagnies ont l'obligation de tenir un compte *capital déclaré* distinct pour chaque catégorie d'actions: ainsi, 500 actions ordinaires émises pour 5 000,00 $ et 200 actions privilégiées émises pour 2 000,00 $.

A. Le capital autorisé

Représenté dans notre exemple par le montant de 100 000 $, ce capital est indiqué aux statuts constitutifs. Ce montant indique la valeur maximale pour laquelle l'entreprise peut vendre des actions.

Notre exemple prévoit donc que la compagnie peut vendre des actions jusqu'à concurrence de 100 000 $. Ce montant représente la limite maximale en valeur réalisable par la vente d'actions. La compagnie ainsi formée pourrait fort bien fonctionner pendant

ACTIONS ORDINAIRES

NUMÉRO 17

ACTIONS 50

CAPITAL AUTORISÉ: Quarante mille dollars (40 000$) divisé en quatre mille (4 000) actions ordinaires de dix dollars (10$) chacune.

LOI DES COMPAGNIES DU QUÉBEC.
PREMIÈRE PARTIE

Ceci atteste que SERGE DUGAS est détenteur de cinquante (50) actions ordinaires Actions du Capital-Actions de
MAGIC SON INC.

transportables dans les livres de la Compagnie seulement par le porteur ou son procureur sur remise de ce certificat dûment endossé.

En Foi de Quoi, la Compagnie a fait signer ce certificat par ses officiers dûment autorisés, et y a fait apposer son sceau ce 14e jour de février A.D. 1980

PRESIDENT

SECRETAIRE-TRESORIER

Pour valeur reçue ___ vend ___, céd ___ et transport ___ par les présentes à ____________________

____________________ actions du Capital-Actions représenté par ce certificat et ___ nomm ___ et constitu ___ irrevocablement

____________________ procureur pour le transport des dites actions dans les livres de la Compagnie avec plein pouvoir de se substituer un autre procureur s'il y a lieu.

Daté le ____________ 19___

En présence de

____________________ ____________________

AVIS, LA SIGNATURE APPOSÉE SUR CE TRANSPORT DOIT CORRESPONDRE EXACTEMENT AVEC LE NOM APPARAISSANT SUR LE CERTIFICAT.

plusieurs années après n'avoir émis que 27 000 $ d'actions. Elle pourra toujours en vendre encore si le besoin s'en fait sentir.

La compagnie peut également prévoir dans ses statuts que le nombre d'actions qu'elle est autorisée à émettre ou que le montant maximal pour lequel ces actions seront émises seront illimités. De même, s'il n'y a aucune indication à ce sujet dans les statuts, le capital autorisé sera considéré comme illimité. La compagnie pourra ainsi émettre le nombre d'actions qu'elle jugera nécessaire.

Notons que la compagnie ne compte pas uniquement sur le capital obtenu par la vente de ses actions mais également sur des emprunts et sur des profits réalisés et non distribués.

Le capital-actions doit également mentionner les différentes catégories d'actions que la compagnie est autorisée à émettre ainsi que leurs droits et privilèges.

Pour rendre la vente de ses actions plus accessibles, la compagnie peut modifier la structure de ce capital sans pour autant augmenter ou diminuer le capital autorisé. Si elle peut fractionner la valeur de l'action en autant d'actions de valeur moindre, elle peut aussi se livrer à l'opération opposée.

B. Le capital souscrit

Celui-ci représente la partie du capital autorisé pour lequel la compagnie a reçu et accepté des offres d'achat. Ces actions, acceptées mais non émises, représentent le capital souscrit.

Notons que l'actionnaire est débiteur envers la compagnie du paiement de l'action, même en cas de faillite de la compagnie.

C. Le capital émis

Il représente la valeur pour laquelle la corporation accepte d'émettre des actions. Les actions ainsi émises ne sont pas encore payées: la loi permet l'utilisation du crédit pour de telles ventes. Dans les petites et moyennes entreprises, ce type de capital a peu cours, car on préfère délivrer des certificats d'actions qu'après paiement.

Les administrateurs doivent procéder à un appel de versements pour exiger du débiteur qu'il effectue le remboursement du montant qu'il doit sur les actions achetées.

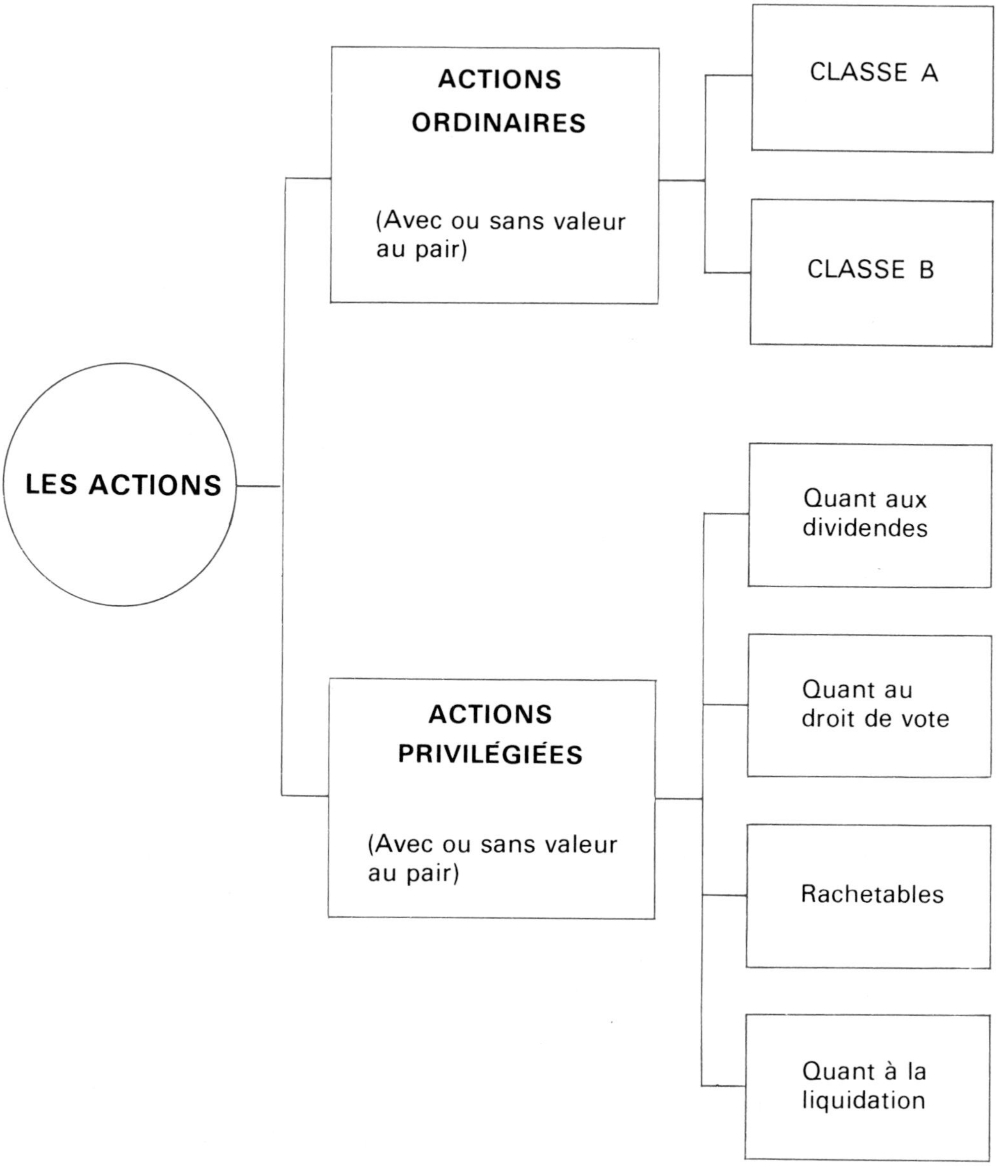
LES ACTIONS
ACTIONS ORDINAIRES
(Avec ou sans valeur au pair)
CLASSE A
CLASSE B
ACTIONS PRIVILÉGIÉES
(Avec ou sans valeur au pair)
Quant aux dividendes
Quant au droit de vote
Rachetables
Quant à la liquidation

D. Le capital payé

Il représente le montant encaissé par la compagnie à titre de paiement des actions émises. Le capital payé ou versé laisse donc supposer qu'il peut exister du capital non encore payé.

E. Les classes d'actions

Les actions se divisent en deux (2) grandes classes: les actions ordinaires et les actions privilégiées. Ces actions pourront avoir une valeur au pair. Il existe plusieurs subdivisions mais nous nous limiterons aux principales.

F. Les actions avec valeur au pair

Toute action, ordinaire ou privilégiée, peut porter ou non sur une valeur au pair (valeur nominale). Une action avec valeur au pair voit son coût prédéterminé par la charte de l'entreprise. Sa valeur apparaît alors sur le certificat d'actions. Dans une compagnie avec un capital-actions de 500 000 $, divisé en actions d'une valeur de 100 $ chacune, le nombre maximum d'actions serait fixé à 5 000 et chacune d'elles aurait alors une valeur au pair de 100 $. Évidemment qu'au fil des opérations, la valeur réelle peut varier.

G. Les actions sans valeur au pair

On les appelle ainsi parce que le coût n'en n'est pas fixé à l'avance. Dans ce cas, la compagnie n'avait déterminé dans sa charte que le nombre d'actions sans en préciser la valeur. Cette action ne possède donc pas de valeur nominale au départ. Lorsqu'on émet le certificat de telles actions, on se contente d'indiquer le nombre en circulation mais aucune valeur n'apparaît sur le document. Pourtant, ces actions ont une valeur.

Il appartient au conseil d'administration d'en fixer le coût d'achat. Pour ce faire, on utilise une opération mathématique fort simple:

Actif de la compagnie (soustraction faite des dettes) ÷ nombre d'actions émises = valeur réelle d'une action.

EXEMPLE: 60 000 $ ÷ 60 actions = 1 000 $

Ainsi, la valeur réelle de telles actions fluctue quotidiennement puisqu'il faut tenir compte des activités commerciales et administratives de la compagnie qui varient chaque jour.

La plupart des actions peuvent être émises sans valeur nominale. Les actions privilégiées dites rachetables représentent, par exemple, une des exceptions à cette règle.

Au fédéral, les compagnies n'émettent que des actions sans valeur, au pair.

Il va sans dire qu'on ne peut vendre des actions sans valeur au pair à crédit, le tout étant donné le caractère fluctuant d'une telle action. Il n'y a donc pas d'appel de versements dans ce cas.

H. Les actions ordinaires

On les appelle "actions ordinaires" parce qu'elles ne confèrent à leurs détenteurs aucune restriction ou privilège particulier. Habituellement, elles accordent à leurs détenteurs le droit:

— Au vote lors des assemblées des actionnaires
— Au partage des profits (dividendes déclarés)
— Au partage de l'actif net de l'entreprise lors de sa liquidation

La Loi sur les compagnies n'utilise maintenant plus cette distinction entre "actions ordinaires" et "actions privilégiées". On parle plutôt de catégories d'actions. Chacune des catégories aura ses droits, restrictions et privilèges, lesquels devront être mentionnés dans les statuts. Cependant, dans la pratique, les actions possédant les droits précités continuent d'être appelées actions ordinaires.

I. Les actions privilégiées

Celles-ci confèrent à leurs détenteurs des droits particuliers, des privilèges ou encore des restrictions. Le capital-actions de la compagnie peut prévoir une ou plusieurs catégories d'actions privilégiées. Cette classe d'actions comporte souvent la perte du droit de vote aux assemblées des actionnaires. Les détenteurs ne pourront donc témoigner de leur satisfaction ou de leur insatisfaction à l'égard de la gestion de la compagnie lors de l'élection des administrateurs. Ces actions sont généralement détenues par des investisseurs qui ne sont pas vraiment intéressés à la gestion de la compagnie pourvu que celle-ci déclare des dividendes.

Il existe plusieurs privilèges, restrictions et conditions qui peuvent être rattachés à ces actions mais nous n'en verrons que les principaux. Le certificat d'actions remis au détenteur de ces titres devra faire expressément mention du ou des privilèges accordés et des restrictions imposées, à défaut de quoi l'action sera considérée comme ordinaire.

J. Les actions privilégiées quant aux dividendes

Elles prévoient généralement que leurs détenteurs recevront prioritairement leurs dividendes. Ils ont préséance à ce chapitre sur les actionnaires ordinaires. Les détenteurs d'actions privilégiées s'assurent d'une grande sécurité puisque, habituellement, leurs dividendes sont cumulatifs. Ils constituent donc des arrérages et la compagnie devra en acquitter le versement total lors de la déclaration de dividendes.

K. Les actions privilégiées quant au droit de vote

Elles privent leurs détenteurs du droit de vote aux assemblées d'actionnaires. Ils recouvrent cependant ce droit après une certaine période d'opérations si la compagnie s'est abstenue de déclarer des dividendes.

L. Les actions privilégiées rachetables

Prévues comme telles, elles permettent à la compagnie de les rappeler et de les racheter à sa discrétion. Le prix de rachat, fixé à l'avance,inclut généralement une indemnité au propriétaire de ces actions.

M. Les actions privilégiées au cas de liquidation

Elles accordent à leurs détenteurs le droit de recevoir, avant les actionnaires ordinaires, la part de leur investissement. À remarquer, dans ce cas, que les actionnaires privilégiés ne pourront recevoir leur part qu'après paiement des dettes et obligations de la compagnie. Si le résidu de l'actif net de l'entreprise ne suffit pas à payer tous les actionnaires privilégiés, on partagera entre ces détenteurs privilégiés l'actif net de la compagnie. Chacun d'eux recevra, au prorata du nombre d'actions qu'il possède, sa quote-part. Les actionnaires ordinaires ne recevront alors rien.

3.3.4 LES LIVRES DE LA COMPAGNIE

La loi oblige les compagnies à tenir différents registres. Ces livres relèvent de la responsabilité des administrateurs qui en délèguent généralement la tenue au secrétaire-trésorier de l'entreprise. Cette délégation de tâche ne dégage cependant pas les administrateurs de leur responsabilité. Les principaux livres à conserver au siège social de la compagnie sont:

— Le livre des actionnaires et administrateurs
— Le registre des transferts

— Le livre des minutes et des lettres patentes
— Le registre des hypothèques
— Le livre des comptes de la compagnie

Dans les grandes entreprises, ces registres constituent des volumes distincts. Pour les petites et moyennes entreprises, ils ne sont généralement tenus que dans un seul volume où la distinction entre chacun s'opère par des index séparateurs.

A. **Le livre des actionnaires et administrateurs** doit indiquer pour chacun de ses membres: nom, adresse, occupation et nombre d'actions détenues. On doit, pour les administrateurs, préciser le terme pour lequel ils ont été élus.

B. **Le registre des transferts** doit indiquer tous les transferts d'actions acceptés par la compagnie. Ce livre, d'une importance capitale, ne reconnaît comme actionnaires que les acquéreurs enregistrés. L'entreprise pourrait s'objecter à un enregistrement dans ce registre si les actions n'avaient pas été préalablement offertes aux autres détenteurs (dans le cas d'une compagnie privée) ou si elles n'étaient pas complètement payées.

C. **Le livre des minutes et des lettres patentes** doit évidemment contenir la charte de l'entreprise ainsi que ses nombreux règlements. On doit également y retrouver les procès-verbaux de toutes les assemblées des actionnaires et des administrateurs. Ces procès-verbaux, synthèse des sujets discutés et des décisions prises, permettent à la compagnie d'y référer, le cas échéant. Les administrateurs peuvent changer et les nouveaux pourront consulter les politiques décidées par leur prédécesseurs.

D. **Le registre des hypothèques devra faire mention** de toutes les hypothèques et autres charges juridiques rattachées aux immeubles appartenant à la compagnie.

E. **Le livre des comptes de la compagnie** rassemble tous les renseignements relatifs aux créances, aux dettes, aux déboursés, aux obligations et aux états financiers de l'entreprise.

Les nombreux avantages et désavantages à la constitution d'une compagnie nécessitent un examen sérieux. Il faut analyser les activités envisagées, le montant de l'investissement initial, le nombre de personnes impliquées, le volume des emprunts et des dettes à encourir.

Avantages:

- L'entreprise jouit d'une personnalité morale, complète et distincte de ses différents membres
- Le départ ou l'arrivée d'un actionnaire n'affecte pas l'existence de l'entreprise
- La compagnie supporte seule la responsabilité des actes des administrateurs posés dans le cadre de leur mandat
- Les membres de l'entreprise, sauf exception, n'engagent pas personnellement leur responsabilité quant aux dettes de la compagnie
- Il est plus facile à une compagnie d'obtenir de gros capitaux
- La compagnie jouit d'avantages fiscaux intéressants

Inconvénients:

- Frais et honoraires de formation d'environ 800 $ au provincial et 1 100 $ au fédéral
- Obligation de nommer un vérificateur ou expert-comptable, lequel ajoutera aux frais d'opération
- Obligation de tenir différents registres
- Partage des profits avec les actionnaires

3.3.5 LA DISSOLUTION ET LA LIQUIDATION DE LA COMPAGNIE

A. La dissolution volontaire

Le législateur a prévu deux façons de liquider volontairement une compagnie. En vertu de la première, on expédie au ministre responsable, une requête alléguant que la compagnie n'a plus de dettes, d'obligations, de biens et que son actif a été divisé entre les actionnaires, ou encore qu'on a garanti le paiement des dettes ou qu'on a l'accord des créanciers. Selon la deuxième façon, on déclare dans une résolution du conseil d'administration, ratifiée par les actionnaires et dont avis est donné aux créanciers, que la compagnie est dissoute et que l'on prévoit la nomination d'un liquidateur.

Au niveau fédéral, on permet la dissolution volontaire par un vote unanime des fondateurs, si la compagnie n'a pas encore émis d'actions.

B. La dissolution forcée

Le ministre responsable peut annuler les statuts d'une corporation qui omet pendant deux ans de déposer le rapport annuel prévu à la loi sur les renseignements des compagnies, ou qui accuse un retard dans la production d'un tel rapport annuel.

Tout actionnaire de la compagnie peut aussi en demander la liquidation à la cour, s'il ne fait plus confiance en ses administrateurs ou les soupçonne de fraude.

Au niveau fédéral, le défaut par une compagnie de commencer ses activités dans les trois ans après son incorporation, ou d'exploiter ses affaires sur une période de trois ans ou d'omettre d'envoyer son rapport annuel et d'effectuer le paiement des droits exigibles, autorise le directeur du Service des compagnies à en demander la dissolution.

Une compagnie qui ne tiendrait pas d'assemblées annuelles pendant deux ans pourrait être dissoute par le tribunal. Un actionnaire pourrait également demander la dissolution pour inconduite grave de la part des administrateurs.

3.4 L'ENTREPRISE COOPÉRATIVE

Voici une quatrième forme d'entreprise regroupant aussi plusieurs personnes. La Loi des associations coopératives (Ch. A-24, L.R.Q. 1977), loi composée d'environ 140 articles, régit principalement ce type d'organisation. Cette loi a été modifiée légèrement en 1979.

Nous verrons les principes de la coopérative, ses normes de formation ainsi que son mode de fonctionnement. Il faudra aussi pouvoir établir les distinctions essentielles avec les autres formes d'entreprises. Enfin, nous remarquerons non seulement certaines affinités, mais également des distinctions marquantes par rapport à la société ou à la compagnie.

3.4.1 LES PRINCIPES DU COOPÉRATISME

Dans notre système capitaliste, la constitution d'une coopérative vise d'abord, bien sûr, des fins économiques. Une coopérative peut se définir comme une association de personnes dont l'objectif premier réside dans l'intérêt de ses membres. Quoique basée sur le capital, elle ne recherche pas le profit à la façon de la compagnie, de la société ou de l'entreprise individuelle. Ainsi, l'excédent des revenus d'une coopérative s'appelle surplus ou trop-perçu et non profit.

Le but premier de la coopérative consiste à rendre des services à ses membres et non à tirer profit de son exploitation. L'article 80 de la Loi des associations coopératives nous l'indique clairement:

> "L'activité coopérative d'une association n'est pas réputée constituer l'exploitation d'un commerce ou d'un moyen de profit."

La coopérative constitue donc le regroupement de personnes qui désirent s'avantager les unes les autres et former une association veillant à l'intérêt des membres sans pour autant viser le profit monétaire de l'association.

En résumé, la formule coopérative gravite autour des trois principes suivants:

- La participation à la propriété, puisque les membres d'une coopérative peuvent être à la fois des propriétaires et des usagers
- La participation au pouvoir puisque l'administration de la coopérative relève des membres
- La participation aux résultats, puisque les surplus ou les profits rejaillissent sur les membres

On peut regrouper les coopératives sous différents genres:

- Les coopératives de consommation
- Les coopératives de production
- Les coopératives de distribution
- Les coopératives d'habitation

A. Les coopératives de consommation

Celles-ci se composent de nombreuses personnes qui peuvent devenir membres de l'association moyennant l'achat d'une ou de quelques parts sociales à prix généralement peu élevé (à peine quelques dollars).

À titre d'exemple, dans le domaine de l'alimentation, les magasins COOPRIX comptent des centaines de membres qui détiennent des parts sociales coûtant environ 25 $.

B. Les coopératives de production

Elles regroupent généralement des ouvriers qui se rassemblent afin de s'autogérer eux-mêmes.

C. Les coopératives de distribution

Ces dernières regroupent des personnes qui veulent se rendre des services au niveau de la vente au détail. Ces coopératives visent l'élimination des intermédiaires afin de vendre à leurs membres des marchandises à meilleur prix. Nous connaissons par exemple, les coopératives de collège dont le but consiste à faire profiter les étudiants de bas prix sur le matériel scolaire.

Les coopératives, quel que soit leur objectif, forment au sens de la loi, une corporation distincte de ses membres. Comme pour la compagnie, les membres et les administrateurs n'encourent aucune responsabilité financière sauf dans des cas de fraude ou de violation de la loi.

En résumé, la coopérative regroupe des personnes qui protègent ensemble leurs intérêts dans un domaine précis. L'aspect pécuniaire motive chacun des membres bien sûr, mais le profit de l'organisation passe au second plan.

Une fois constituée, la coopérative édicte des règlements internes. Ces règles fixent les qualités requises du futur membre, le montant de sa part sociale et les buts de la corporation. À l'occasion, les membres doivent signer des contrats par lesquels ils s'engagent à n'acheter que de la coopérative formée pour un temps déterminé. Comme exemple, pensons à une association de pêcheurs qui s'engagent à ne produire et à ne vendre le fruit de leur pêche que par l'intermédiaire de leur association.

D. Les coopératives d'habitation

Les coopératives d'habitation ont une formule qui compte de plus en plus d'adeptes dans les centres urbains. Elles ont le grand avantage d'éviter les relations propriétaire-locataire et dissiper la plupart des dangers d'éviction. D'autre part, lorsqu'il y a hausse du taux hypothécaire ou des réparations urgentes, les hausses de versements de chaque membre (loyer) sont déterminées par les membres occupants. Elles ont le désavantage de requérir des membres leur présence fréquente soit pour assister aux réunions des membres, soit pour vaquer aux tâches d'entretien de l'immeuble.

3.4.2 LA FORMATION DE LA COOPÉRATIVE

On forme une coopérative pour toute fin économique, sauf pour l'exploitation d'un hôpital, d'un chemin de fer ou des activités d'assurances.

L'établissement d'une coopérative nécessite la demande d'au

moins douze (12) personnes appelées *fondateurs*. Elles doivent signer en deux (2) exemplaires une déclaration d'association dont les copies doivent parvenir au ministre des Consommateurs, Coopératives et Institutions financières. La déclaration d'association devra indiquer:

- Le nom projeté de l'association contenant une des expressions suivantes: *association coopérative, coopératif, coopérative, coopération ou co-op*
- Le siège social de l'entreprise
- Les buts et objets de sa formation
- Les noms, adresses et occupations des fondateurs-requérants
- Le nombre de parts sociales souscrites par chacun d'eux
- Le coût de la part sociale
- Le nom du secrétaire provisoire de l'association
- Le mode de convocation de l'assemblée d'organisation

Une publication dans la *Gazette officielle du Québec* certifie l'approbation de l'association. Dans les soixante (60) jours suivants, l'association doit tenir l'assemblée d'organisation. Un secrétaire provisoire en a la responsabilité. Cette assemblée vise surtout à:

- Informer les fondateurs de la décision du ministre
- Élire le président de l'assemblée
- Procéder à l'étude et à l'adoption des règlements
- Former le conseil d'administration
- Nommer le vérificateur des comptes

Comme pour la compagnie, un conseil administre la coopérative. Une distinction s'impose ici. Alors que la compagnie peut posséder un nombre indéterminé d'administrateurs, le conseil d'une coopérative se compose d'un minimum de cinq (5) membres et d'un maximum de quinze (15).

Les membres de la coopérative achètent des parts sociales et non des actions. Peu importe le nombre de parts sociales souscrites, les membres jouissent d'un seul vote lors des assemblées annuelles tenues au plus tard durant les quatre (4) mois de la fin de chaque exercice social. Le vote par procuration est interdit. Les assemblées annuelles poursuivent sensiblement les mêmes buts que celles tenues par les compagnies: élire les prochains administrateurs, choisir un vérificateur et produire les états financiers. Le capital de l'association se nomme le capital social et les administrateurs ne déclarent pas de dividendes. Ils ne peuvent que décréter des ristournes aux membres. Le taux de celles-ci peut être différent selon la nature, la quantité, la qualité ou la valeur des marchandises qui ont fait l'objet des opérations.

Lors des réunions du conseil d'administration, la majorité des membres constitue le quorum. Les décisions se prennent à la majorité simple. Le président bénéficie d'un second vote advenant égalité des voix. À noter enfin que les administrateurs ne reçoivent aucune rémunération.

L'association conserve et tient les livres au siège social. Ceux-ci renferment:

— Les règlements de l'association
— Les procès-verbaux des assemblées générales
— Les procès-verbaux des réunions du conseil d'administration
— La liste, par ordre alphabétique, des membres et le nombre de parts sociales de chacun
— Les comptes de l'association

La liquidation d'une coopérative n'entraîne pas la distribution de l'actif aux membres. On rembourse uniquement les parts sociales et on retourne le solde à une association ou fédération (coopérative) désignée par le gouvernement.

En effet, le surplus ne peut bénéficier aux membres. Il correspondrait alors à du profit. Cette notion va justement à l'encontre des lois régissant l'association coopérative.

3.5 LA PROCÉDURE DES ASSEMBLÉES DÉLIBÉRANTES

Au début de ce volume, nous avons justifié l'existence de la loi par la nécessité pour toute société bien organisée et structurée de maintenir des relations harmonieuses entre tous ses membres. Cela se confirme lorsque des êtres humains viennent en relations les uns avec les autres. Un de ces moments importants survient lors de la tenue d'assemblées appelées à prendre des décisions, telle une réunion de syndiqués, d'actionnaires ou de membres d'une association quelconque. Il faut s'assurer que le déroulement de l'assemblée se fera dans l'ordre, de façon accélérée et dans le respect des droits de ses membres, dont celui d'être pleinement entendu. C'est la raison d'être des règles réunies sous la dénomination générale de la procédure des assemblées délibérantes.

Un organisme comprenant très peu de membres, fonctionne généralement de façon informelle, sans règles particulières. Toutefois, dès que sa taille s'accroît le moindrement, l'adoption d'une procédure spéciale s'avère nécessaire.

Il n'y a pas de normes obligatoires dans ce secteur, le tout étant laissé à l'entière discrétion des membres. Ainsi plusieurs organismes adoptent le contenu du volume *Procédure des assemblées délibérantes* de Me Victor Morin, plus communément appelé le Code Morin. D'autres utilisent en partie ce volume qu'ils allient a leurs propres règles. Enfin, un certain nombre d'organismes créent eux-mêmes tous leurs règlements de fonctionnement de leurs assemblées délibérantes.

L'adoption des règles de procédure survient généralement lors de la formation de l'organisme, qui peut toujours les amender en cours de route.

Vu la multiplicité des sources de règles de procédure d'assemblées, il s'avère impossible d'en faire une étude exhaustive. Nous tenterons plutôt de tracer un portrait d'ensemble du déroulement des assemblées en s'inspirant de diverses sources, dont le Code Morin.

3.5.1 LE PRÉSIDENT DE L'ASSEMBLÉE

Le président de l'assemblée en est le personnage central. Il dirige les débats, un peu comme le juge au tribunal.

A. Les fonctions et pouvoirs

Il maintient l'ordre et le décorum, fixe le temps des interventions, reçoit les propositions, accorde le droit de parole à tour de rôle et appelle le vote. Il se prononce sur toute question de procédure susceptible de se poser durant la réunion. Il ne participe pas aux discussions, mais s'il désire le faire, il doit céder alors son poste à une autre personne. Il ne vote qu'au cas d'égalité des voix.

Pendant longtemps, ce poste était toujours occupé par le président de l'organisme, mais de plus en plus, ce dernier désirant participer activement aux débats propose que le poste soit confié à quelqu'un d'autre.

B. L'élection

Plusieurs organisations se nomment un président d'assemblée à long terme c'est-à-dire pour toutes les réunions devant se tenir durant l'année à venir. Toutefois, dans la majorité des cas, il est élu à chaque assemblée et son mandat se termine avec la levée de l'assemblée.

Il est élu au tout début de la réunion comme le secrétaire d'assemblée avec un proposeur et un secondeur. Si plusieurs membres désirent poser leur candidature, celui qui aura reçu le plus grand nombre de votes sera nommé.

On procède de la même façon pour l'élection du secrétaire d'assemblée qui, lui, aura pour tâche la rédaction des procès-verbaux, le compte rendu de l'assemblée.

C. L'appel de la décision du président

Un ou des participants peuvent en appeler d'une décision du président. Seuls le réquérant et le président doivent se prononcer sur cette question et une fois qu'ils ont exercé ce droit, le vote est appelé et l'assemblée décide à la majorité simple.

3.5.2 LE DÉROULEMENT DE L'ASSEMBLÉE

A. La vérification des présences

Seuls les membres de l'organisation, ont droit d'assister et de voter aux réunions. Ainsi, un responsable vérifiera souvent l'appartenance des personnes à l'entrée en leur demandant leur carte de membre ou de signer une feuille de présence.

B. La vérification du quorum

Toute assemblée fonctionne généralement avec un minimum de membres requis. Ce nombre est généralement fixé dans les statuts de formation de l'organisme. Voilà pourquoi les réunions ne peuvent débuter si l'on n'a pas atteint ce minimum requis. Ceci peut parfois nécessiter de longues minutes d'attente et retarder d'autant le début de l'assemblée.

À défaut de quorum, la tenue de la réunion sera reportée à une date ultérieure. De même, si en cours d'assemblée, on se retrouvait sous le minimum requis, l'assemblée devrait être ajournée à une autre date.

C. L'élection du président et du secrétaire d'assemblée

On procède ensuite à l'élection du président et du secrétaire d'assemblée tel que nous l'avons vu précédemment.

D. L'ordre du jour

L'exécutif du groupe établi d'habitude l'ordre du jour des sujets qui seront discutés et dont les membres auront préalablement reçu copie. Ces derniers peuvent toujours en intervertir l'ordre ou y ajouter d'autres items. Seuls ceux inscrits peuvent être discutés lors de la tenue de l'assemblée.

E. La lecture et l'adoption du dernier procès-verbal

On passe ensuite à la lecture et à l'adoption du procès-verbal de la dernière réunion, ce qui n'entraîne généralement pas de longs débats. Des modifications mineures sont souvent apportées.

F. Les faits découlant de la dernière réunion

Les responsables informent ensuite l'assemblée des faits découlant des décisions de la dernière réunion comme par exemple, les démarches des dirigeants syndicaux auprès de l'employeur pour la sécurité au travail ou encore, les efforts du conseil d'administration pour négocier l'achat d'un nouvel immeuble. Les membres ont ensuite tout le loisir pour poser des questions à leurs dirigeants au sujet de ces faits.

G. La discussion des points à l'ordre du jour

Chaque item à l'ordre du jour, doit faire l'objet d'une proposition venant de l'assemblée et être secondée. Dans plusieurs groupements, une période de questions sur la proposition précède la discussion; dans d'autres, discussion et questions peuvent se chevaucher.

Un intervenant peut poser autant de questions qu'il le désire, mais plusieurs organisations limitent à deux ou trois le nombre de fois où un membre peut exprimer son opinion sur un sujet. Le débat dure jusqu'à l'épuisement de la liste des intervenants.

H. Le vote

Une fois que tous les membres désireux de se faire entendre ont exercé leur droit de parole, c'est le moment de voter. Après lecture de la proposition, le président s'informe sur la demande de vote. Si personne ne le demande, la proposition sera acceptée à l'unanimité. Si quelqu'un le demande, on procèdera à ce vote. La décision sera prise à majorité simple à moins qu'il ne s'agisse d'un cas où les statuts exigent une majorité qualifiée telle les deux-tiers (2/3) ou les trois-quarts (3/4).

La réunion se poursuit ainsi jusqu'à la levée de l'assemblée.

I. La levée de l'assemblée

L'assemblée se termine, une fois l'ordre du jour épuisé.

3.5.3 LES INCIDENTS

Il arrive que des situations inattendues se présentent durant une assemblée. Des procédures spéciales ont été prévues à cette fin.

A. L'amendement et le sous-amendement

Un membre peut suggérer, en tout temps pendant l'étude d'une proposition d'y apporter une modification, soit en retranchant, soit en ajoutant un ou des éléments. Par exemple, à la proposition principale autorisant l'exécutif à effectuer un emprunt bancaire, un participant peut proposer d'ajouter à la proposition: *à la condition que le taux d'intérêt annuel ne dépasse pas 15%.*

L'amendement doit être dûment proposé et secondé avant d'être étudié. La discussion sur la proposition principale est suspendue jusqu'à ce qu'on ait disposé de l'amendement.

Durant la discussion, un sous-amendement peut être proposé par un participant et ce aux mêmes conditions que l'amendement. Ainsi à l'amendement cité plus haut, un intervenant pourrait proposer d'y ajouter: *et que le prêt soit remboursable en moins d'un an.*

L'étude de l'amendement est à son tour suspendue en attendant le sort réservé au sous-amendement. La procédure prévue lors de l'étude d'une proposition principale s'applique intégralement, tant pour l'amendement que pour le sous-amendement.

On ne peut donc revenir à la discussion sur la proposition principale tant qu'on n'aura pas d'abord décidé du sous-amendement et puis de l'amendement. Il n'y a pas de limite au nombre d'amendements et de sous-amendements.

B. Le point d'ordre

Le président est chargé de maintenir l'ordre au cours de l'assemblée. Advenant que, par exemple, tout le monde parle en même temps, un participant, en réquérant le *point d'ordre,* invite le président à assumer ses responsabilités, c'est-à-dire, exiger le silence pendant une intervention.

C. La question de privilège

Un membre qui se sent attaqué lors de l'intervention intempestive d'un intervenant ou qui se croit brimé dans ses droits, peut invoquer la question de privilège. Le président décide et sa décision est soumise à l'assemblée; seuls le président et le plaignant peuvent se faire entendre.

Comme le point d'ordre, la question de privilège ne doit pas obligatoirement être appuyée.

D. La question préalable

Il s'agit d'une demande d'un membre qui doit être secondée, pour clore les discussions et passer immédiatement au vote. Elle ne peut être ni débattue, ni amendée. L'assemblée doit se prononcer et si la question préalable reçoit l'assentiment de la majorité, on vote sur la proposition, sinon les discussions se poursuivent.

E. La proposition de dépôt

Le but d'une telle intervention, une fois proposée et secondée, est de faire reporter indifiniment l'étude de la proposition en cours. Elle peut être débattue mais n'est pas susceptible d'amendement et la majorité en dispose par vote.

F. La remise à une date fixe

Quelqu'un peut demander à ce que l'on rapporte à une date déterminée, l'étude de la proposition en cours. Elle doit être proposée et secondée. Elle ne peut être débattue bien qu'on puisse l'amender. La majorité en dispose.

G. Le renvoi à un comité

Le but de cette intervention est de suggérer que l'affaire en cours de discussion, soit référée à un comité spécialement formé à cette fin, vu sa complexité, son contenu technique ou la nécessité d'en confier l'examen à des gens plus familiers avec cette affaire.

Elle doit être secondée et elle peut être débattue et amendée. Elle est adoptée à la majorité.

H. La fixation d'ajournement et l'ajournement

La première vise à déterminer la date de la prochaine réunion pour en informer les membres. La seconde consiste à demander que l'assemblée en cour soit ajournée.

La deuxième, contrairement à la première, ne peut être débattue ni amendée. Toutes les deux doivent être proposées et secondées.

I. La suspension des règlements

Elle est prévue pour suspendre sur une base essentiellement temporaire les règles de procédures en vigueur. Comme dans les autres situations, on exige qu'elle soit proposée et secondée. Elle n'est ni débattable, ni amendable.

QUESTIONS DE RAPPEL

1. Quels sont les avantages de l'entreprise individuelle?
2. Quelles sont les formalités requises pour l'enregistrement d'une raison sociale?
3. Quelle est l'utilité de l'enregistrement de la raison sociale?
4. Définissez et expliquez ce qu'est la société.
5. Quelles sont les conditions essentielles à l'établissement d'une société?
6. Qui gère et administre une société?
7. Qu'est-ce que la société en nom collectif?
8. Qu'est-ce que la société en commandite?
9. Qu'entend-on par la responsabilité personnelle, conjointe et solidaire?
10. Quelles sont les distinctions essentielles à établir entre l'entreprise individuelle et la société?
11. Comment peut-on dire que la société en commandite se rapproche de la compagnie?
12. Quelles sont les tâches et responsabilités du commanditaire par opposition au commandité?
13. Expliquez les avantages et les inconvénients de la société.
14. Énumérez les différentes causes de dissolution de la société.
15. Qui sont les principaux membres de la compagnie?
16. Quelles sont les fonctions et obligations des actionnaires?
17. Qui peut former une compagnie?
18. Quels sont les deux principaux modes de constitution d'une compagnie? Expliquez.
19. Quel est l'intérêt de former une compagnie en vertu de la loi fédérale plutôt qu'en vertu de la loi provinciale?
20. À partir de quand, la compagnie est-elle une corporation au sens du Code civil?
21. Quel est le rôle du fondateur de la compagnie?
22. Qu'est-ce que la compagnie privée? Quel est son intérêt?
23. Quelle distinction doit-on faire entre l'assemblée annuelle et les assemblées spéciales des actionnaires?

24. Qui est le vérificateur ou expert-comptable pour une compagnie?
25. Pourquoi dit-on que, lors d'un conseil d'administration, les membres votent par tête?
26. Qu'est-ce que détenir le contrôle de la compagnie?
27. Qu'est-ce que des statuts de modification?
28. Quelles sont les conditions pour devenir administrateur d'une corporation?
29. Quel est le rôle du conseil d'administration?
30. Qu'est-ce que le comité exécutif?
31. Quelle est la responsabilité légale d'un administrateur?
32. De quoi est composé le capital-actions d'une compagnie?
33. Pourquoi les compagnies ne vendent-elles que rarement toutes leurs actions?
34. Qu'est-ce que le capital émis?
35. Quelles distinctions essentielles doivent être établies entre les différentes catégories d'actions?
36. Qu'est-ce qu'un certificat d'actions? Quelle en est l'utilité?
37. Que sont des actions privilégiées rachetables?
38. Qu'est-ce que le registre des transferts? Est-il utile et pourquoi?
39. Qu'est-ce que le livre des minutes? Quelle en est l'utilité pratique?
40. Pourquoi dit-on de la coopérative qu'elle est constituée pour des fins économiques?
41. La coopérative vise-t-elle le profit? Pourquoi?
42. Distinguez la coopérative de consommation, de production, de distribution et d'habitation.
43. Quelles sont les conditions de formation de la coopérative?
44. Qu'est-ce que l'assemblée d'organisation pour la coopérative?
45. Quelles sont les conséquences de la liquidation de la coopérative?
46. Quelle est la raison d'être des assemblées délibérantes?

CAS PRATIQUES

1. Claude Larochelle, célibataire, faisant affaires sous son nom personnel, est poursuivi pour n'avoir pas déposé à la Cour supérieur, une déclaration de raison sociale. A-t-il un bon moyen de défense? Lequel?

2. MM. Dugas et Tremblay et Mme Mathe ont formé une société en nom collectif sous le nom de Dugas et Associés. M. Dugas a investi 50 000 $, Mme Mathe a fourni l'équipement de bureau et M. Tremblay a apporté sa clientèle. Il a été convenu entre les associés que, comme M. Dugas ne s'occuperait pas de la gestion du commerce, il ne serait pas responsable des dettes de la société. On a de plus prévu au contrat que M. Tremblay ne participerait pas aux profits de la société. M. Dugas décède des suites d'une crise cardiaque, et sa succession réclame les profits réalisés par la société. Mme Mathe vous consulte et vous pose les questions suivantes:

   a) Que dire de la clause d'exclusion du paiement des dettes?

   b) Mme Mathe désire continuer d'opérer l'entreprise avec M. Tremblay mais n'est pas du tout d'accord pour partager les profits avec la succession de M. Dugas. A-t-elle raison?

   c) M. Tremblay réclame sa part de profits. Mme Mathe refuse, lui rappelant le contrat de société qui les lie. A-t-elle raison?

3. Xavier, Yvon et Zénon décident d'un commun accord de dissoudre et liquider la Société X.Y.Z. Enr., dont ils sont les seuls associés à parts égales. La situation financière de la société et de chacun des associés personnellement est la suivante:

	PASSIF	ACTIF
La société	30 000,00 $	20 000,00 $
Xavier		2 000,00 $
Yvon	17 000,00 $	16 000,00 $
Zénon	22 000,00 $	30 000,00 $

   Comment s'effectuera le paiement des dettes de la société?

4. M. Lachance, seul actionnaire et seul administrateur de Les Grands Risques Inc., compagnie constituée en vertu de la Loi sur les compagnies du Québec, a plusieurs projets et vous demande votre opinion juridique:

   a) Les affaires étant bonnes, il aimerait faire participer ses deux fils aux profits de la compagnie. Il hésite, cependant, car il a peur de perdre le contrôle sur les décisions. Conseillez-le.

   b) Ayant découvert un nouveau marché pour ses produits, il voudrait ouvrir une usine en Ontario. Le peut-il et à quelles conditions?

c) Voulant déléguer ses pouvoirs, il a choisi sept de ses amis les plus fiables pour former un comité exécutif. Est-ce que ce comité peut prendre les décisions à la place de M. Lachance?

d) Par suite d'un contrat signé par M. Lachance pour la compagnie, celle-ci a perdu 400 000 $. Est-il responsable du paiement de cette dette?

5. Les administrateurs de Duguay et Associés Inc., corporation formée au fédéral, ont posé en son nom, les gestes suivants lors de la dernière année: ils ont vendu des actions pour 60 000,00 $ à Alfred qui les a payées en remettant à la compagnie un immeuble de même valeur; ils ont prêté 45 000,00 $ à un actionnaire pour l'achat d'une nouvelle maison. Les salaires de deux secrétaires sont impayés depuis onze (11) mois.

   Quelle est la responsabilité personnelle des administrateurs dans chacune des situations?

6. Les marchés Coop ont connu une année très productive et les administrateurs ont décidé de récompenser les membres en leur versant un dividende de 100 $ chacun. Approuvez-vous leur décision? Pourquoi? Expliquez.

7. Hier soir, avait lieu l'assemblée des membres du Syndicat des mineurs, local 110. L'assemblée, prévue pour 19 h ne peut commencer avant 19 h 20, soit au moment où le quorum fut atteint. Paul fut nommé président sur simple proposition d'Hélène. Le premier item à l'ordre du jour fut rejeté, le président s'étant rallié du côté de la minorité au moment du vote. Plus tard, Paul refusa un sous-amendement prétextant qu'il devait d'abord disposer de l'amendement. Finalement, il laissa à un autre ses fonctions de président d'assemblée pour participer activement aux discussions. Y a-t-il eu des irrégularités de commises durant cette assemblée? Si oui, lesquelles et expliquez? Sinon, pourquoi?

4

LES CONTRATS

INTRODUCTION

Même le simple citoyen ne peut ignorer les notions élémentaires du contrat: sa définition, sa forme, son contenu, les obligations qu'il engendre, etc. En effet, qui peut prétendre qu'il n'aura jamais à s'engager par contrat? Lequel d'entre nous ne devra jamais signer un contrat de travail, de location, de rénovation domiciliaire, d'achat de biens de consommation, de meubles ou d'immeubles?

L'intérêt de cette partie tient donc au fait que le contrat touche tant le citoyen que l'homme d'affaires averti. Il apparaît alors très utile d'acquérir des connaissances de base afin de pouvoir prendre des initiatives commerciales.

Nous tenterons donc de:

— Définir le contrat
— D'exposer les conditions nécessaires à sa validité
— D'étudier les effets juridiques et les obligations qui en découlent

4.1 LA FORMATION DU CONTRAT

Un contrat doit remplir certaines conditions essentielles relatives au fond et à sa forme.

Le droit québécois s'inscrit dans la tradition du consensualisme. En principe, le seul consentement des parties suffit à la formation d'un contrat sans autres formalités requises pour sa validité, même si en pratique, le Code civil et certaines lois à caractère spécial (Loi de protection du consommateur et Loi instituant la Régie du logement) prévoient quelques exceptions. Entre autres, les testaments et les contrats de mariage font aussi partie de ces exceptions.

La rencontre des volontés qui a lieu à la suite de l'offre et de l'acceptation suffit à la création d'un contrat valable.

On peut donc définir le contrat de la façon suivante:

Un accord de volonté entre deux (2) ou plusieurs personnes qui s'obligent entre elles ou envers d'autres personnes.

Quant au fond, le Code civil du Québec prévoit le respect de conditions essentielles:

"Quatre choses sont nécessaires à la validité d'un contrat:

Des parties ayant la capacité légale de contracter;
Leur consentement donné légalement;
Quelque chose qui soit l'objet du contrat;
Une cause ou considération licite."

(article 984)

Le respect de ces quatre (4) conditions posées par la loi s'avère obligatoire pour la validité du contrat. Expliquons-les.

4.1.1 LA CAPACITÉ LÉGALE DE CONTRACTER

En principe, la loi habilite toute personne à contracter. Par exemple, si je signe un contrat d'achat d'automobile, je suis présumé posséder la capacité physique et mentale de contracter et, partant, je m'oblige au paiement de la valeur.

Le principe général de la capacité établi, la loi pose maintenant les exceptions à la règle, c'est-à-dire ceux à qui la présomption de capacité ne s'applique pas:

"Sont incapables de contracter:

Les mineurs,...
Les interdits

Les personnes aliénées ou souffrant d'une aliénation temporaire causée par maladie, accident, ivresse ou autre cause, ou qui, à raison de la faiblesse de leur esprit, sont incapables de donner un consentement valable."

(article 986 du Code civil)

Les exceptions à la règle de la capacité demeurent quand même restreintes puisque les gens malades ou aliénés à ce point qu'ils ne saisissent pas la portée de leurs actes ne représentent qu'une partie infime de la population. Quant aux interdits, peu nombreux, ils regroupent des gens qui, par jugement de la cour, se voient retirer le libre exercice de leurs droits civils. Les raisons? Ils font un usage excessif de boisson ou de drogues; ils dilapident leurs biens ou les administrent mal, causant ainsi préjudice à leur famille, à leurs parents et amis ou à leurs créanciers.

Un citoyen atteint sa majorité à dix-huit (18) ans. Les mineurs (moins de 18 ans), s'ils constituent une exception légale, se comptent pourtant par centaines de milliers et ne peuvent théoriquement contracter. Ce fait nécessite cependant explications et distinctions.

Le législateur prévoit l'incapacité d'exercice de certains droits civils pour les enfants et adolescents à cause de leur jeune âge, de leur inexpérience de la vie et de leur faiblesse devant les influences extérieures. Cependant, la loi ne frappe pas les mineurs d'une incapacité totale.

Ainsi, ils peuvent contracter pour les choses usuelles et nécessaires de la vie. Ils peuvent s'engager dans des obligations en rapport avec leur fortune personnelle et leur bien-être. Ainsi, une jeune fille de dix-sept (17) ans peut s'acheter des vêtements, des chaussures et des manuels scolaires. Tant que le mineur accomplit des actes juridiques en toute connaissance de cause, que ces actes lui sont favorables et qu'ils n'engagent que des sommes d'argent minimes, il pose des actes valables selon la loi et non susceptibles d'annulation.

L'annulation d'un contrat conclu avec un mineur ne peut être demandée que par celui que la loi cherche à protéger, c'est-à-dire le mineur lui-même. Il devra prouver *lésion*, c'est-à-dire que l'entente s'avère pour lui défavorable, que son inexpérience fut exploitée ou que les obligations monétaires créées dépassent largement ses moyens financiers. Par exemple, prenons le cas du jeune Claude, âgé de dix-sept (17) ans, étudiant au collège, sans emploi, qui a signé l'achat d'une rutilante voiture sport de l'année, l'obligeant à des paiements mensuels de 300 $. Par contre, si le vendeur peut démontrer que l'acheteur possède la capacité de payer ou que le père du jeune homme l'a assisté ou encore que le mineur l'a ratifié, une fois devenu majeur, le contrat conservera sa pleine validité.

Le Code civil ajoute même que le mineur n'est pas empêché de demander l'annulation du contrat, même s'il a menti sur son âge véritable.

Le mineur, qui désire demander l'annulation d'un contrat pour lésion doit exercer son recours dans les dix ans suivant le jour de sa majorité à défaut de quoi, ses recours sont precrits, c'est-à-dire éteints à toute fin que de droit.

Le cocontractant majeur ne peut demander l'annulation du contrat même pour cause de lésion.

Il existe cependant une exception importante à l'incapacité du mineur. Il s'agit du mineur commerçant. Le mineur qui exerce commerce est réputé majeur pour les fins de ce commerce. On retrouve cette exception à l'article 323 du Code civil. En conséquence, le mineur peut tenir un commerce ou former, avec d'autres, une société commerciale. Il ne pourra cependant pas annuler les achats et ventes conclus même s'il en souffre lésion ou préjudice. Parce que présumé majeur, il devra supporter seul ses erreurs et les porter au compte de l'expérience commerciale.

4.1.2 LE CONSENTEMENT LÉGAL

Cette condition de validité s'avère probablement la plus importante puisqu'elle fait appel à la notion de consensus.

Le consentement légal constitue l'accord éclairé, libre et volontaire de toutes les parties à toutes et chacune des allégations, conditions et obligations du contrat.

L'accord exprimé suffit donc à engendrer des obligations pour les parties. La forme de cet accord importe peu, en principe. Contrairement à la croyance populaire, un contrat verbal est valide. L'achat d'un simple journal manifeste l'accord de deux (2) parties à un contrat. Et les exemples peuvent se multiplier: le repas au restaurant, l'achat d'un manuel, la réparation du téléviseur, etc. Nous réalisons donc des ententes et des contrats très souvent. S'il nous fallait signer un écrit pour l'achat d'un paquet de cigarettes ou d'un billet d'autobus, la bureaucratie paralyserait le commerce. Reconnaissons cependant que l'écrit reste la meilleure preuve des modalités de l'entente intervenue, advenant un litige.

Un contrat réalisé par l'accord des volontés se concrétise à la date et au lieu du consentement des parties. Dans la majorité des cas, les parties contractantes finalisent leur entente en présence l'une de l'autre.

Toutefois, des accords interviennent fréquemment à des dates et en des lieux différents. En matière commerciale, il arrive souvent que soit expédiée par courrier, de Montréal, une soumission pour travaux en Gaspésie, d'où reviendra une réponse quelques jours plus tard.

Des auteurs et des juristes ont épilogué longtemps sur des contrats similaires à l'exemple précédent. Finalement, la jurisprudence a reconnu que la date du contrat et le lieu de sa formation se situent à la date de la mise à la poste de la réponse et au lieu où cette mise à la poste s'est effectuée. Le service postal apparaît alors comme l'intermédiaire des parties.

Ces considérations, de prime abord superflues, prennent une importance capitale dans certains cas. Dans l'exemple précédent, si le soumissionnaire expédie son offre de service en fixant un délai précis pour l'exécution des travaux, il faut savoir quand débute ce délai. Advenant un différend porté devant la cour, un tribunal situé en Gaspésie tranchera le litige puisque la réponse provient de cet endroit et à la date de la mise à la poste.

Comme notre définition le mentionnait, le consentement ou l'accord des volontés se doit d'être libre, éclairé et volontaire. Si le consentement de l'une ou de plusieurs des parties ne rencontre pas ces exigences, le consentement sera entaché d'irrégularités graves susceptibles d'entraîner l'annulation du contrat.

> "L'erreur, la fraude, la violence ou la crainte... sont des causes de nullité des contrats, sujettes aux restrictions et règles contenues en ce Code."
>
> (article 991 du Code civil)

Ici, la poursuite judiciaire se prescrit par dix ans, dans le cas de violence ou de crainte, du jour où elles ont cessé; dans le cas d'erreur ou de fraude, du jour où elles ont été découvertes. Lorsque l'annulation est demandée par le mineur, le délai extinctif des droits ne peut commencer avant sa majorité.

Un contrat même écrit et signé ne valide pas nécessairement une entente. On pourra contester sa validité pour vices de consentement dans les cas prévus par la loi.

A. L'erreur

On définit l'erreur comme un malentendu entre les parties sur l'une des stipulations du contrat. Ce malentendu aura été fait de bonne foi par les parties parce qu'elles n'en présumaient aucunement l'existence.

Si cette erreur s'avère importante, on pourra annuler le contrat. Le Code civil prévoit les genres d'erreurs susceptibles de vicier le consentement. Elles portent:

— Sur la personne du cocontractant
— Sur la nature même du contrat
— Sur l'identité de la chose
— Sur la substance de la chose

— *L'erreur sur la personne du cocontractant*

Elle implique que l'une des parties s'est trompée de personne. Ce cas, il faut l'avouer, se présente rarement. La jurisprudence mentionne, entre autres, le cas d'une jeune fille qui, en toute bonne foi, a épousé le jumeau de son fiancé. Bien sûr, l'annulation du mariage a suivi de près la surprenante constatation.

L'erreur sur la personne du cocontractant ne constitue un vice de consentement que si l'autre personne représente la considération principale de l'engagement.

— *L'erreur sur la nature du contrat*

Elle survient lorsque les parties se sont mal entendues sur le genre même de la convention qui devait les lier. Par exemple, si l'une des parties croit signer un contrat d'achat d'automobile avec paiement mensuel de 200 $ et que, de fait, elle signe la location d'un véhicule dont le mode de paiement s'avère similaire. L'erreur porte sur la nature du contrat. Apparaît alors une sérieuse différence. L'acheteur désirait acquérir le titre de propriétaire alors qu'il ne devient que locataire. La vente et le louage s'avèrent des contrats totalement différents. De ce fait, l'accord des volontés devient, par le fait même, totalement vicié.

— *L'erreur sur l'identité de la chose*

Elle intervient lorsque l'objet au contrat ne s'identifie ou ne se conforme pas à la chose désirée. Ainsi, un novice se présente chez *Pro-Sports Inc.* pour y acheter des skis alpins et en revient avec des skis de randonnée. Le consentement de ce client est totalement vicié, l'identité de l'objet convoité ne correspondant nullement à son désir.

— *L'erreur sur la substance de la chose*

Elle porte sur les qualités substantielles et spécifiques de l'objet. L'erreur doit porter surtout sur les qualités essentielles et non superficielles de la chose. Par exemple, un individu s'achète un vieux chalet dans les Laurentides. Il le croit construit totalement en pierre des champs et il découvre par la suite qu'il s'agit de murs de bois recouverts de pierres.

L'erreur aura dû se commettre de bonne foi et devenir quasi inévitable. L'acheteur aura le fardeau de démontrer son intention, chose peu facile à réaliser.

B. La fraude

Elle peut se définir comme l'emploi volontaire de moyens pour induire le cocontractant en erreur et , ainsi, l'inciter à contracter. C'est donc une des parties, de mauvaise foi, qui provoque l'erreur. La fraude implique habituellement le mensonge, l'emploi d'artifices ou de ruses pour obtenir rapidement un consentement. Si on avait bien informé la victime, elle n'aurait pas consenti à signer le contrat. Il s'agit alors d'un consentement libre mais mal éclairé.

Voici le cas d'un individu qui achète une auto usagée sur les représentations du vendeur. Selon ce dernier, le véhicule a toujours appartenu à une bonne vieille dame. Toujours selon ses dires, la peinture originale et le bas kilométrage indiqué à l'odomètre témoignent de la véracité de ses propos. Surprise! Deux (2) semaines plus tard, l'acheteur découvre qu'on a utilisé cette voiture comme taxi, qu'on a modifié la lecture de l'odomètre, qu'on a appliqué récemment une peinture de surface, qu'on a adroitement camouflé la corrosion.

Toutefois, il faut savoir faire la différence entre la fraude et la vantardise habituelle et courante concernant les qualités que les vendeurs attribuent à leurs produits. Dans ces dernier cas, les tribunaux n'interviennent pas.

Notons en terminant que le dol s'assimile à la fraude, quoique moins flagrant, puisqu'il ne s'agit pas tellement de mensonges exprimés que de réticences à dire toute la vérité. Par exemple, Marcel, vendeur d'automobiles usagées, aux questions posées par son acheteur, détourne les questions ou parle d'un autre sujet, ou encore, laisse l'éventuel acheteur s'enthousiasmer et s'illusionner sur des qualités inexistantes du véhicule.

C. La violence et la crainte

Elles constituent également des vices de consentement prévus par notre Code civil. La violence physique ou morale, exercée sur la personne d'un contractant, l'oblige à donner son consentement. On peut facilement imaginer les douleurs ou souffrances physiques infligées à un individu dans le but d'obtenir son accord à un contrat. On amène le contractant, malgré lui, à donner son consentement même s'il connaît la portée et les conséquences du contrat. La violence morale, plus subtile, fait appel au chantage ou aux menaces souvent dirigées contre les proches du contractant, comme sa femme ou ses enfants. Cependant, des menaces légales, telles que celles de poursuites devant les tribunaux, ne sont pas considérées comme contraintes pouvant entraîner l'annulation du contrat.

La violence au sens de la loi, comme cause d'annulation d'un contrat aura même pu s'exercer par une tierce personne. Pour invalider un contrat, la crainte engendrée devra représenter un mal sérieux eu égard à l'âge, au sexe et à la condition des personnes.

4.1.3 L'OBJET DU CONTRAT

Pour la validité du contrat, le Code civil prévoit une troisième condition: l'objet. Il représente l'opération juridique à laquelle les parties songeaient et sur laquelle elles ont concrétisé leur accord de volonté. Cet objet peut s'identifier au contenu de l'engagement des parties ou à la prestation assumée par le débiteur de l'obligation: l'engagement de donner, de faire ou de ne pas faire quelque chose.

L'objet du contrat doit posséder certaines qualités.

Il doit s'avérer:

— Licite
— Possible
— Déterminé ou déterminable
— Dans le commerce

— *L'objet licite*

L'objet ou le but du contrat apparaît licite s'il respecte les lois, la moralité et l'ordre public. Ainsi, on déclarerait illicite la vente de son droit de paternité. L'achat de biens volés pourrait constituer un autre exemple.

— *L'objet possible*

On déclare l'objet possible lorsque l'obligation créée à l'une des parties apparaît réalisable. On doit cependant évaluer objectivement l'impossibilité d'exécuter son obligation. Cette impossibilité doit exister pour tous, quelle que soit la personne, et non seulement pour le contractant malhabile ou inexpérimenté. L'engagement de courir un kilomètre en moins de quatres (4) minutes peut se réaliser pour certaines personnes. Par contre, nul ne peut relever le défi de courir cette distance en moins d'une minute.

— *L'objet déterminé ou déterminable*

Ceci implique que l'acheteur, entre autre, sait exactement ce qu'il acquiert ou, du moins, qu'il puisse connaître de façon précise, plus tard, ce qu'il a acheté. Ainsi, l'achat d'une auto implique que l'objet du contrat est déterminé ou qu'il le sera lors de la livraison à venir. De même, on peut contracter à l'avance l'achat de 100 000 kilogrammes de pommes en mai, même si les fruits n'arriveront à maturité qu'en septembre et qu'ils ne dévoileront leur degré de qualité qu'à ce moment-là.

— *L'objet du contrat, dans le commerce*

En d'autres mots, l'objet doit être susceptible d'achat ou de vente légale. Certaines choses ne peuvent faire l'objet d'un commerce quelconque. Par exemple, le soleil, la noirceur et les îles appartenant à l'État.

4.1.4 LA CAUSE LÉGALE

La dernière condition prévue par le Code civil à la validité des contrats s'appelle la cause légale. Le consentement des parties doit se transmettre pour une cause valable. Nul ne s'engage sans raison. La cause peut se définir ici comme le pourquoi de l'engagement. Nous faisons donc appel à des motifs psychologiques et à des raisons abstraites. Ainsi, le vendeur d'une auto vise un profit (cause du vendeur), alors que l'acheteur tend à l'acquisition de la propriété du véhicule (cause de l'acheteur).

S'avère donc invalide, un contrat sans cause ou ayant pour cause une illégalité. Par exemple, un contrat signé dans le but de faire tuer quelqu'un s'avère totalement illégal.

4.2 LES EFFETS ET LA PREUVE DU CONTRAT

Les effets principaux du contrat peuvent se résumer au transfert du droit de propriété, à la création et à la modification des obligations entre les parties.

Nous déterminerons donc les effets spécifiques du contrat quant aux parties elle-mêmes ainsi qu'à l'égard des tiers. Nous aborderons également l'étude des différentes techniques de preuve du contrat.

4.2.1 LES EFFETS DU CONTRAT ENTRE LES PARTIES

Entre les cocontractants, le contrat a force de loi. Il exprime la volonté des parties et pose les règles applicables à l'encontre de toute autre disposition de la loi. Ses stipulations deviennent obligatoires pour les parties.

Le juge, appelé à trancher un différend, devra retrouver au contrat l'intention des parties pour rendre exécutoires les obligations contenues et ceci, même si les obligations des parties semblent disproportionnées ou injustes. Les contractants ont choisi librement de s'engager par contrat et, par ce fait, la loi applicable pour eux. Les stipulations et obligations du contrat ne devront cependant pas aller à l'encontre de l'ordre public ou des bonnes moeurs. Par exemple, un juge ne pourrait obliger une partie, même si l'entente fait la loi entre les contractants, à attenter à la vie d'un compétiteur.

Un juge, saisi d'un litige au sujet d'un contrat valide, doit l'expliciter ou le clarifier et non le refaire ou le modifier. Dans le doute, le juge doit rechercher l'intention des parties. Il ne visera pas l'application littérale des mots si ceux-ci contredisent la volonté exprimée dans l'ensemble du contrat.

> "Les clauses d'un contrat doivent s'interpréter les unes par les autres en donnant à chacune le sens qui résulte de l'acte entier."
>
> (article 1018 du Code civil)

4.2.2 LES EFFETS DU CONTRAT À L'ÉGARD DES TIERS

En principe, le contrat engendre des obligations pour les parties contractantes seulement. Le Code civil nous confirme d'ailleurs ceci à l'article 1023:

> "Les contrats n'ont d'effet qu'entre les parties contractantes; ils n'en ont point quant aux tiers,..."

Sauf exception, l'accord des contractants ne peut lier aucune autre personne en dehors de l'entente. Cette règle semble des plus logique. Comment pourrais-je obliger mon frère à effectuer à ma place les remboursements de mon emprunt bancaire s'il n'était pas partie ou signataire de cet engagement? Celui qui ne donne pas son accord ne peut bénéficier du contrat ni être obligé par lui.

Malgré cela, une entente intervenue en l'absence de tiers peut lier ces derniers. De fait, certains contrats imposent leur respect à des personnes autres que les contractants eux-mêmes. Les héritiers légaux appartiennent à cette catégorie puisque le patrimoine du défunt leur est transmis. De ce fait, à moins d'y renoncer, ils en acceptent l'aspect positif comme l'aspect négatif. Ils seront donc liés par les obligations du contractant décédé, même s'ils n'étaient pas parties à l'entente ou s'ils en ignoraient l'existence.

Voici d'ailleurs d'autres exemples où une entente conclue en l'absence de tiers peut lier ces derniers:

— Le contrat d'hypothèque, créant un lien sur l'immeuble, oblige tous les acquéreurs subséquents à effectuer le paiement du prêt. L'acheteur d'une propriété, sur laquelle on a effectué l'enregistrement d'une hypothèque, demeure responsable du paiement de l'hypothèque déjà contractée sur l'immeuble.

— Le contrat de mariage oblige les créanciers du mari à respecter la donation des biens meubles effectuée par ce dernier à l'épouse dans son contrat de mariage. Les créanciers ne pourront faire saisir et vendre en justice les meubles donnés à l'épouse dans ces circonstances, même s'ils ignoraient cette donation de meubles par l'époux.

— La déclaration de société en commandite oblige les tiers à respecter la responsabilité limitée des commanditaires. Les réclamants sont présumés connaître cette limite de responsabilité du fait de l'enregistrement de cette déclaration, même s'ils l'ignoraient de fait.

— Le contrat de mandat engage celui qui se fait représenter. Le vendeur de commerce qui signe pour ses employeurs un contrat de vente oblige ses patrons à respecter les obligations créées au contrat. Il va cependant de soi que le mandataire aura dû agir dans le cadre de ses fonctions. Il ne pourrait par exemple engager ses employeurs dans la construction d'un pont si son travail consiste à vendre de l'ameublement de bureau.

— À l'occasion, on peut bénéficier des avantages conférés par un contrat sans y avoir participé. Ainsi en est-il du contrat d'assurance-vie prévoyant le paiement d'une indemnité au décès de l'assuré à une tierce personne. Il peut arriver même que le bénéficiaire ignore cette donation. Par exemple, une secrétaire pourrait assurer sa vie pour une somme de 10 000 $ en inscrivant son patron comme personne avantagée, le patron ignorant tout de l'affaire. C'est ce qu'on appelle la stipulation pour autrui. La loi prévoit principalement ceci à l'article 1029 du Code civil.

— Le droit du travail prévoit également l'imposition de droits et obligations à des tiers. Ainsi, les ouvriers qui refusent d'adhérer au syndicat représentant l'ensemble des employés d'une entreprise seront liés par la convention collective signée entre le syndicat et l'employeur. Sans leur consentement et sans même leur participation au contrat de travail, les salariés non représentés par le syndicat, donc des tiers, se verront liés par l'entente conclue. Voilà, à notre avis, l'exception réelle et claire au principe général qui veut que l'on ne puisse engager ou obliger par un contrat des tiers sans leur accord.

Si en principe un contrat ne peut lier les tiers sans leur consentement, un tiers non parti à un contrat peut réussir néanmoins à faire annuler un contrat. Par exemple, un débiteur notoirement insolvable, vend son seul actif à son meilleur ami afin que son créancier ne puisse trouver aucun bien sur lequel il pourrait exécuter un jugement. Son créancier pourrait ainsi faire annuler la transaction entre le débiteur et son ami si il prouve qu'elle a été faite en fraude de ses droits. Le recours que le créancier exercera alors s'appelle une action paulienne.

4.2.3 LA PREUVE DU CONTRAT

Nous verrons ici les façons de prouver l'existence du contrat. Dans la pratique, le droit et la preuve s'avèrent deux (2) choses totalement distinctes. On peut fort bien connaître le droit mais éprouver de sérieuses difficultés à prouver ses prétentions.

Par exemple, si Jacques, par entente verbale avec Claude, accepte de lui vendre son auto, il vient de conclure une entente, un contrat. Par contre, si Jacques change d'idée et vend son auto à un tiers, comment Claude pourra-t-il prouver son entente devant la cour?

Même s'il possède une bonne connaissance du droit, le contractant doit savoir qu'il devra supporter le fardeau de prouver l'existence du contrat et des obligations créées. Les articles 1203 et 1204 de notre Code civil exigent du demandeur qu'il fasse la preuve de ses allégués. Cette preuve devra, au surplus, s'avérer la meilleure, compte tenu des circonstances. On n'admettra aucune preuve secondaire ou inférieure à moins d'une impossibilité réelle d'effectuer la meilleure preuve, ainsi le juge refusera la preuve par témoins, qui aurait pour but de contredire un écrit valablement fait.

L'article 1205 du Code civil nous énumère les types de preuves possibles:

> "La preuve peut être faite par écrit, par témoins, par présomptions, par l'aveu de la partie ou par son serment...".

Notons bien que la preuve de ces contrats souffre de nombreuses exceptions dans des lois spéciales, telles la Loi de Protection du Consommateur ou la Loi Instituant la Régie du Logement.

A. L'écrit sous seing privé

Voilà évidemment la meilleure preuve qu'on puisse apporter. L'écrit reflète généralement l'accord des parties et les différentes obligations créées par cet accord. Quoiqu'il reste soumis à l'appréciation des tribunaux, il établit la loi entre les parties. On ne peut le contredire qu'exceptionnellement et difficilement.

L'écrit sous seing privé peut se rédiger avec rapidité et sans formalités. Il exprime, par écrit, la volonté des parties. Sans aucune forme particulière, on peut aussi bien l'écrire à la main ou le dactylographier. Il possède la même valeur que l'acte authentique. Sa faiblesse réside dans le fait que l'une des parties peut facilement nier sa signature. Lorsque la loi n'oblige pas l'écrit authentique, le contrat sous seing privé demeure la meilleure preuve de l'entente des contractants. Il s'avère difficile en effet de contredire un texte auquel on a apposé sa signature.

B. L'écrit authentique

La loi reconnaît une deuxième forme d'écrit, soit *l'écrit authentique*. Le principal écrit authentique reconnu est reçu devant notaire. Cet écrit fait preuve de son contenu et des signatures apposées. Contredire un écrit authentique s'avère très difficile. Idéalement, tous les contrats devraient se rédiger sous cette forme. Cependant, l'acte authentique engendre des honoraires professionnels et il ne peut généralement se rédiger aussi rapidement que l'écrit sous seing privé.

C. Le témoignage

La loi prévoit plusieurs contrats dont seul l'écrit prouvera l'existence, tel le contrat de mariage. Pour cette raison, faire la preuve d'un contrat par témoins n'est pas toujours possible.

Cependant, on peut prouver par témoins l'entente verbale des parties à la condition que la valeur réclamée ne dépasse pas 1 000 $. Il va de soi que même dans les rares cas permis par la loi, la preuve testimoniale laisse les parties à la merci de la crédibilité des témoins entendus.

On ne peut jamais dans une preuve par témoins, contredire ou changer les termes d'un écrit valablement fait, qu'il soit authentique ou non. Prenons l'exemple de Josette qui signe un contrat de vente assorti d'un crédit pour l'achat d'une auto avec certaines options pour 10 000 $. Son vendeur ne peut témoigner à l'effet que le prix convenu ne comprenait pas les options requises par Josette: l'écrit fera preuve de son contenu, selon les dispositions de notre Code civil.

Par ailleurs, dans ce même exemple, Josette pourrait contredire par son témoignage ce même contrat s'il s'avérait que le prix convenu comprenait d'autres options que celles consignées dans le contrat. Josette se prévaudrait alors de la Loi de Protection du Consommateur qui lui accorde le privilège de contredire un écrit même s'il est valablement fait. Encore ici, soulignons que des lois spéciales, telle la Loi de Protection du Consommateur, font exception à cette règle de preuve (article 263 L.P.C.).

D. L'aveu

Voici le moyen le plus efficace de prouver le contrat ou son contenu. Cependant, ce mode de preuve s'utilise rarement. En effet, l'adversaire admet rarement ce qu'il conteste. L'aveu fait devant la cour est dit judiciaire. L'aveu hors cour est appelé extra-judiciaire.

Beaucoup de confusion subsiste chez les gens quant à la différence entre aveu et témoignage; pour la dissiper, voici quelques explications. L'aveu est l'admission par la personne poursuivie, des prétentions ou des réclamations de son adversaire en tout ou en partie, alors que le témoignage est la déposition d'un tiers sur les faits matériels se rapportant à la cause. Le premier s'avère décisif alors que le second demeure sujet à l'appréciation du juge.

E. Les présomptions

Le juge devra conclure à l'existence d'un fait inconnu, à partir de la connaissance d'un ou de plusieurs faits connus. Par exemple, Roméo offre à Ghislain de déneiger ses terrains de stationnement. Ghislain ne répond pas, mais Roméo se présente sur les terrains de Ghislain avec son équipement après chaque tempête. Le juge concluera à l'existence d'une entente (le contrat de déblaiement) à partir de faits connus (les présences de Roméo avec son équipement après chaque tempête.)

4.3 LA RESPONSABILITÉ CONTRACTUELLE

Le contrat établit la loi entre les parties. Il engendre des obligations pour les contractants. Il existe trois (3) ordres d'obligations créées: a) faire quelque chose (la confection d'un bien); b) ne pas faire quelque chose (s'abstenir d'habiter plus de trois (3) dans un logement); c) donner quelque chose (livraison d'un téléviseur). Résultat d'un engagement libre et volontaire, d'habitude, les obligations s'exécutent fidèlement et volontairement. Le débiteur respecte généralement son entente, engagement consistant à faire, à ne pas faire ou à donner quelque chose.

Le créancier dont le débiteur néglige ou refuse d'exécuter volontairement ses obligations contractuelles possède-t-il des recours adéquats? Le Code civil contient peu sur la responsabilité découlant du contrat. On ne retrouve que quelques articles. Indiquons le principal:

> "Toute obligation rend le débiteur passible de dommages en cas de contravention de sa part; dans les cas qui le permettent, le créancier peut aussi demander l'exécution de l'obligation même, et l'autorisation de le faire exécuter aux dépens du débiteur, ou la résolution du contrat d'où naît l'obligation;... sans préjudice à son recours pour les dommages-intérêts dans tous les cas."
>
> (article 1065)

La loi présume fautif le débiteur qui ne respecte pas ses obligations. Ce dernier s'expose à des poursuites judiciaires autorisées par le code. Nous étudierons d'abord les actions que le créancier peut intenter au débiteur. Ensuite, nous analyserons les causes d'exonération de responsabilité pour celui-ci.

Pour ce, nous aborderons les points dans l'ordre suivant:

— La contrainte du débiteur
— L'exécution par un tiers
— L'annulation du contrat
— La réclamation en dommages-intérêts
— Les causes d'exonération

Dans la majorité des cas, la loi oblige le créancier à aviser formellement son débiteur avant de lui intenter des procédures. Nous appelons cet avis formel la *mise en demeure*. Il s'agit d'un document rappelant au débiteur qu'il ne respecte pas ses obligations et que, par conséquent, des procédures seront intentées si la situation demeure inchangée. Il ne s'agit pas d'une ordonnance de la cour mais, généralement, d'un écrit expédié au débiteur, soit par huissier, par courrier ou par télégramme.

Le créancier lui-même ou son avocat l'aura rédigé. Notons qu'en matière contractuelle, cette mise en demeure s'avère souvent obligatoire. Pour les cas à caractère facultatif, elle apparaît de mise.

D'autre part, en matière commerciale, lorsqu'un contrat fixe un terme pour l'accomplissement d'une obligation, le débiteur est alors en demeure par le simple écoulement du temps.

4.3.1 LA CONTRAINTE DU DÉBITEUR

La contrainte légale s'avère une des diverses façons d'obliger son débiteur à respecter ses engagements même si elle ne se révèle pas toujours la solution la meilleure ou la plus efficace. Ainsi, comment pourrait-on forcer rétroactivement un orchestre à jouer lors d'une noce terminée? Cependant dans les cas où les obligations du contrat peuvent encore s'exécuter, la contrainte du débiteur apparaît comme le recours le plus utile.

Donnons deux (2) exemples:

L'acheteur qui a payé un système de son pourra le récupérer par saisie chez son vendeur qui néglige ou refuse d'en effectuer la livraison. Le signataire d'une promesse de vente de sa maison pourrait se voir contraint de signer l'acte de vente suite à un refus injustifié. Dans ce cas, un tribunal pourrait rendre un jugement équivalant au titre final.

L'injonction apparaît comme une autre procédure pour obliger une partie à respecter et à exécuter ses obligations.

4.3.2 L'EXÉCUTION PAR UN TIERS

Lorsque le débiteur refuse de respecter ses engagements, on peut recourir à une tierce personne pour l'exécution des obligations contractuelles. Le créancier fera alors appel à une troisième personne pour exécuter les engagements du débiteur. Le créancier conserve de plus un recours contre son débiteur pour l'excédent du prix qu'il peut lui en coûter ailleurs.

Par exemple, M. Simard s'engage pour toute la durée de l'hiver à déneiger le terrain de stationnement de votre entreprise moyennant 400 $. S'il ne s'exécute pas ou s'il cesse les travaux à la fin du mois de janvier, vous pourriez engager et payer une tierce personne et poursuivre M. Simard pour les coûts supplémentaires occasionnés.

Cette façon de procéder, lorsqu'elle est applicable, s'avère de loin la meilleure puisqu'elle permet au créancier d'obtenir rapidement le résultat escompté, et ce, aux frais du débiteur en défaut.

4.3.3 L'ANNULATION DU CONTRAT

L'absence d'exécution ou la mauvaise exécution des obligations peut entraîner la demande en résolution ou annulation du contrat. Sauf quelques exceptions (*Exemple:* contrat de vente de biens meubles résolu de plein droit par défaut de paiement du prix), l'annulation du contrat ne peut avoir lieu que par ordonnance de la cour.

Cette action vise la cessation des obligations prévues au contrat. On opte souvent pour cette solution lorsque, dans certains cas, le recours en dommages-intérêts risque de traîner en longueur ou les dommages semblent difficilement prouvables. Le remède le plus rapide consiste à annuler le contrat purement et simplement. Par exemple, le voyageur de commerce loue une automobile affublée d'une multitude de vices. Ceci l'oblige à passer très souvent au garage. Il peut alors recourir à cette solution puisque l'annulation s'avère plus pratique. Il peut alors se dégager de ses paiements futurs et louer son véhicule ailleurs. Notre individu recherche ainsi la quiétude à sa tâche par le rendement efficace de son véhicule tout en évitant l'embarras des poursuites en dommages-intérêts pour le préjudice difficilement prouvable dans son cas.

4.3.4 LA RÉCLAMATION EN DOMMAGES-INTÉRÊTS

Elle se veut une compensation au réclamant pour les dommages réels subis ou les intérêts perdus par la faute de l'autre partie. À remarquer que le poursuivant devra démontrer d'abord la responsabilité du débiteur puis le préjudice attribuable à sa faute. Même grossière et apparente, la faute ne donne pas lieu à un recours judiciaire si le demandeur ne peut prouver qu'il a réellement subi un dommage quelconque. L'article 1073 du Code civil nous apprend ce qui suit:

> "Les dommages-intérêts dus au créancier sont, en général, le montant de la perte qu'il a faite et du gain dont il a été privé;..."

Si l'obligation du débiteur en défaut consiste en un engagement à payer une somme d'argent (prêt, loyer, etc.), le créancier pourra réclamer les intérêts sur la somme due aux taux prévu par le contrat. Par exemple, vous prêtez un montant de 1 000 $ à un ami qui s'engage au remboursement intégral dans deux (2) ans avec intérêts au taux annuel de 11%. À l'expiration du délai et après l'expédition d'une mise en demeure, vous pouvez réclamer en justice les sommes dues et les intérêts au taux convenu, et ce, à compter de la date de la mise en demeure.

Si les parties n'avaient fixé aucun intérêt, la loi accorde au réclamant l'intérêt au taux légal de 5%. Ce taux s'applique, par exemple, aux arrérages de loyer. Soulignons que le juge a discrétion pour accorder, en plus des intérêts, une indemnité calculée à partir du taux d'intérêt fixé par la loi sur le ministère du Revenu.

Si l'obligation créée n'exige pas le paiement d'une somme d'argent, le créancier pourra récupérer de son débiteur la valeur des dommages causés. La cour ne peut présumer des dommages et le réclamant a le fardeau de la preuve. Par exemple, à la suite d'une campagne de publicité bien orchestrée, *Télé-Vision Inc.* conclut des ventes avec plus de 300 clients pour des appareils livrables dans un délai de 30 jours. Si le fournisseur de *Télé-Vision Inc.* fait défaut, selon ses engagements, de livrer la marchandise aux différents clients, le vendeur pourra intenter des poursuites judiciaires à son fournisseur. La réclamation vise la compensation financière pour les frais de la campagne publicitaire et la récupération du profit de 80 $ éventuellement réalisable sur chaque appareil vendu. Dans ce cas, le préjudice subi se démontre facilement. Il n'en va pas toujours ainsi.

Lors d'engagements où le défaut d'exécution risque d'entraîner des dommages difficilement prouvables, les parties devraient établir à l'avance la valeur monétaire du préjudice possible. D'ailleurs, le Code civil, à l'article 1131, le prévoit et l'autorise.

> "La clause pénale est une obligation secondaire par laquelle une personne, pour s'assurer l'exécution de l'obligation principale, se soumet à une peine en cas d'inexécution."

Supposons que vous engagez un individu pour jouer le rôle du Père Noël dans votre commerce du 10 au 24 décembre. Vous voulez évidemment créer un achalandage nécessaire à la vente au détail. Si votre individu cesse de se présenter sans raison le 20 décembre, comment démontrer le pourcentage de clientèle perdue et surtout la valeur du profit non réalisé par sa faute? Dans ces circonstances, la prudence aurait exigé du commerçant la rédaction d'une clause pénale. Celle-ci aurait prévu par exemple que le défaut d'exécution entraînerait le paiement d'une somme de 100 $ par jour par le débiteur. Cette somme aurait couvert les dommages subis par une valeur établie et convenue à l'avance. Il s'agit de dommages-intérêts liquidés.

Le contrat fait la loi entre les parties. Le tribunal ne diminuera pas, en principe, le montant fixé à titre de dommages et intérêts entre les contractants.

4.3.5 LES CAUSES D'EXONÉRATION DE RESPONSABILITÉ

Théoriquement, l'inexécution d'une ou des obligations du contrat peut entraîner des recours judiciaires. Il existe cependant pour le débiteur des causes de disculpation ou d'exonération. Mis à part le problème de l'intervention d'un tiers ou la mauvaise foi du réclamant, on compte principalement deux (2) causes à l'exemption totale ou partielle de responsabilité: le cas fortuit ou la force majeure et les clauses limitatives de responsabilité.

A. Le cas fortuit ou la force majeure

La loi reconnaît le cas fortuit ou la force majeure comme des causes d'exonération de responsabilité dans tous les contrats.

Par ces expressions, on entend l'arrivée d'un événement extérieur, imprévisible et irrésistible rendant impossible l'exécution de l'obligation. L'événement qui empêche de façon absolue le débiteur de rencontrer ses obligations doit venir d'une source extérieure, ne pas relever de son contrôle, s'avérer raisonnablement imprévisible et irrésistible. Compte tenu des circonstances, les ouragans, les inondations, les tremblements de terre, la grève illégale et l'incendie représentent des cas fortuits susceptibles d'entraîner l'exonération de responsabilité du débiteur.

Ainsi, le constructeur d'un édifice ne saurait être tenu responsable du retard apporté à l'érection de l'immeuble si un tremblement de terre le détruit partiellement. Cet événement ne relève pas de son contrôle parce qu'il est imprévisible. De plus, aucun moyen ne s'offre au constructeur pour résister au cataclysme. Par ailleurs, le gel des fondations d'un édifice construit en hiver ne se classe pas parmi les cas fortuits même si un très grand froid constitue la cause des dégâts. Ceci demeure toujours du domaine du possible et du prévisible.

Enfin, c'est le débiteur qui a le fardeau de prouver le cas fortuit ou la force majeure. La faute du débiteur est présumée dès que le créancier a prouvé l'inexécution des obligations.

B. Les clauses limitatives de responsabilité

Elles peuvent atténuer la responsabilité du débiteur ou mieux, l'en dégager entièrement. Ces clauses, confinées au contrat, ressemblent étrangement aux clauses pénales. Elles ne visent cependant pas l'évaluation du préjudice éventuel mais, au contraire, l'élimination ou la diminution considérable des dommages occasionnés.

Ainsi voit-on fréquemment des horticulteurs limiter leur responsabilité à la valeur des arbres vendus excluant ainsi d'éventuelles poursuites pour le coût de remplacement et de transplantation des arbres. De même, les transporteurs prévoient souvent un montant maximum de responsabilité en cas de perte ou de destruction de l'objet transporté.

La cour admet généralement ces clauses et respecte l'entente des parties à moins qu'on ne prouve une grossière négligence ou imprudence de la part du débiteur. En effet, les clauses limitatives de responsabilité ne demeurent valides qu'à la condition que le débiteur agisse en toute bonne foi et de façon normale dans l'exécution de ses obligations. Comme exemple, le déménageur qui, en état d'ivresse, laisse tomber de son camion un téléviseur en couleurs d'une valeur de 1 400 $ ne pourra invoquer sa clause limitative de responsabilité à un maximum de 100 $.

Il n'y a lieu d'admettre les clauses de limitation ou d'exclusion de responsabilité qu'à cette condition, autrement la porte demeurerait grande ouverte aux excès et aux abus de tous genres.

4.4 LE CONTRAT DE VENTE

La vente s'avère probablement le contrat le plus connu, tant du domaine de l'entreprise commerciale et industrielle que du simple citoyen. En effet, l'acquisition de vêtements, d'automobiles, de biens de consommation, de meubles de ménage, de machinerie ou d'une maison font tous l'objet d'un contrat de vente.

Par son utilisation fréquente et ses implications nombreuses, ce type de contrat mérite donc une attention toute particulière de notre part.

Avant d'entreprendre l'étude de ce contrat proprement dit, ouvrons une parenthèse pour parler de la promesse de vente, procédé courant surtout en matière immobilière.

La promesse de vente n'est pas une vente, mais le créancier pourra exiger du débiteur qu'il lui signe un contrat conforme à la promesse, à défaut de quoi, il pourra demander à la cour de statuer sur ses droits dans un jugement qui aura valeur du contrat recherché avec toutes les conséquences légales. Il pourra aussi réclamer des dommages-intérêts.

4.4.1 LES CARACTÈRES DU CONTRAT DE VENTE

Le Code civil attache une très grande importance à la vente. Plus de cent vingt (120) articles y sont consacrés. La vente peut se définir comme suit:

Un contrat en vertu duquel une personne accorde à une autre la propriété d'un bien contre une rémunération en argent.

La vente, qu'elle porte sur des biens meubles ou immeubles, suit sensiblement les mêmes règles de droit.

Nous devons reconnaître trois (3) principaux caractères au contrat de vente:

— Consensuel
— Translatif de propriété
— Synallagmatique

— *Consensuel*

Le contrat de vente se dit consensuel parce que formé du seul consentement des parties. L'entente écrite, quoique non obligatoire, s'avère souhaitable pour mieux préciser les termes du contrat. L'écrit demeurera toujours la meilleure preuve de l'accord des volontés. Soulignons que le consensualisme est un principe qui est battu en brèche par les dispositions de plusieurs lois spéciales, telle la Loi de Protection du Consommateur, dont nous verrons plus tard les principaux points.

— *Translatif de propriété*

Le contrat de vente transfert la propriété d'un bien d'une personne (vendeur) à une autre (acheteur). Du seul fait du consentement mutuel, l'acheteur d'un bien déterminé devient légalement propriétaire même s'il n'en a pas encore la possession physique. Ce principe souffre cependant quelques exceptions, le transfert de la propriété étant retardé.

Lors de l'achat de biens futurs non encore déterminés, le transfert de propriété ne s'effectue que lors de la détermination et de l'identification précise du bien. L'achat d'une automobile non encore construite n'entraînera le changement de propriétaire qu'au moment où l'auto sera complètement assemblée et identifiée spécifiquement.

La date du transfert de propriété s'avère parfois très importante. En effet, le propriétaire d'un bien assume toujours les risques de destruction partielle ou totale de la chose. Si le transfert légal de la propriété a eu lieu avant la livraison, l'acquéreur devra alors assumer la responsabilité de la perte ou de la destruction de son bien.

— *Synallagmatique*

Le contrat de vente se veut aussi synallagmatique parce qu'il crée des obligations réciproques et interdépendantes entre les parties. L'exécution de l'obligation de chacune des parties dépend de l'exécution de l'obligation de l'autre partie. L'obligation de payer pour l'acheteur ne sera exécutée qu'à la condition que le vendeur remplisse son obligation de livrer l'objet de la vente. Réciproquement, le vendeur ne remettra le bien que contre paiement de la somme convenue. Cahque partie s'avère justifiée de refuser d'accomplir son engagement si l'autre ne rencontre pas le sien.

4.4.2 LES OBLIGATIONS DE L'ACHETEUR

Le contrat de vente engendre des obligations pour chacune des parties. Voyons en premier lieu les principales obligations imposées à l'acheteur:

A. L'obligation de payer le prix
B. L'obligation de prendre livraison

A. L'obligation de payer le prix

La principale obligation de l'acheteur s'impose de toute évidence: payer le prix convenu. Parce qu'il y a création d'obligations synallagmatiques, le défaut de paiement autorise le vendeur à refuser la délivrance du bien et à obtenir de plein droit l'annulation du contrat s'il s'agit d'une vente de biens meubles, alors qu'en matière immobilière, le vendeur ne peut demander la résolution de la vente, faute de paiement du prix que si une stipulation spéciale le prévoit. De plus, l'acheteur s'expose dangereusement à des poursuites en responsabilité de la part du vendeur.

L'obligation de payer le prix du bien entraîne généralement pour l'acheteur l'obligation de payer les frais de la vente, son enregistrement s'il y a lieu et les taxes de vente appropriées.

B. L'obligation de prendre livraison

L'acheteur supporte aussi l'obligation essentielle d'accepter la livraison de la chose. S'il s'y refuse sans raison valable, il s'expose encore une fois aux poursuites judiciaires appropriées.

4.4.3 LES OBLIGATIONS DU VENDEUR

Voyons maintenant les principales obligations du vendeur après la conclusion du contrat:

A. Livrer la chose
B. Garantir l'acheteur contre l'éviction
C. Garantir l'acheteur contre les vices cachés

A. Livrer la chose

L'obligation de livrer le bien comporte généralement l'obligation de payer les frais de la livraison à moins d'entente contraire.

La livraison d'un bien meuble se fait généralement par remise de la possession physique du bien à l'acheteur. On remet donc personnellement à l'acheteur le bien pour lequel il a contracté.

La délivrance légale d'un immeuble se fait par la remise en possession de l'immeuble et des titres de propriété à l'acheteur.

B. Garantir l'acheteur contre l'éviction

Le vendeur doit garantir l'acheteur contre l'éviction en lui assurant la jouissance paisible de son bien. Il doit se porter garant envers l'acheteur que ni lui ni personne ne viendra l'évincer, l'expulser ou le priver dans son droit de propriété.

Il y aurait éviction, par exemple, dans le cas où un tiers prétendrait avoir des droits sur le bien acheté. Vous faites l'acquisition de l'automobile de votre voisin et quelques mois plus tard, une compagnie prêteuse vient vous réclamer le véhicule en donnant comme motif que votre voisin n'avait pas rencontré ses échéances depuis plus d'un an.

L'acheteur a droit à la quiétude dans la jouissance du bien, ce que le vendeur doit lui garantir par l'effet de la loi. Le contrat n'a pas à prévoir une telle garantie car les articles 1508 à 1521 du Code civil s'en chargent. Cette garantie se dit *légale* parce que prévue par la loi. Elle se différencie de la garantie dite *conventionnelle*, stipulée par convention, par contrat.

Le vendeur doit défendre à ses frais l'acheteur troublé dans la jouissance de ses droits. Il demeure sujet à la résolution de l'acte de vente de la part de l'acheteur et à une condamnation à titre de dommages-intérêts. Le vendeur doit contracter de bonne foi et savoir que la propriété qu'il transfère n'est pas exposée à des problèmes de faits ou de droit.

Le Code civil consacre quelques articles sur le cas de la vente de la chose qui n'appartient pas au vendeur. Cette vente est évidemment nulle et l'acheteur peut réclamer des dommages-intérêts s'il ignorait que le bien acheté n'était pas la propriété de son vendeur.

Exceptionnellement toutefois, la vente de la chose d'autrui sera valide s'il s'agit d'une affaire commerciale, comme la vente de biens mobiliers entre deux commerçants ou entre un commerçant et une personne qui ne l'est pas. Il en sera de même si le vendeur devient par la suite, propriétaire de cette chose comme par exemple, par achat ou par prescription acquisitive.

L'article 1489 du Code civil prévoit que: *Si une chose perdue ou volée est achetée de bonne foi, dans une foire, marché ou à une vente publique, ou d'un commerçant trafiquant en semblables matières, le propriétaire ne peut la revendiquer sans rembourser à l'acheteur le prix qu'il en a payé.* Par exemple, vous achetez un téléviseur volé d'un marchand tout en croyant honnêtement que ce bien lui appartient. Son véritable propriétaire ne pourra vous le reprendre qu'en vous remboursant le prix que vous aurez payé. Vous conserveriez alors bien entendu, vos recours en dommages-intérêts par la suite contre ce marchand.

Toutefois, si la chose perdue ou volée a été vendue sous l'autorité de la loi, elle ne peut être revendiquée. Ainsi, Jean fait saisir par huissier tous les biens d'Antoine. Ces biens seront vendus à l'enchère et s'il s'y trouve un téléviseur volé que vous achetez, son véritable propriétaire ne pourra vous forcer à le lui remettre même en vous payant le montant que vous avez déboursé.

C. Garantir l'acheteur contre les vices cachés

Le vendeur doit également garantir l'acheteur contre des défauts ou vices cachés du bien. Encore une fois, il s'agit d'une garantie légale prévue au Code civil. L'article 1522 précise ce qu'il faut entendre par défauts cachés de la chose:

"Le vendeur est tenu de garantir l'acheteur à raison des défauts cachés de la chose vendue... qui la rendent impropre à l'usage auquel on la destine ou qui diminuent tellement son utilité que l'acquéreur ne l'aurait pas achetée, ou n'en aurait pas donné si haut prix, s'il les avait connus."

Le vendeur se porte donc garant d'un usage utile de la chose. Il assume même la responsabilité des vices et défauts qu'il ne connaissait pas. Ainsi, l'acheteur d'une maison présume au départ que l'installation électrique, le système de chauffage et la tuyauterie fonctionnent adéquatement. Le vendeur demeure responsable après la vente si l'un de ces systèmes apparaît insuffisant ou nettement défectueux. Je peux recourir à la justice si le téléviseur en couleurs que je viens d'acheter révèle des défauts cachés qui le rendent impropre à son usage. La garantie contre les vices cachés s'applique tant à la vente de biens meubles qu'à la vente de biens immeubles. Cette garantie, s'il y a lieu de l'invoquer, permettra à l'acheteur d'exiger de son vendeur un correctif à la situation en effectuant les réparations, en diminuant le prix d'achat ou en annulant la vente, le tout sans préjudice à toute condamnation à des dommages-intérêts.

La procédure intentée par suite de l'obligation de garantie à raison de vices cachés s'articule de trois façons possibles:

— L'action rédhibitoire qui aura pour effet de remettre le bien en restitution du montant d'argent versé
— L'action en diminution de prix (quanti minoris) qui fait en sorte que le créancier demande le remboursement d'une somme correspondant au montant versé pour la correction du vice caché
— Le recours en dommages-intérêts contre le vendeur qui connaissait les vices cachés.

Ces poursuites doivent s'inscrire le plus tôt possible et avec diligence raisonnable après la découverte des vices, sinon le vendeur pourra rétorquer que l'acheteur connaissait les vices cachés ou qu'il les a acceptés. Le délai nécessaire à l'instruction des procédures judiciaires est laissé à l'appréciation du juge qui tient compte de la nature du vice, du moment de sa découverte, de sa gravité et de la bonne ou mauvaise foi des parties.

4.4.4 LES VENTES À CARACTÈRE SPÉCIAL

Explorons maintenant certains contrats de vente qui sont fréquents en droit commercial et qui possèdent certaines caractéristiques distinctives.

A. La vente en bloc
B. La vente F.A.B.
C. La vente d'immeuble
D. La vente d'immeuble dans un ensemble immobilier

A. La vente en bloc

L'article 1569 du Code civil, dans ses nombreux paragraphes identifiés de a) à e) inclusivement, prévoit les modalités de ce type de vente:

La vente en bloc désigne toute vente ou tout transport de fonds de commerce ou de marchandises en dehors du cours ordinaire des opérations commerciales du vendeur. Cette vente ou transport peut inclure la totalité des biens du fonds de commerce, ses marchandises et même son achalandage.

Cette législation vise essentiellement la protection des tiers. En effet, les créanciers d'un commerçant pourraient être lésés par une vente intervenue hors de leur connaissance. Les recours éventuels contre leur débiteur pourraient s'avérer illusoires en cas d'insolvabilité de ce dernier. Le vendeur se doit, en vertu du Code civil, de produire à l'acheteur un affidavit. Cette déclaration, écrite sous serment, prévoit la liste de ses créanciers, la nature de leur créance et le montant dû à chacun d'eux. Dès lors, l'acheteur devra payer ses créanciers à même le montant de la vente en retenant sur le prix établi les sommes nécessaires.

Ces règles exigent un respect rigoureux par toutes les parties, à défaut de quoi la vente est présumée frauduleuse, nulle et de nul effet quant aux créanciers. Ceci sous-entend que les créanciers pourront réclamer la créance du vendeur à l'acheteur personnellement, ce qui évidemment déroge aux règles ordinaires du droit. Par contre, si l'on respecte les prescriptions de la loi, les créanciers jouiront d'une certaine protection et l'acheteur se dégagera de toute responsabilité à l'égard des dettes de son vendeur, même celles cachées par ce dernier, volontairement ou non.

B. La vente F.A.B.

La vente F.A.B. (Franco A Bord) est étroitement liée aux contrats de transport. Elle vise le plus souvent à répartir les risques de perte de la chose vendue à l'acheteur. Par exemple, une vente F.A.B. Boucherville veut dire qu'à cette ville, le vendeur a satisfait à son obligation de livraison et qu'il n'est plus responsable des pertes de la chose vendue à partir de cet endroit.

C. La vente d'immeuble

Si vendre un bien meuble ne nécessite aucune formalité, la vente d'un immeuble requiert l'enregistrement au bureau d'enregistrement du district judiciaire où il est situé. Il s'agit d'une mesure de publicité destinée à protéger l'acquéreur de l'immeuble vis-à-vis des tiers.

Relativement à l'immeuble, le bureau d'enregistrement indique entre autres, le nom du propriétaire de l'immeuble et mentionne toutes les transactions financières (ventes, hypothèques, privilèges, etc...) et servitudes affectant l'immeuble.

Le bureau d'enregistrement confère à l'acquéreur une certaine sécurité quant à la valeur de son titre de propriétaire puisqu'il peut consulter tous les actes juridiques qui impliquent l'immeuble en question. Il confiera d'ailleurs à son notaire le soin d'effectuer une recherche de titre pour garantir son titre de propriété.

Le certificat de localisation déterminera avec précision l'emplacement et la situation de l'immeuble avec mesures à l'appui, ainsi que toutes les servitudes grevant l'immeuble en question.

D. La vente d'immeuble dans un ensemble immobilier

Un ensemble immobolier comprenant plusieurs immeubles situés à proximité les uns des autres et comprenant ensemble plus de douze (12) logements, font l'objet d'une disposition spéciale dans la loi si ces immeubles sont administrés par une même personne. En effet, le propriétaire ne peut vendre une partie de cet ensemble sans en demander l'autorisation de la Régie. Cette autorisation n'est pas requise évidemment s'il veut louer une partie de cet immeuble, ou si l'ensemble immobilier est déjà transformé en condominiums.

La raison d'être de cette législation est d'éviter les évictions systématiques de locataires quand une partie de l'immeuble fait l'objet d'un achat par plusieur copropriétaires. Ces copropriétaires pouvaient expédier un avis aux locataires afin de reprendre possession de leurs logements. C'est pour protéger ces locataires que l'on a institué une telle législation.

Soulignons que s'il y a vente sans autorisation, tout intéressé peut s'adresser à la Cour supérieure pour annuler la transaction.

4.4.5 Le contrat d'entreprise

Le contrat d'entreprise peut s'illustrer ainsi: pour une somme forfaitaire, je loue les services d'un entrepreneur ou d'un contracteur pour un ouvrage précis et déterminé. Le plus souvent, l'ouvrage sera élaboré à partir de devis et de plans.

Il n'existe aucun lien de subordination entre le contracteur et le créancier. C'est là qu'il faut distinguer le contrat de louage de services avec le contrat d'entreprise. Dans l'exemple précédent, je ne suis pas l'employeur du contracteur, mais je suis son client. Néanmoins, cette absence de lien de subordination n'empèche quand même pas le créancier de surveiller le bon aboutissement des travaux.

Le contracteur peut fournir la main-d'oeuvre ainsi que les matériaux. En cas de perte avant l'achèvement des travaux, celle-ci retombera sur les épaules du contracteur s'il fournissait les matériaux. La situation sera différente si c'est le client qui avait charge de fournir les matériaux, auquel cas il supportera le fardeau de la perte.

Soulignons que la responsabilité du contracteur et de l'architecte va jusqu'à garantir au client l'ouvrage réalisé sur une période de cinq ans, à raison d'un vice de construction impliquant la destruction totale ou partielle de l'ouvrage. Le prix forfaitaire ne saurait être modifié pour quelque raison que ce soit, à moins évidemment d'une autorisation expresse du propriétaire et pourvu que le montant supplémentaire soit clairement établi.

4.5 LA LOI SUR LA PROTECTION DU CONSOMMATEUR

Cette loi de plus de 360 articles fait une série d'exceptions aux principes édictés à notre Code civil. Elle a été rendue nécessaire par l'exploitation systématique d'un grand nombre de consommateurs par des commerçants peu scrupuleux. Pour rétablir une situation qui plaçait le consommateur en position d'infériorité, le législateur a cru bon de donner aux consommateurs des avantages reconnus jusque là aux mineurs seulement: un consommateur peut en effet demander la nullité d'un contrat s'il prouve au juge qu'il a été exploité par le commerçant. Cette protection est similaire au concept de lésion que seul un mineur peut invoquer.

La Loi sur la Protection du Consommateur vise:

— Tout contrat (vente, location, etc.)
— impliquant des biens mobiliers
— conclu entre un commerçant et une personne physique appelée consommateur; un contrat conclu avec un autre

commerçant pour les fins de son commerce ou une corporation est exclu de la protection de la loi.

La Loi sur la Protection du Consommateur couvre plus particulièrement les contrats suivants:

— Les contrats à distance
— Les contrats conclus par un vendeur itinérant
— Les contrats de crédit (contrat de prêt d'argent, de crédit variable ou assorti d'un crédit)
— Les contrats de ventes d'autos ou de motos d'occasions
— Les contrats de réparations d'autos et de motos d'occasions
— Les contrats de réparations d'appareils domestiques
— Les contrats de louage de services à exécution successive (studio de santé, etc.).

Cette loi institue aussi l'Office de la protection du consommateur, lequel a pour objectif de promouvoir l'éducation et la protection du consommateur. Elle légifère aussi sur des pratiques de commerces, telles l'interdiction de faire de la publicité à but commercial destinée aux mineurs en bas de treize ans, ou l'interdiction du tripotage d'odomètres d'automobiles, etc.

Pour les fins de cet ouvrage, nous ne traiterons que de règles générales applicables à l'ensemble des contrats régis par la Loi de Protection du Consommateur, et certains autres contrats plus spécifiquement couverts par cette loi.

4.5.1 LES GARANTIES OFFERTES PAR LA LOI SUR LA PROTECTION DU CONSOMMATEUR

Tous les biens vendus ou loués ainsi que les services régis par la Loi sur la Protection du Consommateur font l'objet d'une garantie légale que peut prolonger évidemment, une garantie conventionnelle du vendeur. La garantie légale couvre l'usage auquel ce bien est destiné, la durée de son usage normal, et la conformité à la description qui en est faite dans le constrat ou dans la publicité. Si un élément de cette garantie fait défaut, le consommateur aura un an pour se prévaloir de son recours contre le vendeur (art. 274 LPC). Soulignons que l'acquéreur subséquent du bien peut invoquer ce même recours (art. 53 LPC) contre le manufacturier du bien et le commerçant.

4.5.2 LES CONTRATS CONCLUS PAR UN VENDEUR ITINÉRANT

La Loi sur la Protection du Consommateur réglemente les contrats conclus avec des vendeurs itinérants, c.-à-d., des commerçants qui sollicitent le consommateur à conclure des contrats ailleurs qu'à leur lieu d'affaires, ou encore qui concluent des contrats avec le consommateur ailleurs qu'à leur lieu d'affaires. Cette définition permet d'inclure des commerçants qui, auparavant, auraient pu contourner les dispositions de la loi en sollicitant un consommateur à domicile pour ensuite l'obliger à signer un contrat à leur lieu d'affaires. La situation est évidemment différente si c'est le consommateur qui demande au commerçant de venir à son domicile.

La principale caractéristique de ce type de contrat est que le consommateur peut révoquer son consentement après la signature du contrat, et sans avoir de justification à présenter. Il lui suffit d'expédier un avis à cet effet dans les dix (10) jours de la réception du double du contrat. Le consommateur seul peut se prévaloir de cette disposition, et les parties ont alors dix (10) autres jours pour se restituer ce qu'elles ont pu s'échanger, biens ou argent.

Ces dispositions ne s'appliquent qu'aux biens dont la valeur dépasse 25 $, et le contrat doit mentionner le droit du consommateur à l'annulation dans ce délai.

4.5.3 LES CONTRATS DE CRÉDIT

Le crédit se définit comme suit:

"Le droit consenti par un commerçant au consommateur d'exécuter à terme une obligation, moyennant des frais" (art. 1, (f) LPC).

C'est ainsi que sont couverts par les dispositions de cette section le prêt d'argent, la carte de crédit ainsi que tous les contrats qui sont assortis d'un crédit dans lesquels se retrouve la vente à tempérament. Dans le contrat de prêt d'argent comme dans celui assorti d'un crédit, le consommateur peut dans les deux jours où ce dernier est en possession du double du contrat, annuler le contrat sans frais ni pénalité. Évidemment, dans le cas de la vente à tempérament, il devra remettre le bien au commerçant ou lui donner un avis de procéder à la reprise du bien. Ces trois types de contrats peuvent prévoir aussi une clause de déchéance de terme: au cas où le consommateur ferait défaut de rembourser, le solde de son obligation devient exigible avant échéance. Pour être appliquée, cette clause doit faire l'objet d'un avis au consommateur, à la réception duquel un délai de trente jours sera nécessaire pour qu'elle puisse prendre effet. Durant ce délai, le consommateur pourra demander au Tribunal de modifier les modalités de paiement ou, dans le cas d'un contrat assorti d'un crédit, de remettre le bien au commerçant.

A. Le contrat de crédit variable

La loi définit ce type de contrat comme celui par lequel un crédit est consenti d'avance par un commerçant à un consommateur qui peut s'en prévaloir de temps à autre, en tout ou en partie, suivant les modalités de ce contrat. C'est ainsi que les cartes de crédit et les cartes émises par de grands magasins y sont soumises.

Il est strictement interdit d'émettre ou de faire parvenir à un consommateur une carte de crédit à moins que ce dernier ne l'ait demandée par écrit. Contrairement aux règles normales de la formation des contrats, ce n'est qu'au moment de la première utilisation de la carte que le contrat est conclu. Le contrat remis par le commerçant au consommateur doit indiquer notamment:

— la somme maximale du crédit consentie dont le commerçant ne peut augmenter la limite sans la demande expresse du consommateur
— le délai pendant lequel le consommateur peut acquitter son obligation sans être tenu au paiement de frais de crédit
— le taux de crédit annuel
— la somme minimale exigible à chaque période de paiement

À tous les trente-cinq (35) jours au moins, le commerçant créancier doit poster au consommateur, vingt et un (21) jours au moins avant la date à laquelle il peut exiger des frais de crédit, un état de compte détaillé. Un double de chaque transaction peut être exigé, sans frais, par le consommateur. Enfin, pour parer à tout problème éventuel comme, par exemple, une grève aux postes, il est prévu que, tant que le consommateur n'a pas reçu à son domicile son état de compte, l'émetteur de la carte ne peut exiger de frais de crédit sur le solde débiteur.

B. La vente à tempérament

La vente à tempérament se définit comme un contrat par lequel le commerçant se réserve la propriété du bien vendu jusqu'à l'exécution, par le consommateur, de son obligation, en tout ou en partie. L'acheteur ne devient légalement propriétaire du bien qu'une fois qu'il aura effectué son dernier versement.

N'étant pas le propriétaire réel du bien, l'acheteur ne doit pas vendre le bien avant l'acquittement total de sa dette; s'il le fait, le solde devient automatiquement exigible. En outre, en vertu de l'application de la clause de déchéance de terme, le vendeur peut reprendre son bien si l'acheteur fait défaut de payer et ce, sans l'obligation de rembourser les sommes déjà versées. Le vendeur doit cependant, avant d'exercer ce droit expédier un avis de trente (30) jours pendant lesquels le consommateur peut remédier à son défaut. Mais cette reprise de possession du vendeur nécessite l'autorisation du tribunal si la moitié de la dette et plus a déjà été remboursée. Le tribunal peut refuser cette autorisation et modifier les conditions de paiement pour d'autres conditions jugées par lui raisonnables.

C'est donc ainsi que l'acheteur imprudent d'une automobile d'occasion pourrait voir son véhicule repris si son vendeur n'avait pas totalement payé son créancier.

4.5.4 LES CONTRATS DE VENTE D'AUTOMOBILES ET DE MOTOS D'OCCASION

La Loi sur la Protection du Consommateur prescrit certaines formalités absolument essentielles pour la formation du contrat. En particulier, une étiquette doit être apposée sur l'automobile ou la moto déclinant, entre autres, l'usage initial du véhicule ainsi que l'identité de tout commerce ou de tout organisme public qui en a été le propriétaire. De plus, le commerçant doit mentionner toutes les réparations qu'il a effectuées depuis qu'il est en possession du véhicule. Sur demande du consommateur, le commerçant est obligé de fournir le nom et le numéro de téléphone du dernier propriétaire autre que le commerçant. La garantie légale qu'accorde la loi varie selon l'état du véhicule et le nombre de kilomètres parcourus. Notons que la garantie comprend les pièces et la main-d'oeuvre et que l'acquéreur subséquent d'un véhicule peut se prévaloir de cette garantie contre le commerçant (art. 152 ss. LPC).

4.5.5 RÉPARATIONS D'AUTOMOBILES ET DE MOTOCYCLETTES

Avant d'effectuer une quelconque réparation, le garagiste doit fournir une évaluation écrite, sauf renonciation du consommateur à cet effet. Cette évaluation doit être acceptée par le consommateur et le commerçant ne peut effectuer une réparation non prévue sans son autorisation expresse. Soulignons que lorsqu'une réparation est effectuée par un sous-traitant, le commerçant a les mêmes obligations que s'il l'avait lui-même effectuée (art. 74 LPC).

La garantie sur une telle réparation est de trois mois ou 5 000 kilomètres, selon le premier terme atteint.

4.5.6 RÉPARATIONS D'APPAREILS DOMESTIQUES

Le principe concernant les réparations aux automobiles s'applique à celles relatives aux appareils domestiques: le commerçant doit fournir une évaluation écrite au consommateur. La réparation est garantie pour trois mois et comprend les pièces et la main-d'oeuvre (art. 186 LPC).

Notons que toutes les dispositions de la Loi sur la Protection du Consommateur sont d'ordre public: on ne peut y déroger par des conventions particulières, sauf lorsque le législateur le permet.

4.5.7 AUTRES RÈGLES IMPORTANTES TOUCHANT LES CONTRATS

Des stipulations sont interdites dans tous les contrats de consommation: ainsi, le commerçant ne peut se dégager des conséquences de ses faits personnels ou de ceux de ses représentants, ni ne peut se réserver le droit de décider unilatéralement que le consommateur a manqué à l'une ou l'autre de ses obligations, ni ne peut réclamer du consommateur des frais quelconques à moins que la somme n'en soit précisée au contrat, ni ne peut imposer au consommateur en défaut de paiement de frais autres que l'intérêt couru, ni ne peut exercer une clause de déchéance du terme autrement que selon les modalités que nous avons vues à l'étude du contrat de vente à tempérament.

La Loi sur la protection du consommateur exige que certains contrats soient constatés, c.-à-d., consignés par écrit. C'est le cas des contrats de crédit, de vente itinérante, de vente d'une auto ou moto d'occasion, etc. C'est donc dire que, tant que les ententes ne sont pas consignées dans un écrit, le consommateur n'est aucunement engagé. Ces contrats doivent être rédigés clairement et lisiblement en double exemplaire. Ils doivent, de plus, être rédigés en français. Le commerçant ne peut plus stipuler que la signature d'un cadre - un directeur, par exemple - est nécessaire pour le lier. Le consommateur ne peut être tenu de remplir ses obligations qu'à partir du moment où il a eu possession d'un double du contrat.

4.6 LE CONTRAT DE MANDAT

Le Code civil consacre au contrat de mandat un peu plus de soixante (60) articles. Le premier de ces articles définit ce contrat comme suit:

> "Le mandat est un contrat par lequel une personne, qu'on appelle le mandant confie la gestion d'une affaire licite à une autre personne, qu'on appelle mandataire, et qui, par le fait de son acceptation, s'oblige de l'exécuter..."
>
> (article 1701)

La caractéristique essentielle de ce contrat réside en un acte de représentation posé par une personne à la place d'une autre. Cet acte juridique s'appelle aussi procuration.

Celui qui se fait représenter se nomme le mandant. Celui qui pose les actes pour un autre s'appelle le mandataire. Par exemple, le voyageur de commerce représente légalement son employeur. Par son statut de mandataire, le vendeur agit au nom de l'entreprise qu'il représente. Le mandant (entreprise) accorde donc à son mandataire (vendeur) une délégation de pouvoirs et de fonctions.

De tels actes de représentation légale servent quotidiennement dans l'entreprise. Pour n'en nommer que quelques-uns, pensons aux agents d'assurances, aux représentants de commerce, aux agents d'immeubles, aux syndicats, aux courtiers en valeurs mobilières, etc.

De par sa nature, le contrat de mandat engendre entre les parties elles-mêmes et entre les parties et les tiers des droits et obligations qu'il importe de connaître.

4.6.1 LES OBLIGATIONS DU MANDATAIRE

A. Face au mandant, le mandataire doit exécuter son mandat au meilleur de sa connaissance. Le Code civil nous indique qu'il doit agir comme un bon père de famille, comme toute personne intelligente, habile et consciencieuse agirait dans les mêmes circonstances. Il doit se comporter, à la place du mandant, de la même façon qu'il le ferait pour ses propres affaires.

Le mandat comporte généralement des directives et limites desquelles le mandataire doit répondre. Si le mandataire néglige d'exécuter son mandat ou s'il l'outrepasse, il s'expose à des poursuites en dommages-intérêts.

À la fin du mandat, il doit en rendre compte au mandant et lui remettre, s'il y a lieu, les sommes d'argent reçues en cours de mandat.

B. Vis-à-vis les tiers avec lesquels il transige, le mandataire ne supporte en principe aucune responsabilité personnelle. En effet, parce qu'il agit à la place du mandant, ce dernier supporte toute la responsabilité des actes posés par son représentant. Ces actes devront cependant s'inscrire dans le cadre du mandat confié. Si un acheteur refuse de prendre livraison et de payer ce qu'il a acheté du mandataire, ce dernier n'encourt aucune responsabilité à cet égard. Ce sera au mandant d'en supporter le fardeau et d'agir en conséquence. Par contre, si le représentant commet un vol à l'occasion de l'exécution de ses fonctions, le mandant n'en supportera aucune responsabilité puisque le mandataire n'agissait pas dans le cadre des opérations spécifiques de son mandat.

Le mandataire demeure donc personnellement responsable des actes qui outrepassent son mandat ou des actes posés pour son profit personnel.

Le mandataire risque également d'engager sa propre responsabilité s'il ne dénonce pas son mandat, en laissant croire qu'il agit pour son propre compte et non pour celui du mandant.

4.6.2 LES OBLIGATIONS DU MANDANT

A. Face au mandataire, le mandant doit payer la rémunération prévue à l'entente. À titre d'exemple, nommons l'avocat qui peut exiger des honoraires pour le travail effectué. Dans le cas d'un mandat gratuit, le mandant devra toujours supporter le remboursement des frais encourus par le mandataire dans l'exécution de sa tâche. Ainsi, le tuteur aux biens d'un mineur pourra réclamer les frais occasionnés dans l'exercice de sa charge.

B. Vis-à-vis les tiers, le mandant supporte toute la responsabilité des actes posés par le mandataire dans le cadre et les limites de son mandat. Cette responsabilité se poursuit même après la cessation du mandat si cette cessation était inconnue des tiers ou si les actes posés s'avéraient une suite nécessaire à une affaire déjà commencée.

Même les dommages causés par la faute du mandataire demeurent la responsabilité du mandant si ces derniers s'inscrivent dans l'accomplissement des fonctions du mandataire.

4.6.3 L'EXTINCTION DU MANDAT

Le mandat, disions-nous se définit comme un acte de représentation. À cause du caractère particulier de ce contrat, le mandant doit exercer une très grande prudence dans le choix de son mandataire car il aura à assumer les répercussions d'un mauvais choix.

Le mandat dépend beaucoup, dans la qualité de son exécution, de la personnalité du mandataire et, en conséquence, la durée de ce mandat peut s'avérer très précaire. L'article 1755 du Code civil nous apprend d'ailleurs que:

"Le mandat se termine:

1. Par la révocation;
2. Par la renonciation du mandataire;
3. Par la mort naturelle du mandant ou du mandataire;
4. Par l'interdiction, la faillite de l'une ou de l'autre des parties...;
5. Par l'extinction du pouvoir pour le mandant;
6. Par l'accomplissement de l'affaire, ou l'expiration du temps pour lequel le mandat a été donné;
7. Par causes d'extinction communes aux obligations."

Comme on peut le constater, le mandat prend généralement fin avec toute modification ou tout changement à la personnalité des parties. De même, chacun des contractants peut révoquer ou renoncer au mandat en tout temps, à moins qu'un terme apparaisse à l'entente des parties.

Le mandant demeure cependant lié par les actes posés par son représentant avant la révocation du mandat.

Quant aux tiers qui font affaires avec le mandataire. la révocation du mandat ne les affectera que s'ils en ont eu connaissance.

4.7 LE CONTRAT DE TRANSPORT

La géographie et l'économie ont de tout temps favorisé le développement du transport de toutes sortes: aérien, terrestre et maritime. Plusieurs moyens s'utilisent dans le déplacement de personnes ou de marchandises: navires, avions, trains, oléoducs, etc.

La loi régit aussi ce domaine. Cependant, le droit du transport québécois et canadien s'avère confus, complexe et envahi par une législation prolifique, tant au niveau fédéral que provincial. Nous nous limiterons ici à un survol très rapide des principes généraux applicables en matières de transport. Personne au Quévec ne peut exploiter une entreprise de transport, à moins de détenir un permis, faute de quoi, le contrevenant s'expose à des poursuites pénales. C'est la Commission des transports du Québec, tribunal itinérant, qui a juridiction exclusive en la matière. Elle entend des requêtes visant l'octroi des permis pour le transport en général, spécialisé, en vrac et public. Des oppositions, telles que celles venant de concurrents, peuvent être faites à l'encontre d'une demande de permis et c'est la Commission qui en dispose après audition des parties. Elle possède également le pouvoir de transférer, de modifier et de révoquer un permis, de même que celui de fixer les taux et les tarifs. Ses décisions en la matière peuvent faire l'objet d'un appel au Tribunal des transports, sur toute question de droit. Rappelons que les organismes qui précèdent sont dits quasi judiciaires ou administratifs.

Le transport se définit comme suit:

Un contrat en vertu duquel des parties conviennent de l'acheminement de personnes ou de marchandises d'un endroit à un autre contre rémunération par certains moyens de locomotion.

Le transport est évidemment régi par les règles civiles applicables à tous les contrats, telles la capacité, le consentement, l'objet et la cause. À cela, le Code civil ajoute une dizaine d'articles relatifs aux voituriers.

Les transporteurs supportent, en vertu de la loi, la responsabilité des biens confiés à leur soin. Ils doivent répondre de la perte et des dommages subis. Pour se protéger, les transporteurs limitent habituellement ce lourd fardeau de responsabilité par des clauses d'exonération ou de limitation de responsabilité. Les tribunaux respectent rigoureusement ces clauses à moins que la négligence ou faute grossière du transporteur ou de l'un de ses employés ne soit démontrée. Soulignons que le voiturier a un droit de retenir la chose transportée, à défaut de paiement.

On appelle *connaissement* (Bill of lading) le document établissant le contrat de transport entre les parties. Ce document, rédigé en plusieurs copies, est normalement en possession de l'expéditeur, du transporteur et du destinataire. Il contient plusieurs indications telles:

— Les noms et adresses des parties
— Le lieu d'expédition
— La nature du chargement
— Les conditions du transport
— Le mode de transport
— Le lieu d'arrivée
— Le prix et les modalités de paiement
— Le délai nécessaire au transport

Ce document fait généralement preuve de l'entente des parties et sert aussi de reçu et de titre de propriété.

Le droit du transport peut faire à lui seul l'objet d'une spécialisation légale et le règles précédemment décrites ne visent qu'une familiarisation primaire à cette forme de contrat. Chaque cas nécessite une analyse à la lumière de toute la législation particulière qui s'y rattache.

4.8 LE CONTRAT D'ASSURANCE

Le contrat d'assurance joue un rôle très important dans le monde de l'entreprise commerciale et industrielle. Le simple citoyen peut également être appelé à devenir partie à un contrat d'assurance. Ce secteur a pris beaucoup d'ampleur ces dernières années et il fait maintenant partie intégrante de la vie économique, sociale et commerciale de notre société. D'ailleurs l'État a lui aussi développé son propre réseau de système d'assurances: assurance-maladie, assurance-chômage, etc...

Il s'agit donc de découvrir, de façon générale, la nature du contrat d'assurance, ses objets et les droits et obligations qu'il engendre. Notre Code civil traite d'ailleurs beaucoup de ce sujet dans plus de deux cent vingt (220) articles.

4.8.1 UNE DÉFINITION

L'assurance se définit comme suit:

Un contrat en vertu duquel, contre rémunération, un assureur s'engage à payer à un assuré ou à une tierce personne une prestation lors de la réalisation d'un événement.

En effet, moyennant une prime ou une cotisation mensuelle ou annuelle, un assureur s'engage à assurer financièrement la charge d'un risque quelconque, incertain et qui ne dépend pas de la volonté des parties. Par exemple, l'assurance-incendie prévoit le dédommagement pour les pertes subies si le risque assuré se réalise.

D'autres contrats stipulent le paiement d'une somme précise à une tierce personne et non à l'assuré lui-même. L'assurance-vie représente le meilleur modèle. À la suite du décès de l'assuré, l'assureur remettra une somme d'argent prédéterminée au bénéficiaire désigné par l'assuré.

Le contrat d'assurance ne prend légalement forme que lors de l'acceptation par l'assureur de la proposition de l'assuré. Ainsi, le client qui signe une proposition d'assurance ne pourra en réclamer le bénéfice avant que l'autre partie n'ait donné son acceptation.

Une fois le contrat valablement formé, une police d'assurance constate l'entente intervenue. Cette police porte obligatoirement les indications suivantes:

"a) Le nom des parties au contrat et des personnes à qui les sommes assurées sont payables;
b) l'objet et le montant de la garantie;
c) la nature du risque;
d) le montant à partir duquel le risque est garanti et la durée de la garantie;
e) le montant ou le taux des primes et les dates d'échéance."

(article 2480 du Code civil)

Il peut y avoir entente par téléphone entre l'assuré et son courtier: cette simple entente suffira à lier l'assureur vis-à-vis son assuré en matière d'assurance-dommages. Il n'y va pas de même en matière d'assurance-vie; l'état de santé de l'assuré se doit d'être vérifié par l'assureur avant que ce dernier puisse émettre une couverture.

L'article 2495 du Code civil prévoit que toute action dérivant d'un contrat d'assurance se prescrit par trois ans à compter du moment où le droit d'action a pris naissance. Si Claude décède aujourd'hui, le bénéficiaire aura trois ans à partir d'aujourd'hui pour poursuivre l'assureur afin d'obtenir le produit de la police. Ces délais expirés, ses droits seront éteints à tout jamais.

4.8.2 LES CATÉGORIES D'ASSURANCES

L'assurance peut avoir plusieurs objets ou différents buts et bénéficier à l'assuré ou à un tiers.

Il importe de connaître les différentes catégories d'assurances. Voyons les principales dans l'organigramme à la page qui suit.

A. **L'assurance maritime** garantit financièrement les risques relatifs à une opération maritime. Ainsi, on peut assurer les navires, la marchandise ou les profits réalisables lors de l'opération. Cette catégorie d'assurance spécialisée concerne une clientèle beaucoup plus restreinte qu'en matière d'assurance terrestre.

B. **L'assurance terrestre** s'applique aux risques pouvant survenir sur la terre ferme. On peut assurer aussi bien les personnes que les dommages causés à leurs biens.

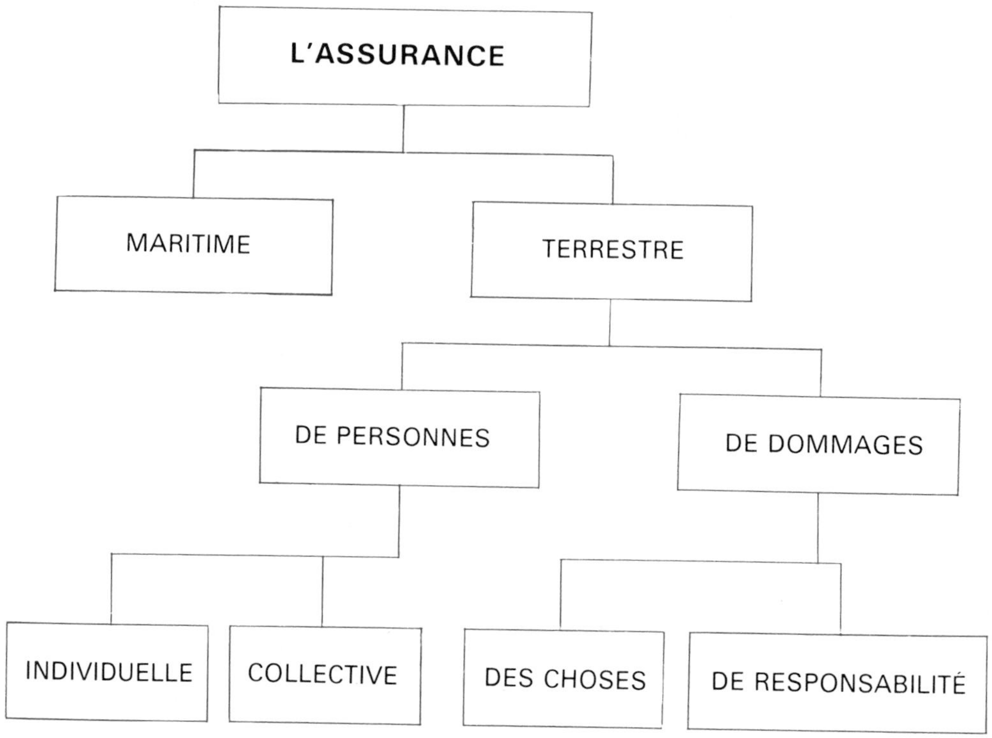

C. **L'assurance de personnes** peut porter sur la vie, la santé et l'intégrité physique de l'assuré. À l'intérieur de cette catégorie, on retrouve tous les contrats prévoyant le paiement d'une indemnité pour décès, maladie, mutilation, etc.

Cette catégorie d'assurance se dit *individuelle* si l'assureur conclut l'entente directement avec son client. Elle se dit *collective* si l'assureur émet une police en vertu d'un contrat-cadre applicable aux membres d'un groupe déterminé d'individus. La majorité des grandes entreprises prévoit l'avantage de tels contrats pour leurs employés. Les syndicats se font généralement un devoir d'obtenir cette protection contre les décès, les accidents ou les maladies de leurs membres.

D. **L'assurance de dommages** garantit l'assuré contre les conséquences d'un événement qui pourrait porter préjudice à son patrimoine. Cette assurance vise donc la protection de la valeur patrimoniale de la personne.

Nous pouvons parler d'assurance pour *dommages aux choses* si la police prévoit d'indemnisation de l'assuré dans l'éventualité où ses biens meubles ou immeubles sont endommagés, détruits ou volés. La police d'assurance pour vol et incendie représente le meilleur exemple de cette catégorie. Elle vise à protéger la valeur réelle des biens appartenant déjà à l'assuré et inclus dans son patrimoine.

L'assurance pour *dommages en responsabilité* indemnise, à la place de l'assuré, les personnes susceptibles de subir préjudice d'actes ou de faits engageant la responsabilité de l'assuré. Il ne s'agit pas ici de protéger directement la valeur du contenu du patrimoine de l'assuré. Il s'agit plutôt de protéger l'assuré contre le risque de l'obligation d'indemniser un tiers, cette obligation risquant éventuellement d'être exécutée sur son patrimoine s'il n'a pas contracté une assurance en ce sens. À titre d'exemple, si la cheminée d'un immeuble se détache et cause des dommages à des piétons, l'assureur en responsabilité paiera la valeur des dommages causés au lieu et place de l'assuré, jusqu'à concurrence du montant assuré. La compagnie d'assurance assurera le cas échéant, la défense en justice à toute action intentée contre son assuré.

4.8.3 LES OBLIGATIONS DES PARTIES

Comme à tout contrat, il découle à ce chapitre des obligations pour les parties. Il va de soi que ces obligations peuvent différer quelque peu selon la nature de l'assurance souscrite; cependant, il y a des obligations essentielles et communes à tous les contrats que l'on se doit d'envisager.

A. Quant à l'assuré

Les principales obligations de l'assuré s'établissent au nombre de trois (3). Premièrement, il doit faire une déclaration honnête à son assureur. Il doit répondre correctement, sans réticence et omission, aux questions qui serviront à établir le risque pour l'assureur ainsi que le coût de la prime. Il doit faire connaître toutes les circonstances de diminution ou d'augmentation du risque. Ainsi, doit-il déclarer la vérité sur son état de santé réel, sur la valeur des biens, etc. Des déclarations mensongères ou frauduleuses risquent d'entraîner éventuellement l'annulation de la police d'assurance et, par conséquent, le refus de paiement de l'indemnité.

Deuxièmement, l'assuré doit payer les primes pour lesquelles il a contracté. Il va de soi que le défaut de paiement des primes, qu'elles soient mensuelles ou annuelles, peut entraîner la résiliation du contrat d'assurance.

Troisièmement, l'assuré a l'obligation de rapporter ou faire rapporter le plus tôt possible à l'assureur les événements susceptibles d'entraîner la réalisation du risque. De plus, il doit collaborer avec l'assureur aux fins de l'éclairer adéquatement sur les événements survenus et qui entraînent le paiement d'une indemnité.

B. Quant à l'assureur

Il doit tout d'abord rédiger une police d'assurance conforme à la proposition de l'assuré et en remettre une copie à son client après acceptation.

Deuxièmement, l'assureur devra spécifier clairement les exclusions prévues à la police et aviser son client par écrit de tous les changements aux conditions de la police qui diminuent sa protection.

Finalement, l'assureur doit payer l'indemnité prévue au contrat lors de la réalisation de l'événement. Dans le cas d'une assurance pour dommages, il ne devra assumer que la valeur réelle de la perte et seulement jusqu'à concurrence du montant maximum de couverture prévu à la police d'assurance.

4.9 LE LOUAGE DE CHOSES

Nous étudierons ici le contrat de louage de choses mobilières ou immobilières.

Ces types de contrats abondent dans le monde de l'entreprise. De plus en plus, non seulement les hommes d'affaires louent-ils des emplacements pour établir leur entreprise, mais ils louent également l'équipement nécessaire à leurs opérations. Combien d'immeubles, de locaux, de machines à écrire, d'automobiles, etc., loue-t-on chaque année?

Il s'avère important de connaître ce type particulier de contrat dont l'utilisation s'impose de plus en plus.

La législation dans ce domaine s'est particulièrement accrue relativement aux baux d'habitation, au point de donner naissance à la Régie du logement, créée spécifiquement pour entendre, et à l'exclusion de tout autre organisme, les litiges opposant propriétaires et locataires.

4.9.1 UNE DÉFINITION

Notre Code civil ne traite du louage de choses que dans une

soixantaine d'articles dont plusieurs concernent le bail d'habitation, soit la location de locaux pour des fins résidentielles et non commerciales.

La loi ne pose que les grandes règles et principes généraux relatifs au louage, les parties ayant le loisir d'établir dans leur bail les règles qu'ils entendent respecter. L'article 1600 du Code civil précise la règle fondamentale du louage de choses:

> "Le louage de choses est un contrat par lequel le locateur s'engage envers le locataire à lui procurer la jouissance d'une chose pendant un certain temps, moyennant une contrepartie, le loyer."

En fait, le contrat de louage, applicable aux biens meubles et biens immeubles, a pour but la remise en possession d'une chose pour fin d'utilisation par une personne appelée *locateur* à une autre personne appelée *locataire*. Quoiqu'il y ait transfert d'un bien et paiement d'une somme d'argent, le contrat de louage ne s'identifie pas au contrat de vente car il ne transfère pas la propriété du bien mais uniquement sa possession. Je possède, j'occupe, j'utilise une automobile ou un logement mais je n'en suis pas propriétaire. Pour qu'il y ait contrat de louage, quatre (4) conditions se posent:

— Le consentement des parties
— La détermination du bien loué
— La durée de location
— Le prix de location

4.9.2 LES OBLIGATIONS DU LOCATEUR

Les obligations du locateur apparaissent aux articles 1604 et suivants du Code civil qui nous les mentionne:

— Livrer la chose en bon état
— Entretenir la chose en état de servir à ses fins
— Procurer la jouissance paisible au locataire
— Effectuer les réparations nécessaires, autres que locatives
— Garantir le locataire contre les défauts cachés de la chose

Les obligations du locateur s'avèrent peu accablantes. Qu'il se contente de louer une chose propre à son usage, en bon état d'utilisation et il remplit la plus grande partie de ses obligations. À moins qu'il ne s'agisse d'un locateur de mauvaise foi, les cas se présentent rarement où ce dernier trouble la jouissance de son locataire. Quand voit-on des locateurs empêcher leurs locataires d'utiliser à leur guise les choses louées comme l'automobile, la machinerie, etc.?

Quant à l'entretien et aux réparations de la chose, le locateur assumera ce que l'on appelle les grosses dépenses et celles qui diminuent l'utilité de la chose, par bris accidentel, par vétusté, usure ou vieillissement. Parce que les questions d'entretien et de réparation font souvent l'objet de discussions animées entre les parties, on recommande d'en spécifier les détails lors de la conclusion du bail.

Le locateur qui néglige ou refuse de respecter ses obligations s'expose à des poursuites judiciaires de son locataire en annulation de bail, en diminution du loyer ou en dommages-intérêts.

Quant au bail résidentiel, le locateur, s'il s'agit d'un bail écrit, doit dans les dix (10) jours de sa conclusion, en remettre une copie au locataire, et s'il s'agit d'un bail verbal, remettre au locataire dans le même délai, un document contenant les mentions obligatoires apparaissant dans le bail type fourni par la Régie du logement. Il doit, en plus, lui livrer le logement en bon état d'habitabilité et le maintenir comme tel. Le locataire, à certaines conditions, peut valablement quitter le logement s'il est impropre à l'habitation.

4.9.3 LES OBLIGATIONS DU LOCATAIRE

L'article 1617 de notre Code civil décrit ces dernières. Le locataire doit:

- — Utiliser la chose en bon père de famille
- — Payer le loyer
- — Remettre la chose lorsque le bail expire
- — Effectuer les menues réparations d'entretien

Le lecteur sera à même de constater que les obligations du locataire n'excèdent pas celles du locateur. Le locataire jouit de l'usage d'une chose qui ne lui appartient pas. Il devient normal d'exiger qu'il y porte attention et que la chose retourne dans le même état d'origine sauf pour l'usure normale.

Le locataire qui fait un usage abusif de la chose ou qui n'assure pas un entretien normal risque de se voir poursuivre en annulation de bail ou en dommages-intérêts. S'il ne paie pas son loyer, les mêmes poursuites s'ensuivent. Au surplus, le locateur d'un local d'exploitation commerciale possède un privilège accordé par la loi: celui de saisir et vendre tous les objets garnissant les lieux loués même ceux qui n'appartiennent pas à son locataire. En effet, les objets garnissant les lieux garantissent le paiement du prix de la location. Même les objets loués ailleurs et en possession du locataire pourront servir à payer le prix du loyer, à moins que leur propriétaire n'avise le locateur dès que la chose passe entre les mains du locataire. Remarquons que ce privilège du locateur n'existe plus dans le cas du bail d'un logement d'habitation. On recommande fortement aux commerçants d'aviser les locateurs de leurs droits lorsqu'ils vendent à ces derniers des biens par contrat de vente à tempérament ou qu'ils leur louent des objets, que ce soit une machine à écrire ou une téléviseur.

En ce qui concerne le bail d'un logement, le locataire doit, en plus des obligations précitées, maintenir le logement dans un bon état de propreté et en partant, il doit le laisser libre de tout effet mobilier, à part ceux appartenant au locateur.

4.9.4 DURÉE ET RENOUVELLEMENT DU BAIL

Le bail d'une durée fixe et prédéterminée expire de plein droit au terme du contrat. Aucune des parties n'est tenue de donner un avis en ce sens à l'autre partie (article1629). Dans le cas d'une location d'espaces commerciaux, le bail est reconduit, *i.e.* renouvelé automatiquement et aux mêmes consitions si le locataire occupe les lieux plus de huit (8) jours après l'expiration et que le locateur ne s'y est pas opposé formellement. Le bail sera reconduit pour la même période. Si la durée antérieur de la location excédait douze (12) mois, le renouvellement automatique du bail sera limité à un (1) an.

Pour un local d'habitation, local utilisé pour des fins résidentielles, la reconduction tacite du bail s'opère automatiquement à moins qu'une des parties ne donne un avis écrit d'au moins trois (3) mois et d'au plus six (6) mois à l'autre partie avant l'expiration du bail. Cet avis s'impose s'il s'agit d'un bail dont la durée était d'une (1) année ou plus. L'avis sera d'au moins un (1) mois et d'au plus deux (2) mois si le bail était de moins d'une année ou si le bail était à durée indéterminée.

4.9.5 LE BAIL RÉSIDENTIEL

Il a déjà été question de la législation spéciale affectant le bail d'habitation ou bail résidentiel. Dans ce chapitre, nous en avons esquissé quelques traits quant aux obligations des parties et à la durée du bail. La loi instituant la Régie du Logement s'applique à tout logement, qu'il soit loué, offert en location ou vacant. Elle va jusqu'à s'appliquer à un terrain destiné à l'installation d'une maison mobile. Cette loi institue un tribunal (la Régie du logement) appelé à trancher tout litige découlant du bail. La Régie est le tribunal qu'il faut consulter lorsque le locataire reçoit un avis d'éviction, d'augmentation de loyer, de réparation majeure, etc.

A. Obligations du locateur

Le locateur ne peut conclure n'importe quel bail avec son locataire: il doit s'astreindre à un certain formalisme. Il doit remettre un bail dont la forme est prescrite par la loi ou les règlements, avec la mention du dernier loyer payé dans l'année précédente. Il doit maintenir le logement en bon état d'habitabilité, le livrer en bon état de propreté, et doit se conformer à toutes les obligations municipales ou autres concernant la sécurité ou la salubrité d'un logement.

Si le logement s'avère impropre à l'habitation, le locataire peut le quitter avec ses effets mobiliers. Il peut éviter tout loyer s'il donne au locateur un avis de son déguerpissement. Soulignons qu'exceptionnellement, la loi annule le bail quand un locataire déguerpit en emportant ses effets mobiliers.

B. Obligations et droits du locataire

Le locataire doit maintenir le logement en bon état de propreté. Si une réparation urgente et nécessaire s'impose, il peut à certaines conditions retenir le montant de la réparation sur son loyer. D'autre part, une inexécution d'une obligation de la part du locateur lui donne le droit de demander la retenue de son loyer. Cette législation a consacré le droit pour le locataire au maintien dans les lieux loués.

Le locateur qui veut reprendre possession de son logement pour lui-même ou sa famille, devra expédier un avis de six (6) mois avant l'expiration du bail. Se le locataire ne répond pas à cet avis, la loi présume que le locataire consteste la reprise de possession et le locateur se doit de demander l'autorisation à la Régie.

C. Clauses inopérantes et inopposables

Pour protéger les locataires de l'avidité de certains propriétaires, le législateur déclare que certaines clauses abusives sont inopérantes. Par exemple, la mention que le logement est en bon état d'habitabilité, ou que le locataire est entièrement responsable d'un dommage causé sans sa faute. La loi fait état de quelques prohibitions comme, par exemple, l'exigence du locateur de demander des chèques post-datés pour le paiement du loyer ou l'exigence d'un locateur de payer d'avance plus d'un mois de loyer.

QUESTIONS DE RAPPEL

1. Quelles sont les conditions essentielles à la validité de tout contrat?
2. Que peut-on dire de la capacité de contracter des mineurs?
3. Qu'est-ce que le mineur-commerçant?
4. Pourquoi un contrat n'est-il pas nécessairement écrit?
5. Quels sont les types d'erreurs reconnues qui peuvent entraîner l'annulation du contrat?
6. Expliquez ce qu'est l'erreur sur la personne.
7. Quelle est la différence entre le dol et la fraude?
8. La violence morale est-elle une cause de nullité? À quelles conditions?
9. Quelle différence doit-on établir entre l'objet et la cause du contrat?
10. Qu'est-ce qu'un bien dans le commerce?
11. Qu'entend-on par l'objet du contrat qui doit être possible?
12. Quels sont les effets du contrat entre les parties contractantes?
13. Peut-on stipuler n'importe quoi dans un contrat?
14. Les contrats ont-ils un ou des effets à l'égard des tiers?
15. Qu'est-ce qu'un acte authentique?
16. Qu'est-ce qu'un écrit sous seing privé?
17. Quelle est la différence entre l'aveu et le témoignage?
18. Quels sont les recours existants en matière de responsabilité contractuelle?
19. Qu'entend-on par la contrainte du débiteur? Est-ce toujours possible?
20. Quand peut-on se permettre de faire exécuter par un tiers les obligations du débiteur?
21. Quels sont les dommages-intérêts qui peuvent être réclamés?
22. Qu'est-ce qu'une clause pénale? Est-ce utile?
23. Existe-t-il une distinction entre une clause pénale et une clause limitative de dommages?

24. Qu'est-ce que le cas fortuit?
25. Qu'est-ce qu'une clause d'exonération de responsabilité?
26. La cour accepte-t-elle les clauses d'exonération de responsabilité?
27. Quelle est la définition du contrat de vente? Expliquez-la en vos propres mots.
28. Qu'entend-on par un contrat consensuel?
29. Qu'est-ce qu'un contrat synallagmatique?
30. Que signifie l'expression *translatif de propriété*?
31. Quelles sont les obligations de l'acheteur à un contrat de vente?
32. Expliquez ce qu'est la garantie contre l'éviction.
33. Expliquez ce qu'est la garantie pour les vices cachés.
34. Quelle est la distinction entre la vente à terme et la vente à tempérament?
35. À quelle (s) formalité (s), doit se soumettre le vendeur, partie à un contrat de vente à tempérament, avant de reprendre le bien vendu? Expliquez.
36. Existe-t-il des délais en vertu desquels le consommateur, partie à un contrat de vente itinérante, peut révoquer son contrat? Expliquez.
37. Le vendeur itinérant peut-il annuler, à son entière discrétion, la vente de tout bien? Expliquez.
38. À quel type de contrat, les cartes de crédit sont-elles soumises?
39. Quelles sont les conditions imposées par la loi dans le cas de la vente d'un fond de commerce?
40. Qu'est-ce que le contrat de mandat? Expliquez.
41. Qu'est-ce que le connaissement? Expliquez.
42. Comment peut-on définir un contrat d'assurance?
43. Quand le contrat d'assurance prend-il légalement forme? Expliquez.
44. Qu'entend-on par le contrat d'assurance terrestre de personne? Expliquez.
45. Quelle est la distinction entre le contrat d'assurance individuelle et le contrat d'assurance collective?

46. Quelle distinction doit-on établir entre le contrat d'assurance pour dommages aux choses et le contrat d'assurance pour responsabilité?
47. Quelles sont les distinctions essentielles entre le contrat de vente et le contrat de louage?
48. Nommez et expliquez les obligations du locateur.
49. Nommez et expliquez les obligations du locataire.
50. Qu'est-ce que les réparations d'entretien?
51. Qu'est-ce qu'une clause de déchéance de terme?
52. Qu'est-ce que le crédit?
53. Peut-on faire annuler un contrat de prêt d'argent ou un contrat assorti d'un crédit?

CAS PRATIQUES

1. Dominique est étudiant. Il n'a que 17 ans. Il se rend au magasin Le Stéréo Inc., examine attentivement un système de son d'une valeur de 2 000 $ et décide de l'acheter.

   Le vendeur lui demande son âge. Dominique lui déclare qu'il a 20 ans et le rassure au sujet du paiement, car, lors de la livraison de l'appareil, il fera remise d'un chèque certifié au montant de 2 000 $.

   En présupposant que la transaction a eu lieu, que Dominique a payé avec l'argent provenant de son travail d'été et qu'aujourd'hui Dominique n'a plus d'argent alors qu'il recommence ses cours au Cegep, répondez aux questions suivantes:

   a) La transaction peut-elle être annulée?
   b) Si oui, pourquoi? Expliquez.
   c) Sinon, pourquoi? Expliquez.

2. Pierre, un menuisier majeur et célibataire, désire s'acheter une automobile Corvette. C'est là le rêve de sa vie.

   Pendant 4 mois, il a visité plusieurs concessionnaires car il ne désire pas payer plus de 11 000 $. Mais en vain: le meilleur prix qu'il a pu trouver, à ce jour, a été de 12 000 $.

   Le mois dernier, un vendeur, après avoir calculé le prix total au bas de la facture, lui dit qu'il lui en coûterait 11 500 $ pour une Corvette neuve.

   Pierre, le même jour, prend livraison du véhicule et remet un chèque certifié au montant indiqué au bas de la facture.

   Il reçoit aujourd'hui une lettre du concessionnaire qui lui demande de payer la somme de 3 000 $ vu que le vendeur a fait une erreur de calcul. La lettre est signée Pauline Monnaie, du service de la comptabilité.

   Qu'en pensez-vous?

3. Jean promet verbalement à Jacques de lui payer 5 000 $ pour sa roulotte.

   Jacques est sans nouvelles de Jean depuis 3 mois. Par hasard, il rencontre Jean au restaurant. Ce dernier s'excuse de ne pas avoir communiqué avec lui, alléguant qu'il a changé d'idée et qu'il ne veut plus de sa roulotte.

   Jacques s'énerve et le menace d'un ton sans équivoque.

   Jean, pris de panique, fait un chèque de 5 000 $ à Jacques.

   Le lendemain, Jean fait arrêter son chèque et désire invoquer qu'il a fait le chèque par crainte que Jacque ne le poursuive en justice.

   a) Le contrat est-il valable? Veuillez expliquer.

b) Le moyen de défense de Jean est-il valable?

4. Jean-Paul décide de refaire sa garde-robe et se rend au magasin Beaux Vêtements Inc.

   Au département de la chaussure, le vendeur ne cesse de faire l'éloge d'un modèle, affirmant que ledit modèle est de première qualité, qu'il en vend en grand nombre, et qu'il en a lui-même une paire chez lui.

   Que peut faire Jean-Paul s'il découvre, après l'achat, que ledit modèle est très ordinaire, qu'il ne se vend pas tellement et que le vendeur n'en possède pas?

5. Il y a 21 jours, Annette a signé une promesse de vente de sa maison en faveur d'Armand. Jusqu'ici, elle n'a pas encore manifesté son intention de signer le contrat. Que peut faire Armand?

6. Isabelle a égaré sa bicyclette neuve il y a deux (2) mois. Elle venait à peine de l'acheter. Hier, elle l'a revue en possession de Denise, qui dit l'avoir achetée de bonne foi, de Montréal Sports Inc.. Quels sont les droits des parties? Expliquez.

7. Jean-Claude, qui désire aller à Lyon en France, demande à Pierre de vendre sa propriété montréalaise pendant son séjour de quelques semaines en Europe.

   Les parties agissent en bonne et due forme et prévoient la rémunération de Pierre et l'intention de Jean-Claude de vendre l'immeuble au moins 50 000 $.

   Pierre vend l'immeuble à Ginette 41 000 $, selon une offre d'achat préparée par cette dernière et acceptée par Pierre.

   L'acte notarié doit être signé au retour de Jean-Claude.

   À son retour, Jean-Claude refuse de signer chez le notaire.

   Expliquez les droits et recours des parties, s'il y a lieu.

8. Serge se présente chez Les piscines Dunoyer Inc. et rencontre monsieur Duklore, vendeur compétent et expérimenté.

   Serge explique qu'il veut faire installer une piscine chez lui et demande au vendeur de lui soumettre un prix. Ce dernier lui offre de se rendre chez lui pour examen. Une fois sur les lieux, Serge et le vendeur s'entendent et les parties signent le contrat.

   Puis, Serge désire changer d'idée et ne plus faire installer de piscine chez lui. Que peut-il faire?

9. Frank signe une entente avec Patrick Jardinier Inc. pour faire le terrassement de sa propriété. Il est convenu que les travaux commencent le 1er mai, le tout pour la somme de 5 000 $, dont 1 000 $ ont déjà été remis.

Or, hier, le 6 juin, les travaux n'étant pas commencés, Frank, exaspéré, communique avec la compagnie Patrick Jardinier Inc. Le président de ladite compagnie rétorque à Frank qu'il en coûterait trop cher pour faire les travaux et qu'il sera remboursé de ses 1 000 $.

a) Que peut faire Frank? Expliquez.

b) Si la compagnie déclare qu'elle ne peut s'exécuter vu qu'elle a perdu tout son équipement lorsque la foudre s'est abattue, que peut faire Frank? Expliquez.

10. Carmen s'achète une voiture et signe le contrat.

Le vendeur lui promet que la livraison sera effectuée au plus tard dans un (1) mois, le temps de recevoir la voiture, le tout tel que décrit au contrat.

Lors du transport de la voiture, celle-ci est détruite.

Qui devra supporter la perte? Veuillez expliquer.

11. Un représentant faisant du porte à porte se présente chez vous.

Vous lui achetez un balai, une brosse à tapis et des chiffons, le tout pour la modique somme de 17,76 $.

Que prévoit la loi si vous désirez être remboursé?

12. Monsieur Lavigne, locataire au 4238, rue Lenoir, Ville, décide, sans le consentement de son propriétaire, d'installer un climatiseur qu'il fixe à la fenêtre du salon.

M. Lavigne ne renouvelle pas son bail et désire quitter à l'expiration de celui-ci.

a) Le propriétaire pourrait-il s'objecter à l'enlèvement de l'appareil?

b) Monsieur Lavigne peut-il réclamer de l'argent s'il désire laisser l'appareil au propriétaire?

c) Si le propriétaire avait consenti à l'installation, la situation serait-elle la même?

d) Advenant le cas où le locataire procéderait à l'enlèvement de l'appareil, quelles seraient les obligations du locataire?

13. Aristide a loué un local commercial et signé un bail de deux ans en bonne et due forme.

Aristide répare des téléviseurs et fait la vente de chaînes haute fidélité.

Aristide, mécontent de l'emplacement, désire résilier son bail. Il prétend que la Régie du logement peut l'aider.

Conseillez-le.

14. Nicole est locataire, depuis 6 ans, d'un local d'habitation appartenant à monsieur Leriche.

    Nicole vous rencontre et vous confie son problème.

    Elle demande à son propriétaire depuis près d'un an de peindre son appartement, quoiqu'il n'y ait aucune obligation mentionnée à cet effet dans le bail.

    Elle vous déclare connaître la loi et vous dit que le propriétaire a l'obligation d'entretenir la chose pour servir à ses fins.

    Qu'en pensez-vous?

15. Pour une somme de 8 000 $, Mario se fait construire et installer une piscine. À la fin du contrat, le contracteur lui demande 2 000 $ de plus parce que le salaire de ses ouvriers a augmenté entre-temps. Que répondra Mario?

16. Deux ans après l'avoir installée, Mario constate que les fondations de sa piscine se détériorent gravement. Mario a-t-il un recours? Expliquez.

5

LA RESPONSABILITÉ LÉGALE

INTRODUCTION

La présente partie se veut une étude de la responsabilité légale de l'entreprise et de la personne physique. En effet, le droit civil distingue rarement les règles pertinentes à l'entreprise commerciale ou industrielle de celles propres au simple citoyen. Notre législateur pose des normes et des règles de droit générales applicables à des faits précis.

5.1 LES DIFFÉRENTS TYPES DE RESPONSABILITÉ

L'organigramme qui suit situe les différents types de responsabilité envisagés par la loi.

La notion légale de responsabilité se fixe comme but d'imposer à la personne morale ou physique les effets juridiques de ses actes. Poser des actes dérogatoires à l'esprit de la loi entraîne des conséquences de nature diverse: pénale, civile, etc.

5.1.1 LA RESPONSABILITÉ PÉNALE

La responsabilité pénale ou criminelle vise l'imposition de punitions aux personnes reconnues coupables d'infractions au Code criminel, à un statut provincial ou fédéral. Ces lois prévoient des sanctions dans le but de punir le non-respect des règles de conduite fixées.

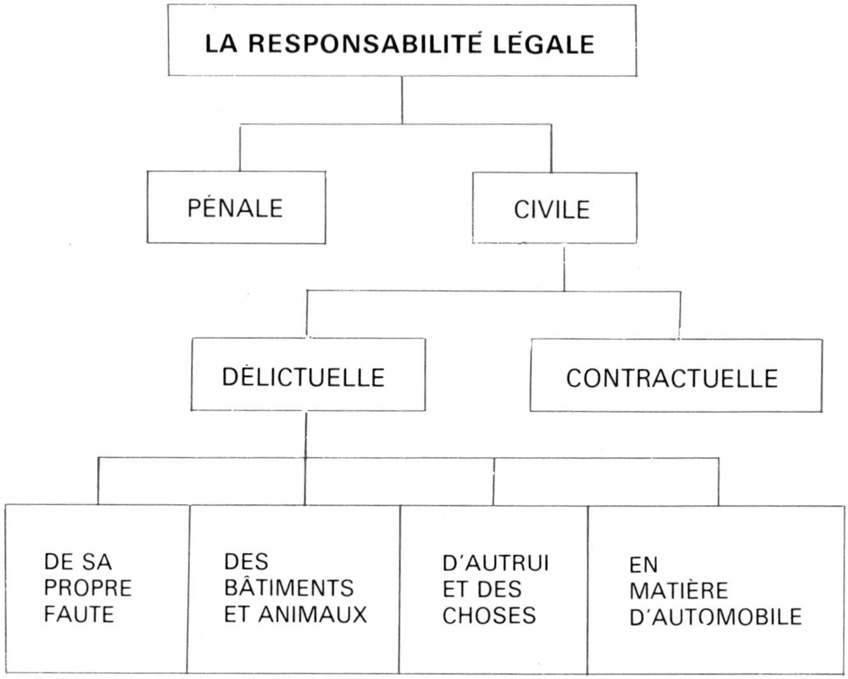

Le vol, la fraude, les voies de fait, l'enlèvement et le meurtre s'avèrent tous interdits par notre Code criminel canadien. La dérogation à cette catégorie de droit entraîne l'application d'un châtiment pouvant s'étaler de la simple amende à l'emprisonnement à perpétuité.

Notons que les amendes imposées aux accusés garniront les coffres de l'État et non les goussets de la victime. Le droit pénal ne vise pas la réparation du dommage causé à la victime, mais uniquement la punition du coupable.

Les personnes morales comme les personnes physiques demeurent assujetties à cette responsabilité. Il va de soi que la personne morale peut encourir de très fortes amendes, l'emprisonnement ne pouvant s'appliquer dans son cas.

Quoique la personne morale possède de par la loi une entité juridique différente de ses membres, la responsabilité criminelle de l'entreprise n'exclut pas celle des administrateurs. Ces derniers peuvent subir des poursuites personnelles pour les fraudes et crimes commis par l'entreprise. Les administrateurs d'une compagnie ne peuvent abuser du caractère corporatif pour déjouer la loi et s'éviter ainsi des sanctions personnelles.

5.1.2 LA RESPONSABILITÉ CIVILE

Le droit civil, contrairement au droit criminel, ne recherche pas l'imposition d'une punition en cette matière. La responsabilité civile vise la réparation du préjudice et des dommages subis par la victime.

La faute s'inscrit comme le fondement de la responsabilité civile. Dans la mesure où la faute civile d'une personne physique ou d'une personne morale est établie, le responsable doit indemniser la victime pour les dommages causés.

La loi demeure obscure sur le sens et les implications de la notion de faute. Il nous faudra juger la faute différemment selon qu'elle s'établit à la suite d'un contrat ou d'un acte dommageable à autrui. Il importe dès lors de distinguer la responsabilité contractuelle de la responsabilité délictuelle.

5.1.3 LA RESPONSABILITÉ CONTRACTUELLE

Nous avons vu précédemment les conséquences de l'inaccomplissement des obligations du contrat. La responsabilité contractuelle veut réparer le préjudice subi par une partie lorsque l'autre partie néglige ou refuse d'exécuter les obligations prévues au contrat. Voilà en fait le sens de la faute civile contractuelle.

La loi autorise la partie lésée à intenter en justice les recours appropriés contre la personne fautive. Les poursuites applicables viseront:

— La contrainte du débiteur à l'exécution de ses obligations
— L'exécution par un tiers des obligations du débiteur, aux frais de ce dernier
— L'annulation du contrat
— La réclamation en dommages-intérêts contre le débiteur

La responsabilité civile contractuelle sanctionne donc les conséquences de la mauvaise exécution ou de l'inexécution des obligations créées au contrat. La sanction se limite, on le rappelle, à la réparation du préjudice subi ou à l'indemnisation de la victime.

5.1.4 LA RESPONSABILITÉ DÉLICTUELLE

La responsabilité délictuelle vise l'indemnisation d'une personne pour des dommages occasionnés par la faute d'une autre personne, ceci en dehors de toute relation contractuelle.

La chute sur un trottoir, l'explosion d'une bouteille d'eau gazeuse, la morsure d'un chien, autant d'exemples où la responsabilité délictuelle intervient.

La victime de préjudices physiques ou matériels, subis à la suite d'un acte fautif, peut réclamer la valeur de ses dommages. L'indemnité fixée par le juge appartiendra, sauf exception à la victime et non à l'État, comme en matière pénale. Ce type de responsabilité relève non seulement des actes fautifs posés personnellement mais également des actes posés par des personnes, des choses ou des animaux dont nous avons la garde et le contrôle.

La responsabilité délictuelle repose essentiellement sur la notion de faute. Il faut distinguer ici la faute intentionnelle de la faute involontaire. Nous parlerons de responsabilité délictuelle lorsque l'acte fautif et dommageable relève d'un acte volontaire. Par exemple, un individu qui, par vengeance, lance des pierres sur l'automobile de son voisin. Cet acte malicieux et intentionnel découle d'une pleine connaissance de cause. On parlera de responsabilité quasi délictuelle lorsque l'acte fautif et dommageable n'a été posé qu'accidentellement, sans intention de nuire et involontairement. Par exemple, vous effectuez des réparations au toit de votre résidence et par mégarde vous échappez un outil sur une auto stationnée dans la rue; vous reculez votre camion et, involontairement, vous endommagez les haies sur le terrain voisin.

Même accidentel et involontaire, l'acte fautif engendre la responsabilité civile de l'individu. Le quasi-délit peut cependant faire l'objet d'une assurance alors que le délit ne le peut pas. Le délit peut entraîner une responsabilité criminelle en plus de toute responsabilité civile. Ainsi, l'individu qui frappe sans droit un enfant pourra se voir accuser de voies de fait, affronter un procès criminel et encourir une peine. Il ne demeure pas moins, au niveau civil, responsable des dommages et du préjudice causés à l'enfant, tels le bris de ses lunettes, les dents cassées, etc.

En matière de responsabilité délictuelle, la victime ne bénéficie généralement que d'un court délai pour poursuivre le défendeur. Ce délai commence à partir du moment où le fait dommageable est commis et, quelquefois, quand le fait dommageable est porté à la connaissance de la victime. Le mineur n'échappe pas à cette règle, d'où la nécessité pour les parents et les tuteurs de se montrer vigilants.

Les prescriptions extinctives sont de:

— trois (3) ans en matière de responsabilité médicale ou hospitalière pour le préjudice corporel ou mental causé à un patient. Le délai débute à compter de la faute mais si le préjudice s'est manifesté graduellement, il commence à compter du jour où il s'est manifesté pour la première fois

— deux (2) ans pour les dommages matériels

— un (1) an pour les dommages physiques et pour les injures verbales ou écrites, à compter du jour où la partie offensée en a eu connaissance

— six (6) mois pour les recours contre les villes et les municipalités à condition de les aviser de son intention dans quinze (15) jours de l'incident. Tous auront intérêt à s'informer davantage immédiatement, car la municipalité visée pourrait être régie par une charte particulière prévoyant des dispositions différentes

— trois (3) mois suivant la publication d'un article trompeur ou mensonger dans un journal ou un périodique, pourvu qu'un avis soit donné au journal ou au périodique de se rétracter de l'article concerné.

5.2 LA RESPONSABILITÉ DE SA PROPRE FAUTE

La responsabilité civile délictuelle, disions-nous, désire indemniser et réparer les torts causés par l'accomplissement d'actes fautifs. Ce chapitre se veut une étude de la responsabilité engendrée par les actes personnels.

Notre Code civil ne traite de la responssbilité délictuelle que dans quatre (4) articles. La responsabilité délictuelle occupe pourtant une large part des procédures intentées devant les tribunaux.

L'article 1053 du Code civil constitue le seul article qui traite de la responsabilité du dommage causé aux autres par sa propre faute. Il se lit comme suit:

> "Toute personne capable de discerner le bien du mal, est responsable du dommage causé par sa faute à autrui, soit par son fait, soit par imprudence, négligence ou inhabileté."

Ce court article du Code civil pose les quatre (4) conditions essentielles à l'établissement de la responsabilité de sa propre faute:

— Une personne capable de discernement
— Un élément de faute
— Des dommages
— Un lien de causalité

La responsabilité délictuelle de la personne s'avère une question de faits. À la lumière des faits particuliers à chaque cause, on doit retrouver toutes et chacune de ces conditions. L'*absence d'une seule d'entre elles* justifie l'exonération de responsabilité. Nous verrons que, même si elles sont toutes réunies, le débiteur peut encore être exonéré de toute responsabilité.

5.2.1 UNE PERSONNE CAPABLE DE DISCERNEMENT

L'article 1053 de notre Code civil nous apprend que l'acte fautif doit relever d'une personne capable de distinguer entre le bien et le mal pour que la responsabilité puisse être invoquée.

La personne prévue au Code civil comprend la personne physique et la personne morale. Les compagnies, les syndicats, les coopératives, voilà autant d'exemples de personnes morales susceptibles de commettre des fautes civiles engendrant leur responsabilité.

La personne, condamnée à payer pour les dommages causés par sa faute, devra avoir été en mesure de discerner le bien du mal au moment de l'accomplissement de l'acte fautif. Les aliénés et les insensés ne rencontrent évidemment pas cette exigence de la loi et se dégagent ainsi de la responsabilité de leurs actes.

En ce qui concerne les mineurs, la loi n'exige pas qu'ils aient atteint l'âge de dix-huit (18) ans avant d'engager leur responsabilité personnelle. Règle générale, un jeune de quatorze (14) ou quinze (15) ans sait très bien distinguer le bien du mal. Sa raison, son intelligence et son éducation lui permettent de savoir quand il fait le bien et le mal. La jurisprudence estime que la capacité de discernement pour les personnes physiques s'acquiert vers l'âge de sept (7) ans, soit l'âge de raison.

La capacité de discernement diffère totalement de la capacité de contracter qui, en principe, n'est accordée qu'à la majorité de l'individu. Le mineur répond donc devant les tribunaux des actes qu'il pose et des dommages qui peuvent s'ensuivre.

Soulignons que les tribunaux n'exonèrent pas les gens coupables d'actes dommageables à autrui sous prétexte que leur capacité de discernement a été affaiblie ou même annulée par la consommation d'alcool ou de drogue. Si ces personnes possédaient la capacité de discernement avant leur changement d'état, elles demeurent responsables de leurs actes. La jurisprudence ne laisse pas assumer à la victime les dommages causés par des individus momentanément incapables de discernement.

5.2.2 UN ÉLÉMENT DE FAUTE

La victime doit prouver la faute de la personne qu'elle entend poursuivre en justice. Nous le disions précédemment, la faute constitue le fondement de la responsabilité civile.

Le dommage doit avoir été causé par une faute, nous dit l'article 1053 du Code civil. Malheureusement, la loi ne définit pas la faute. Le Code civil s'avère très laconique sur cette notion pourtant importante.

La doctrine et la jurisprudence s'entendent plus ou moins pour définir la faute comme un manquement à un devoir qu'une personne se devait de connaître et d'accomplir. Cependant, il demeure très difficile de distinguer le devoir légal de celui qui ne l'est pas. Quand l'obligation de faire ou d'éviter de faire tel ou tel acte apparaît-elle? La loi ne pèche pas par excès de mots et laisse à la jurisprudence le soin de répondre à ses absences.

Les tribunaux appelés à se prononcer en matière de responsabilité délictuelle viennent à notre secours avec le *critère du bon père de famille.* Dans l'appréciation des faits soumis à son jugement, la cour compare l'attitude du défendeur avec celle de l'homme raisonnable, du bon père de famille placé dans les mêmes circonstances. Si le tribunal en vient à la conclusion que le défendeur a dérogé au comportement prévisible d'un bon père de famille, il y aura donc faute.

Toute situation portée à l'attention de la cour peut subir la même analyse à l'aide de ce critère.

Est-ce une faute de circuler à quatre-vingt-dix (90) kilomètres à l'heure en automobile? Sûrement pas si le véhicule emprunte l'autoroute, mais probablement s'il s'engage dans une artère secondaire de la ville où le stationnement s'effectue des deux (2) côtés de la rue. Le bon père de famille placé dans les mêmes circonstances conduirait-il son véhicule de cette façon?

Le critère du bon père de famille s'applique à tous: homme ou femme, vieux ou jeune. Pour savoir si une personne de sexe féminin a commis une faute civile, la cour comparera son attitude à celle d'une femme raisonnable et sensée placée dans les mêmes circonstances. Une gardienne d'enfants, raisonnablement intelligente et consciencieuse, placée dans des circonstances identiques aurait-elle laissé un enfant de cinq (5) ans manipuler une tondeuse à gazon? Voilà ce que le tribunal tenterait de déterminer.

Dans certains cas, la faute du défendeur est très facile à prouver. S'il y a violation des lois et des règlements, la faute civile est établie. Imiter une signature, voler un bien ou frapper sans droit une autre personne constituent tous des actes interdits par la loi. Celui qui s'y adonne commet dès lors une faute.

La faute n'apparaît pas nécessairement avec l'accomplissement d'un acte positif. Elle peut résulter d'une négligence ou d'une omission. La cour a déjà condamné un entrepreneur de construction pour les dommages causés à une dame lors d'une chute dans le sous-sol de l'une de ses maisons modèles. Le tribunal lui reprocha de ne pas avoir verrouillé la porte menant au sous-sol et d'avoir négligé d'installer un système d'éclairage adéquat vu l'absence d'un escalier.

5.2.3 DES DOMMAGES

La capacité de discernement et la faute demeurent deux (2) éléments relativement simples à démontrer à la cour. Il faut obligatoirement établir qu'un dommage ou un préjudice a aussi été subi. Même si Paul conduit son automobile à cent soixante-quinze (175) kilomètres à l'heure et brûle tous les feux rouges, sa responsabilité civile ne sera engagée qu'à la condition de causer des dommages d'ordre matériel, physique ou moral. Sa responsabilité pénale, évidente ici, n'implique pas nécessairement sa responsabilité civile.

Pour que le dommage soit reconnu par les tribunaux, il doit rencontrer certaines conditions. D'abord, il doit être personnel à la victime, car sauf pour les tuteurs et les curateurs, personne ne peut réclamer au nom d'autrui. Ensuite, il doit être immédiat. Le dommage futur ne peut être accepté que s'il s'avère certain. Le dommage éventuel ne peut l'être. Finalement, il doit être direct, c'est-à-dire, ne pas être une conséquence éloignée du fait dommageable. Par exemple, si Paul subit des blessures suite à une agression sauvage de la part de Ronald, vous ne pourriez poursuivre Ronald si, en aidant Paul à se relever, vous tombiez et vous vous blessiez.

Soulignons que le montant accordé par jugement porte intérêt au taux légal depuis l'action; à ce montant, le juge a discrétion pour ajouter l'indemnité calculée à partir de la différence entre le taux légal d'intérêt et le taux d'intérêt fixé suivant la Loi du ministère du Revenu.

Si la faute de la personne poursuivie constitue un crime au Code criminel, la victime peut réclamer du Fond d'imdemnisation des victimes d'actes criminels, administré selon les mêmes normes que celles appliquées en matière d'accidents du travail. La demande doit être produite au cours de l'année pendant laquelle est survenue le fait dommageable et il y a lieu à l'indemnisation que la personne responsable soit retracée ou non, condamnée ou pas.

A. Dommages matériels

Les dommages matériels demeurent relativement simples à prouver. Par une évaluation ou la réparation du bien, on détermine la valeur du dommage. Songeons à la réparation d'une clôture, d'une pelouse, d'un balcon, d'une portière d'automobile. Les frais médicaux, les frais de transport et le coût des prothèses s'avèrent aussi des dommages susceptibles de réclamation en matière de responsabilité.

B. Dommages physiques

À la suite de blessures corporelles, l'incapacité de travailler entraîne un manque à gagner, une perte de revenus.

L'incapacité chez un individu s'évalue en pourcentage de perte de capacité; on parlera de taux (%) d'incapcité. Cette évaluation relève de l'expert médico-légal. La cour s'inspire de ce taux d'incapacité pour fixer la valeur du dédommagement attribuable à la victime. L'âge, le sexe, la personnalité et la profession de cette dernière servent de critères dans l'appréciation du tribunal. Ainsi, une cicatrice laissée au visage d'une fille de vingt (20) ans, mannequin par surcroît, se révèle un plus grand préjudice esthétique qu'une cicatrice similaire portée par un veillard de quatre-vingt-six (86) ans. Le juge retiendra que le préjudice subi par notre mannequin nuira davantage à ses relations sociales et professionnelles. De plus, l'âge de la jeune fille devient un critère déterminant compte tenu de son expectative de vie.

On distingue plusieurs types de réclamations pour incapacité, tel qu'en fait foi le tableau de la page suivante.

C. Dommages moraux

On pense ici aux souffrances et aux douleurs imposées à la victime, à l'atteinte à sa réputation, aux problèmes psychologiques et à la perte de jouissance de la vie. Ces dommages s'évaluent difficilement en valeurs monétaires. Le juge ne peut condamner le défendeur à effacer les douleurs ou le préjudice subi par la victime. Une compensation en argent s'offre donc comme seul solution pour la cour. La jurisprudence servira de guide au tribunal dans l'établissement du montant compensatoire.

TYPES D'INCAPACITÉ	PRÉJUDICE	EXEMPLE
1. Totale temporaire	Perte totale des revenus durant la période d'incapacité.	Un facteur ayant les jambes brisées.
2. Totale permanente	Perte totale et permanente de la capacité de travailler.	Paralysie totale.
3. Partielle temporaire	Perte partielle des revenus durant la période d'incapacité.	Une victime qui ne pourrait travailler plus de quatre (4) heures par jour.
4. Partielle permanente	Lorsque la victime subit toute sa vie une diminution de sa capacité (séquelles).	Perte d'un membre, d'un oeil, etc.

D. Dommages exemplaires

Ces dommages font partie des mesures coercitives qui renforcent des lois à caractère social. La Charte des droits et libertés du Québec prévoit la condamnation à des dommages exemplaires, en plus des dommages-intérêts en cas d'atteinte illicite et intentionnelle à un droit ou à une liberté reconnu dans la charte (art. 49).

Quant à la loi sur la Protection du Consommateur, ce dernier peut demander au commerçant des dommages exemplaires en plus de tout autre dommage-intérêts.

Comme ces dommages sont exceptionnels, les tribunaux abordent avec timidité l'évaluation de ces dommages: ceux-ci ne sont pas encore fixés à des montants importants.

5.2.4 UN LIEN DE CAUSALITÉ

Ce lien, ce rapport direct entre la faute et le dommage subi constitue la dernière condition à la responsabilité délictuelle.

L'acte fautif doit être la cause directe et immédiate du préjudice subi par la victime et le dommage doit dépendre uniquement de la faute.

EXEMPLE:

Vous fracturez le nez d'une personne. Le dommage causé relève directement du coup porté. Quelques minutes plus tard, lors de son transport à l'hôpital, l'ambulance frappe un autre véhicule et une commotion cérébrale s'ajoute à la première blessure. Comment la loi applique-t-elle la notion de *lien* de *causalité*?

Vous n'aurez pas à supporter la responsabilité de ce dernier dommage. Même si le coup porté a justifié le transport par ambulance, il n'en demeure pas moins que les dommages subséquents relèvent de l'accident et ne relèvent pas directement et immédiatement de votre faute (coup). Vous pourriez avoir à répondre de votre faute civile et le transporteur ambulancier de la sienne.

5.2.5 CAS D'EXONÉRATION DE RESPONSABILITÉ

A. Cas fortuit ou force majeure

Il s'agit d'un événement imprévisible et irrésistible qui cause un dommage et qui empêche tout recours judicaire subséquent. Par exemple, vous êtes assis sur le balcon alors que survient tout à coup un violent ouragan qui vous projette dans la rue. Malgré vos blessures, vous ne pourrez obtenir gain de cause.

B. Acceptation du risque

Cette théorie fut largement développée en jurisprudence. Elle prévoit qu'un individu qui, volontairement, se place dans une situation dangereuse, ne peut entamer de poursuites subséquentes. Par exemple, assise dans la première rangée au Forum de Montréal, Nicole fut blessée par une rondelle lancée accidentellement par un joueur. Elle ne pourrait poursuivre ce dernier, ni son équipe ni les propriétaires de l'enceinte. Cette théorie n'est cependant valable que s'il n'existe aucune faute de la part du défendeur.

C. Faute contributoire de la victime

La victime ne peut obtenir indemnisation si elle a elle-même contribué à l'incident qui lui a occasionné le fait dommageable. Ce serait la situation du passant qui provoque un chien et se plaint par la suite d'avoir été mordu.

D. La faute d'une tierce partie

Pour des raisons évidentes, la partie défenderesse peut s'exonérer de toute responsabilité si elle prouve qu'un tiers est l'auteur du délit ou du quasi-délit.

5.3 LA RESPONSABILITÉ DU FAIT D'AUTRUI ET DES CHOSES

Nous venons de le constater, la responsabilité civile s'applique à tous. Non seulement sommes-nous responsables de nos fautes, mais aussi des fautes commises par d'autres personnes et des dommages causés par des choses dont on a la garde.

L'article 1054 de notre Code civil nous apprend quelle responsabilité on doit suppporter pour autrui et pour les choses. En nous parlant de la personne capable de discernement, il nous dit:

> "Elle est responsable non seulement du dommage qu'elle cause par sa propre faute, mais encore de celui causé par la faute de ceux dont elle a le contrôle et par les choses qu'elle a sous sa garde.
>
> Le titulaire de l'autorité parentale est responsable du dommage causé par l'enfant sujet à cette autorité.
>
> Les tuteurs sont également responsables pour leurs pupilles;
>
> Les curateurs ou autres ayant légalement la garde des insensés, pour le dommage causé par ces derniers;
>
> L'instituteur et l'artisan, pour le dommage causé par ses élèves ou apprentis, pendant qu'ils sont sous sa surveillance;
>
> La responsabilité ci-dessus a lieu seulement lorsque la personne qui y est assujettie ne peut prouver qu'elle n'a pu empêcher le fait qui a causé le dommage;
>
> Les maîtres et les commettants sont responsables du dommage causé par leurs domestiques et ouvriers dans l'exécution des fonctions auxquelles ces derniers sont employés."

5.3.1 LA RESPONSABILITÉ POUR LES CHOSES DONT ON A LA GARDE

Dès le premier paragraphe de l'article 1054, la loi impose la responsabilité au gardien d'une chose si cette dernière cause un dommage.

Le simple citoyen, l'homme d'affaires ou la personne morale supportent tous cette responsabilité. Qui n'est pas gardien d'une ou de plusieurs choses comme une automobile, une bicyclette, un meuble de ménage, un cadre, une machine industrielle, une machine à écrire, etc.?

La responsabilité ici édictée ne s'applique qu'au gardien de la chose et la soi établit une distinction entre le propriétaire et le gardien d'un bien. Vous pourriez prêter votre scie mécanique à un copain. Il en assume alors la possession, la garde et, par conséquent, la responsabilité.

Précisons que la responsabilité du gardien ne s'applique que si le dommage relève de l'activité propre de la chose. Elle doit avoir agi d'elle-même, par son propre dynamisme. Par exemple, la poussette d'enfant qui dévale seule une pente ou le couteau d'une machine industrielle qui s'affaisse subitement. Aucune action humaine ne doit intervenir sinon la responsabilité engendrée découlera de l'article 1053 et non de l'article 1054. La chose doit se déplacer, s'activer d'elle-même. La chose inerte ne peut engendrer des responsabilité selon l'article 1054.

Le défendeur, poursuivi en justice pour les dommages causés par la chose, pourra s'exonérer de responsabilité s'il parvient à démontrer que la victime a provoqué le dommage, qu'il n'avait pas la garde de la chose, qu'il s'agissait d'un cas fortuit ou d'une force majeure ou qu'il n'a rien pu faire pour éviter que la chose cause le dommage. Dans ce dernier cas, les tribunaux deviennent très exigeants à l'égard du gardien qui doit généralement apporter une preuve incontestable et irréfutable de son incapacité d'agir.

5.3.2 LA RESPONSABILITÉ DES PARENTS

Lorqu'un enfant mineur commet une faute civile et cause des dommages à autrui, cet enfant pourra être poursuivi en justice s'il possédait la capacité de discernement au moment de l'événement. En plus de cette responsabilité personnelle du mineur, la loi édicte une présomption de responsabilité contre le titulaire de l'autorité parentale pour les actes de ses enfants. L'article 443 du Code civil précise que l'autorité parentale s'exerce conjointement par le père et par la mère. En cas de décès ou d'incapacité d'agir de l'un d'eux, l'autre exerce seul cette autorité.

Dans une poursuite contre un enfant mineur, le demandeur ne supporte pas l'obligation de prouver la faute des parents. La présomption de responsabilité laisse supposer leur faute.

Cependant, comme le mentionne le paragraphe 6 de l'article 1054, les parents peuvent renverser cette présomption. Contrairement à l'article 1053 où le demandeur doit faire la preuve de la faute, dans le cas des mineurs, le fardeau de la preuve est renversé et les parents devront prouver leur impuissance à empêcher le fait dommageable. Ils pourront démontrer qu'ils étaient absents lors des événements et surtout qu'aucune raison ne justifiait leur présence. On devra prouver que l'enfant a toujours reçu une bonne éducation, qu'on l'a instruit convenablement des choses de la vie et suffisamment renseigné sur les actes défendus. Le tribunal appréciera cette preuve en fonction de l'âge de l'enfant, de sa personnalité et des circonstances particulières entourant la faute.

Par exemple, un enfant mineur met le feu à la résidence de ses voisins. Un tribunal pourrait reconnaître la responsabilité des parents si ces derniers ne peuvent le convaincre qu'ils ont pris les précautions mentionnées au paragraphe précédent. Malgré la croyance populaire, les parents conservent donc la possibilité d'éviter cette responsabilité.

5.3.3 LA RESPONSABILITÉ DU TUTEUR

La responsabilité du tuteur ressemble à celle des parents tant pour les conditions d'application que pour les moyens d'exonération. Vous devez donc vous référer à ce qui précède.

5.3.4 LA RESPONSABILITÉ DU CURATEUR AUX INSENSÉS

Le Code civil ne mentionne que le curateur aux insensés parmi la liste de tous les curateurs possibles. Ici, nous référons de nouveau le lecteur à ce que nous avons mentionné concernant la responsabilité des parents.

5.3.5 LA RESPONSABILITÉ DE L'INSTITUTEUR ET DE L'ARTISAN

Au sujet de l'instituteur, il ne saurait être question de la responsabilité des professeurs d'université; les cas ne concernent que les niveaux primaire et secondaire. Elle ne s'applique que durant les heures régulières d'école et en autant que l'élève demeure sous sa surveillance. Dès que l'élève quitte les lieux destinés à l'enseignement, la responsabilité pour ses actes fautifs incombe aux parents.

L'artisan est la personne exerçant à son propre compte, un métier manuel. Il sera responsable des dommages causés par la faute de son apprenti, soit la personne qui apprend le même métier sous son autorité, pendant les heures de travail.

L'instituteur et l'artisan peuvent renverser le fardeau de la responsabilité en prouvant n'avoir commis aucune faute, avoir été incapable d'empêcher l'acte dommageable et avoir exercé, compte tenu des circonstances, une bonne surveillance.

5.3.6 LA RESPONSABILITÉ DE L'EMPLOYEUR

La loi impute aux employeurs la responsabilité des actes posés par leurs employés dans le cadre de leurs fonctions.

Contrairement aux autres personnes assujetties à la responsabilité de l'article 1054 du Code civil, la présomption de responsabilité de l'employeur s'avère irréfutable. On ne peut la renverser ou la contredire.

En conséquence, tous les dommages causés par la faute d'un employé engendrent nécessairement la responsabilité de son employeur. Cette responsabilité n'apparaît qu'à la condition expresse que l'employé commette la faute pendant qu'il exerçait les activités de son emploi. Par exemple, l'individu dont la tâche consiste à conduire un véhicule de levage dans un entrepôt, engagera irrémédiatement la responsabilité de ses patrons s'il blesse un visiteur. Par contre, on ne tient pas l'employeur responsable des actes commis par l'employé qui a quitté son emploi pour aller dîner.

La victime d'un accident provoqué par l'employé pourra intenter des procédures contre l'employé et l'employeur. La responsabilité de ce dernier ne dégage pas l'employé de la sienne. L'employé fautif pourra même se voir poursuivre en justice par son employeur afin de rembourser les sommes d'argent que ce dernier aurait dû débourser par sa faute.

L'existence de la responsabilité de l'employeur vise à protéger la réclamation des tiers. Ceux-ci risqueraient autrement de poursuivre un employé insolvable. Par la même occasion, la loi fait porter par le patron le fardeau du choix de ses employés.

On ne retiendra cette responsabilité stricte de l'employeur qu'aux conditions suivantes:

- Une personne doit avoir commis une faute au sens de l'article 1053
- La faute doit avoir entraîné des dommages
- La personne fautive doit être un employé, soumis à des ordres, à des directives, etc.
- La faute de l'employé devra avoir été faite dans l'exercice de ses fonctions

L'employé et/ou l'ouvrier au sens du Code civil désigne toute personne soumise à la surveillance, au contrôle et aux directives d'une autre personne, avec ou sans rémunération.

La jurisprudence attribue même cette responsabilité au patron temporaire ou momentané. Lors de l'érection d'un bâtiment, par exemple, un entrepreneur en menuiserie pourrait s'assurer les services d'un plombier pour quelques jours. Dans un tel cas, si ce plombier pose un acte dommageable à autrui, son employeur temporaire devra supporter le fardeau de la responsabilité de l'employé même si l'employeur régulier payait ce travailleur à ce moment-là.

Soulignons que le mandant est responsable lui aussi des dommages causés par la seule faute du mandataire (art. 1731 CC).

5.4 LA RESPONSABILITÉ POUR LES ANIMAUX ET LES BÂTIMENTS

En plus de la responsabilité personnelle et de celle attribué pour autrui, la loi prévoit également une responsabilité pour les dommages causés par nos animaux et nos bâtiments. L'article 1055 du Code civil l'exprime ainsi:

> "Le propriétaire d'un animal est responsable du dommage que l'animal a causé, soit qu'il fût sous sa garde ou sous celle de ses domestiques, soit qu'il fût égaré ou échappé.
>
> Celui qui se sert de l'animal en est également responsable pendant qu'il en fait usage.
>
> Le propriétaire d'un bâtiment est responsable du dommage causé par sa ruine, lorsqu'elle est arrivée par suite du défaut d'entretien ou par vice de construction."

5.4.1 LA RESPONSABILITÉ POUR L'ANIMAL

Les deux (2) premiers paragraphes de l'article 1055 de notre Code civil s'avèrent des plus clairs. Le propriétaire, le préposé, le gardien et l'utilisateur de l'animal supportent tous la responsabilité si ce dernier provoque un dommage quelconque. Au surplus, la responsabilité demeure même si on n'exerçait aucun contrôle ou aucune surveillance sur l'animal.

Comme pour la responsabilité de l'employeur, on ne peut renverser la présomption ici édictée; elle s'avère absolue. Notre civilisation accorde une grande place aux animaux et nous devons accepter la responsabilité de ceux qui nous appartiennent. Qu'il s'agisse du chat, du chien ou du cheval, en cas de dommages à autrui, ils engagent notre responsabilité. Combien de fois avons-nous entendu parler de blessures dues à la morsure d'un chien ou aux griffes d'un chat?

La présomption de responsabilité, relative à un animal, ne s'applique que si la bête agit de sa propre initiative, par elle-même. La porte reste donc ouverte à une défense basée sur la provocation exercée par la victime ou par un tiers. Si une personne provoque les agissements d'un animal, il s'agit plutôt d'une responsabilité découlant de l'article 1053.

5.4.2 LA RESPONSABILITÉ POUR LES BÂTIMENTS

Le Code civil édicte la responsabilité engendrée par la ruine d'un bâtiment, ruine totale ou partielle. La ruine d'un bâtiment au sens du Code civil peut consister, par exemple, en l'effondrement d'un mur, d'une corniche, d'un balcon ou d'une cheminée. Les dommages matériels ou corporels qui pourront en découler directement entraîneront la responsabilité du propriétaire et non celle du locataire.

La victime, dans un tel cas, devra prouver le défaut d'entretien ou le vice de constrution du bâtiment. En pratique, cependant, le seul fait de l'écroulement ou de la chute laisse présumer de la mauvaise construction ou de la négligence dans l'entretien.

Exception faite pour le cas fortuit, la force majeure et l'intervention de la victime ou d'une tierce personne, les causes d'exonération de responsabilité demeurent peu nombreuses pour le propriétaire.

5.5 LA RESPONSABILITÉ AUTOMOBILE

Le 1er mars 1978, le législateur québécois mettait en application sa nouvelle loi relative à l'assurance et à la responsabilité automobile.

Avant cette date, les règles ordinaires de la responsabilité délictuelle régissaient la responsabilité découlant de l'utilisation des automobiles. À la rescousse du demandeur qui devait faire la preuve de la faute civile, l'article 3 de la *Loi de l'indemnisation des victimes d'accidents d'automobile* établissait une présomption de responsabilité conjointe et solidaire du conducteur et du propriétaire du véhicule impliqué dans un accident.

Le nouveau régime, établi par notre gouvernement provincial, veut assurer une indemnisation meilleure, plus rapide et à moindre coût aux victimes de dommages corporels subis lors d'un accident d'automobile. On indemnise la victime sans égard à la faute. Le conducteur, le passager ou le piéton jouissent tous d'une indemnisation complète, qu'ils aient ou non commis une faute lors de l'accident.

Cependant, la nouvelle loi n'a pas établi un régime absolu de responsabilité ou d'indemnisation sans égard à la faute. En effet, cette loi ne prévoit le paiement d'indemnités que pour les dommages corporels.

5.5.1 LE FONCTIONNEMENT DU RÉGIME

En vertu de cette nouvelle loi, le législateur a créé un organisme d'Etat appelé la Régie de l'assurance-automobile du Québec qui administre ce régime. La Régie reçoit toutes les demandes d'indemnisation. Elle les évalue et effectue les paiements nécessaires.

Cinq (5) sources principales assurent le financement de cet organisme:

— Chaque propriétaire d'un véhicule verse annuellement une somme d'argent fixée par la Régie lors de l'émission ou du renouvellement de ses plaques d'immatriculation. Cette somme varie selon le poids du véhicule: ainsi, il en coûte 198 $ pour un véhicule de grosseur moyenne.

— Chaque conducteur débourse également une autre somme d'argent lors de l'émission ou du renouvellement de son permis de conduire. On a fixé, pour le moment, cette somme à 80 $ pour deux (2) ans.

— La Régie reçoit également une partie de la taxe perçue sur l'essence. Cette portion de taxe représente approximativement 1/5 de cent par litre

— Les intérêts gagnés sur le placement des fonds accumulés

— Les montants recouvrés en vertu de la loi et des règlements

Les dommages matériels subis lors d'un accident d'automobile appartiennent encore à l'entreprise privée, plus précisément aux compagnies d'assurances. Le propriétaire d'une automobile doit donc se munir d'une police d'assurance pour dommages matériels auprès de son assureur s'il veut bénéficier d'une couverture complète en cas d'accident.

Par la nouvelle loi, chaque propriétaire d'automobile doit obligatoirement se munir d'une police d'assurance couvrant les dommages matériels à autrui pour un minimum de 50 000 $. Pour immatriculer une voiture, le propriétaire québécois doit posséder une telle preuve d'assurance.

Les assureurs doivent même aviser la Régie lorsqu'un de leurs clients annule son assurance. Toutefois, l'obligation de détenir cette police ne vaut que pour les dommages à autrui, donc aucune obligation d'assurer les dommages causés à sa propre voiture.

5.5.2 LES AYANTS DROIT À L'INDEMNISATION

Déterminons maintenant les bénéficiaires de l'indemnisation de la Régie pour blessures corporelles.

Les *résidants* du Québec ont tous droit à l'indemnisation s'ils subissent des blessures lors d'un accident d'automobile, qu'ils soient piétons, passagers ou conducteurs. La Régie paiera intégralement les personnes impliquées, quel que soi le responsable de l'accident. Les conducteurs dangereux et insouciants restent cependant toujours soumis aux peines prévues par le Code de la route et par le Code criminel.

Les résidants conservent le droit à l'indemnisation par la Régie même si l'accident survient à l'extérieur du territoire québécois.

Les *non-résidants* du Québec, blessés lors d'un accident d'automobile sur notre territoire, peuvent aussi réclamer l'indemnisation. Nos touristes bénéficient donc d'une certaine protection. Cependant, le non-résidant ne pourra exiger la totalité des indemnités prévues que s'il n'est pas responsable de l'accident. Si on le juge responsable de l'accident à 75%, il ne pourra réclamer que 25% de l'indemnité payable.

Par ailleurs, le non-résidant, propriétaire, conducteur ou passager d'une automobile immatriculée au Québec, aura droit à l'indemnisation totale sans égard à la faute ou à la responsabilité.

5.5.3 LES QUÉBÉCOIS HORS DU QUÉBEC

Partout dans le monde

Le résidant québécois, victime de dommages corporels, est indemnisé par la Régie même si l'accident survient à l'extérieur de la province. Au surplus, si on le juge non responsable de l'accident, il conserve son droit de réclamer en justice du responsable la différence entre le montant accordé par la Régie et la valeur réelle de ses dommages. Ainsi, un Québécois indemnisé par notre Régie pour un accident subi aux États-Unis pourra poursuivre la partie adverse pour le montant excédentaire que l'indemnisation n'a pu couvrir. Il devra cependant intenter sa poursuite selon la loi en vigueur au lieu de l'accident et non selon les prescriptions de notre loi. Par ailleurs, à l'extérieur de notre territoire, le Québécois risque une poursuite en justice selon la loi du lieu de l'accident pour les dommages corporels et matériels relevant de sa responsabilité. Mais l'assurance pour dommages matériels d'un minimum de 50 000 $ qu'il détient se transforme automatiquement en couverture pour les dommages corporels à autrui. Le résidant n'a aucun avis à donner à son assureur ou à la Régie avant de quitter la province. La transformation de la couverture d'assurance s'effectue dès que le véhicule sort de notre territoire. Toutefois, l'assurance pour dommages matériels se transformant pour couvrir aussi les dommages corporels à l'étranger sera limitée au montant de protection souscrit par l'assuré. Tout assuré peut augmenter le montant minimal de 50 000 $ par une demande à son assureur moyennant le paiement de primes additionnelles.

Dans le cas d'un minimum d'assurance obligatoire plus élevé que le nôtre à l'étranger, le montant souscrit par l'assuré québécois devient automatiquement égal à l'autre. Par exemple, si Georges ne possède que la couverture d'assurance minimale de 50 000 $, ce montant deviendra, sans autre formalité, égal au montant minimal de 75 000 $ exigé par la loi du territoire visité.

5.5.4 LES INDEMNITÉS PRÉVUES AU RÉGIME

La Régie peut verser au réclamant habilité les indemnités suivantes:

A. Les indemnités de remplacement de revenu
B. Les indemnités de décès
C. Les indemnités pour blessures, préjudice esthétique, mutilation, etc.

Notons bien que toutes les indemnités payables sous forme de rentes ou autrement sont revalorisées au premier janvier de chaque année. Les chiffres actuels ne valent donc que pour l'année 1985.

A. Les indemnités de remplacement de revenu

Elles visent à compenser la perte financière subie par la victime d'un accident d'automobile devenue inapte à exercer son emploi habituel. Ces indemnités sont versées toutes les deux (2) semaines sous forme de rentes.

L'indemnité accordée équivaudra à 90% du salaire net annuel de la victime en autant que le salaire brut n'excède pas 33 000 $. Par exemple, celui qui gagnait 14 000 $ par année lors de l'accident et dont le revenu net se situait à 10 000 $ recevra 90% de ce dernier montant, soit 9 000 $.

Pour celui qui gagne plus de 33 000 $ par année, la Régie ne tiendra pas compte de l'excédent de revenu. Elle effectuera donc le calcul de l'indemnité de la façon suivante: 90% du revenu net d'un gain brut maximal et annuel de 33 000 $.

La Régie paiera ces rentes à la victime tant et aussi longtemps que cette dernière ne pourra reprendre ses occupations habituelles.

Une petite restriction: on ne paie pas pour les sept (7) premiers jours d'incapacité.

La victime sans emploi lors de l'accident, par exemple, le chômeur, ou la personne au foyer, aura droit à l'indemnité de remplacement de revenu selon une évaluation approximative de ce qu'elle aurait pu gagner, en tenant compte de sa formation, de son expérience et de ses capacités physiques et intellectuelles. S'il s'agit d'une personne mineure, où il est impossible de déterminer un revenu, l'enfant ou l'étudiant n'ayant pas dépassé le niveau secondaire recevra la rente minimum. Si l'étudiant a atteint le stade post-secondaire, il recevra une rente équivalente à 90% du revenu net calculé à partir de la rénumération moyenne des travailleurs québécois. Dans tous les cas, la rente ne pourra s'avérer inférieur à 145,31 $ par semaine, plus 18,17 $ par personne à charge jusqu'à concurrence de 254,33 $.

B. Les indemnités de décès

La Régie les verse si la victime meurt à la suite d'un accident d'automobile.

Le conjoint survivant recevra une rente payable toutes les deux (2) semaines. Cette rente correspondra à 55% de l'indemnité à laquelle la victime aurait eu droit si elle avait survécu tout en étant dans l'incapacité complète de travailler. Le taux d'indemnité atteindra 65% si la victime décédée avait une autre personne à charge. On ajoutera 5% par personne à charge s'il y en a plus de deux (2), et ce, jusqu'à concurrence de 90%.

La somme de 145,31 $ représente l'indemnité minimale hebdomadaire.

Cette indemnité est accordée au conjoint sa vie durant. Cependant, la rente ne sera versée au conjoint que pour un maximum de cinq (5) ans s'il:

— A moins de trente-cinq (35) ans

— N'a pas d'enfant

— Ne souffre pas d'invalidité

La partie de la rente versée pour les enfants ou pour les autres personnes à charge cessera lorsque la Régie jugera que ces personnes auraient cessé d'être à la charge de la personne décédée. Par exemple, un enfant qui aurait terminé ses études ou qui s'engagerait sur le marché du travail.

La Régie paiera à la succession de la victime décédée sans conjoint ni personne à charge une somme forfaitaire de 2 932,66 $ à chacun de ses parents. Le décès d'un mineur entraînera aussi un paiement forfaitaire de 2 932,66 $ à chacun des parents . Celui qui aura payé les frais funéraires se verra rembourser une somme maximale de 2 477,42 $.

C. Les indemnités forfaitaires

La Régie peut effectuer des versements à une personne accidentée pour les douleurs, le préjudice esthétique, la mutilation, les séquelles permanentes et la perte de jouissance de la vie. La Régie détermine toujours le montant versé, lequel ne peut excéder 36 327,06 $.

La Régie paiera également les frais raisonnables encourus à la suite de l'accident, par exemple, les frais de médicaments, d'ambulance, etc., à condition qu'un autre régime de sécurité sociale ne couvre pas déjà ces dépenses.

5.5.5 LE DROIT D'APPEL

La Loi sur l'assurance-automobile a aboli tous les recours devant les tribunaux judiciaires en réclamation pour blessures corporelles subies dans un accident d'automobile. Les victimes ne poursuivent donc plus le responsable mais adressent leur réclamation à la Régie de l'assurance-automobile du Québec.

Si la victime se déclare insatisfaite des montants accordés ou des décisions prises par la Régie, elle devra d'abord demander à la Régie de réviser sa décision dans les soixante (60) jours. Si la révision n'appporte pas à la victime les résultats escomptés, elle pourra toujours loger un appel à la Commission des Affaires sociales qui décidera en dernier ressort.

5.5.6 AUTRES FAITS MARQUANTS

— La loi déclare insaisissables les rentes payées aux victimes
— La prescription extinctive est portée à trois (3) ans

En d'autres termes, la victime conserve son droit de réclamer à la Régie durant les trois (3) années qui suivent l'accident. Après l'expiration de ce délai, tous ses droits disparaissent. Avant la promulgation de la nouvelle loi, la prescription extinctive pour dommages corporels en cette matière était de un (1) an.

Il existe également un fonds d'indemnisation pour les victimes incapables de découvrir l'identité du responsable de l'accident d'automobile qui a pris la fuite après l'accident et pour celles ayant obtenu un jugement qui ne peut être exécuté vu l'impossibilité pour le débiteur non-assuré de payer, et ce, pour les dommages matériels, suite à un accident survenu au Québec. Exceptionnellement, la victime de dommages corporels aura recours au fonds si l'accident a été causé en dehors du chemin public par un véhicule-automobile, tel une motoneige ou une remorque de ferme, et ce après jugement. Les non-résidants du Québec ne sont pas admis à recourir au fonds. Les délais pour s'adresser au fonds sont très courts. La victime du délit de fuite devra s'exécuter dans les quatre-vingt-dix (90) jours de l'accident et celle détenant un jugement insatisfait, dans l'année suivant la date où il a été rendu. Ce fonds d'indemnisation permet le versement de compensations allant jusqu'à concurrence de 50 000 $.

QUESTIONS DE RAPPEL

1. Quel est le but de la responsabilité légale?
2. Comment distinguer la responsabilité civile de la responsabilité pénale?
3. En quoi consiste la responsabilité contractuelle par opposition à la responsabilité délictuelle?
4. Comment peut-on distinguer le délit du quasi-délit?
5. Nommez et expliquez les conditions nécessaires à la responsabilité de sa propre faute.
6. Quelle distinction doit-on effectuer entre la capacité de contracter et la capacité de discernement?
7. Quelle est la définition de la faute civile? Expliquez.
8. Qu'est-ce que le critère du bon père de famille?
9. Quels sont les dommages qui peuvent être réclamés en matière de responsabilité civile?
10. Qu'est-ce que le lien de causalité? Expliquez-le et donnez des exemples.
11. Quel genre de responsabilité engage l'employeur pour ses employés?
12. Que savez-vous de la notion d'employeur momentané?
13. Qu'est-ce que le gardien d'une chose?
14. Les parents ne peuvent jamais s'exonérer des actes dommageables commis par leurs enfants. Commentez.
15. Les animaux dont on a la propriété ou la garde engendrent-ils toujours notre responsabilité?
16. Le propriétaire d'un animal en est-il responsable si celui-ci s'est enfui?
17. Quelles sont les conditions qui engendrent la responsabilité pour les bâtiments?
18. Qu'en est-il de la faute en matière de responsabilité automobile?
19. Quelles sont les sources de financement de la Régie d'assurance-automobile du Québec?
20. Pourquoi doit-on établir une distinction entre les résidants et les non-résidants en matière de responsabilité automobile?
21. Que risquent les Québécois s'ils ont un accident d'automobile à l'extérieur de leur province?
22. Qu'entend-on par indemnités de remplacement de revenu?

23. En matière d'accident d'automobile, qu'en est-il du maximum d'indemnité admissible en regard du revenu?
24. En quoi un accident d'automobile peut-il concerner la Commission des Affaires sociales?
25. Qu'est-ce que le fonds d'indemnisation?

CAS PRATIQUES

1. Réjean offre à Louis de tondre son gazon pendant les vacances de ce dernier. Louis accepte l'offre et explique rapidement à Réjean le fonctionnement de sa tondeuse à gazon.

   Une fois Louis en vacances, Réjean regrette son offre car le gazon de Louis est maintenant très long et mal entretenu. S'armant de courage, il commence le pénible travail quand, soudain, la tondeuse heurte un caillou, se renverse et le blesse au pied.

   Qu'en est-il de la responsabilité? Expliquez.

2. André, un enfant de 6 ans, joue avec des petits copains de son âge dans la cour arrière de la propriété de ses parents.

   Lyne, sa mère, sort de la maison de temps à autre pour surveiller les enfants.

   André, animé d'une rage soudaine et imprévue, lance une pierre dans la vitre de la propriété de Jacob. La vitre vole en éclats et blesse l'épouse de Jacob au visage.

   Jacob veut intenter une poursuite. Conseillez-le.

3. Monsieur A. Pasdechance, lors d'une bagarre dont il n'est pas responsable, est blessé par monsieur Yvon L'assomeur qui lui fracture le nez.

   Emmené d'urgence à l'hôpital, A. Pasdechance trébuche sur la trousse de l'infirmier Letraînard et se fracture la jambe.

   Une fois dans la salle d'opération, le docteur Legaz, anesthésiste, endort à jamais son patient.

   Son épouse, Anna Pasdechance, décide de réclamer pour le décès de son mari.

   Comment se partagera la responsabilité? Expliquez.

4. André est locataire d'un local d'habitation sis au 2e étage d'un magnifique duplex.

   Lors d'une réception qu'il donne à son appartement à l'occasion de ses vingt ans, il se détend sur le balcon avant. Le garde-fou, qui supporte mal son poids et celui de trois de ses compagnons, cède et la chute s'ensuit.

   Expliquez ou distinguez -ou les deux- les recours possibles ou les moyens de défense -ou les deux- du propriétaire.

5. Claudia vous raconte les mésaventures de sa famille. Il y a quinze (15) mois, sa soeur Pauline a subi une grave opération et suite à la négligence du médecin lors de l'intervention elle a commencé à se ressentir de

violents maux de tête, trois (3) mois plus tard. Il y a treize (13) mois, elle fut elle-même attaquée par le chien du voisin qui déchira ses vêtements et mordit son frère Serge qui l'accompagnait. Toutes ces personnes ont-elles aujourd'hui des droits? Si oui, lesquels? Si non, pourquoi?

6. John Smith, natif et résidant de la province d'Ontario, loue un véhicule automobile à Montréal et désire se rendre à Québec avec son épouse.

   N'étant pas encore sorti de Montréal, il a une crevaison qui l'oblige à s'arrêter, rue Hochelaga.

   Son épouse lui suggère de demeurer à l'intérieur de la voiture pendant qu'elle ira demander de l'aide à un garage, à proximité. Elle traverse la route en courant, sans regarder, et de plus sur un feu rouge. L'épouse de John Smith se fait frapper et décède par la suite.

   Pour ajouter au malheur, John est blessé alors qu'un conducteur montréalais heurte son véhicule à l'arrière.

   a) Quelle indemnité John pourra-t-il réclamer?

   b) Quelle sera l'attitude de la Régie face au décès de Mme Smith?

   c) S'il y a lieu, quelles seront les sommes allouées?

   d) Qu'en est-il du droit de John de réclamer pour ses blessures?

6

LES MOYENS ET LES GARANTIES DE PAIEMENT

INTRODUCTION

Dans la présente partie, nous étudions les différents moyens de paiement et les garanties légales servant à sécuriser ou à assurer le paiement des créanciers.

Cette partie, quoique plus technique, intéressera sûrement les gens de l'entreprise commerciale et industrielle ou ceux qui s'y destinent. Nous analyserons les chèques, les billets à ordre, les privilèges de paiement, les effets de commerce, la faillite, etc.

Il s'avère importants de connaître les modes de paiement existants, les lois qui les édictent et les garanties légales de paiement offertes ou pas.

L'emprisonnement pour dettes n'existe plus au Québec. Alors, quels recours judiciaires s'offrent au créancier impayé? Quelles garanties peut offrir un débiteur ou peut exiger un créancier? La personne insolvable possède des droits et des obligations. En quoi consistent-ils? Les pages suivantes contiennent les réponses à ces nombreuses questions.

6.1 LES EFFETS DE COMMERCE

Il s'agit de documents fréquemment utilisés dans le monde du commerce et de l'entreprise. Ils servent de moyens pour effectuer le paiement d'un bien ou d'une dette ou pour obtenir un crédit ou un prêt d'argent.

On peut rédiger rapidement ces documents. De plus, ceux-ci s'avèrent très facilement négociables ou transférables. Lorsque négociés, les effets de commerce accordent généralement une meilleure sécurité de paiement au détenteur.

Une loi fédérale, appelée Loi des lettres de change, régit les effets de commerce. Cette loi constitue le chapitre B-5 des statuts révisés du Canada de 1970. Elle réglemente les effets de commerce suivants:

— Le chèque
— La lettre de change
— Le billet à ordre
— La lettre et le billet du consommateur

Mentionnons qu'un effet de commerce n'est pas invalide uniquement parce qu'il:

— n'est pas daté: à ce moment, le détenteur peut y insérer la véritable date
— ne précise pas la valeur ou quel bien a été donné en échange
— ne précise pas le lieu où il est tiré ou celui où il est payable
— est antidaté ou postdaté ou qu'il comporte la date d'un dimanche ou de tout autre jour non juridique

Il n'est pas obligatoire d'utiliser les documents fournis par les banques et les caisses d'épargnes pour émettre un chèque ou tout autre effet de commerce. Cependant, tout document utilisé à ces fins devra rencontrer les exigences que nous verrons.

Nous étudierons chacun de ces documents pour en connaître la forme de même que les droits et obligations engendrés par chacun d'eux.

Le chèque, beaucoup mieux connu que les autres documents, servira d'introduction à l'étude de la lettre de change, un écrit similaire mais un peu plus complexe.

6.1.1 LE CHÈQUE

Légalement parlant, le chèque se définit comme suit:

Un écrit signé par une personne appelée tireur qui ordonne inconditionnellement à une autre personne nommée tiré (qui ne peut être qu'une banque ou une caisse d'épargne) de payer à demande une somme précise d'argent à une troisième personne appelée bénéficiaire, ou à son ordre.

De prime abord, cette définition peut sembler compliquée. Pour l'expliciter, nous aborderons les trois (3) sujets suivants:

A. Les conditions de validité du chèque
B. Les particularités du chèque
C. Les droits et obligations des parties au chèque

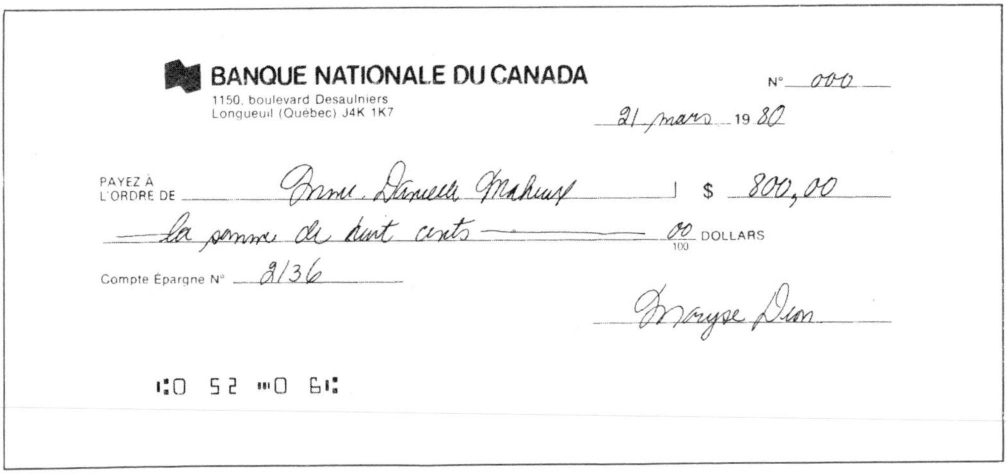
BANQUE NATIONALE DU CANADA
1150, boulevard Desaulniers
Longueuil (Québec) J4K 1K7

N° 000

21 mars 19 80

PAYEZ À L'ORDRE DE Mme Danielle Mahieux $ 800,00

la somme de huit cents 00/100 DOLLARS

Compte Épargne N° 8136

Maryse Dion

⑆0 52 ⑈0 6⑆

A. Les conditions de validité du chèque

Quant aux conditions de fond, disons que le chèque ne peut s'émettre que pour une cause ou une considération licite. Cet effet de commerce ne fait pas exception à la règle légale établie pour les contrats. L'émission d'un chèque suppose une raison valable ou un motif légal. Ce document laisse présumer que celui qui le rédige a des obligations envers le bénéficiaire. La loi n'exige pas que le rédacteur du chèque inscrive le motif de l'émission sur le chèque.

Quant aux conditions de forme, nous verrons qu'il en existe plusieurs.

1. Le chèque doit être écrit

Le chèque est obligatoirement constaté par un écrit. Le seul consentement des parties ne suffit pas comme en matière contractuelle.

2. Le chèque doit comporter trois (3) parties

Définissons ces trois (3) parties qui sont le tireur, le tiré et le bénéficiaire.

— *Le tireur:* Celui qui ordonne le paiement d'une somme d'argent
— *Le tiré;* celui qui reçoit l'ordre de payer la somme d'argent. Il ne peut s'agir que d'une banque ou d'une caisse d'épargne, au sens de la Loi sur les lettres de change.
— *Le bénéficiaire;* partie au profit de laquelle on donne l'ordre de paiement, celui pour qui on émet le chèque. Même si, en principe, le tireur et le bénéficiaire représentent deux (2) parties différentes, rien ne défend l'émission d'un chèque à son propre nom

3. Le paiement d'une somme d'argent

Sur le chèque, on doit mentionner une somme précise d'argent. L'émission d'un chèque ne vise qu'un but: la remise d'une somme d'argent et non un bien ou un objet quelconque.

4. Un ordre de paiement inconditionnel

L'article 17 de la loi édicte que l'ordre de paiement devra être impératif et inconditionnel. Le tireur ne peut assortir d'aucune condition le paiement que le tiré devra effectuer. Par exemple, le tireur ne pourrait pas enjoindre au tiré de ne payer le bénéficiaire que si ce dernier se trouvait dans le besoin.

B. Les particularités du chèque

Nous ne pouvons ignorer certaines modalités ou particularités du chèque. Il existe le chèque payable au porteur, le chèque payable à ordre et le chèque payable à demande.

1. Le chèque payable au porteur

Ce chèque ne mentionne pas le bénéficiaire. Donc, toute personne qui le détient peut le présenter pour encaissement. Le chèque endossé en blanc, c'est-à-dire, la simple signature de l'endoseur sans autre mention devient payable au porteur.

2. Le chèque payable à ordre

Il désigne comme bénéficiaire une personne nommée spécifiquement. Ceci implique qu'on pourra payer le chèque à l'individu lui-même ou à une autre personne qui en aura eu le transfert par endossement. Les effets de commerce rechercent d'abord la facilité de transfert de sommes d'argent. La remise d'un chèque à une autre personne par endossement (apposition par le détenteur de sa signature à l'endos) atteint ce but. Cet effet de commerce peut circuler entre plusieurs mains avant l'encaissement. On ne pourrait cependant négocier ce chèque s'il contenait une restriction à son transfert. Par exemple, il pourrait être libellé *payable à Gilles Lavoie* SEULEMENT. Ces restrictions, quoique légales, n'apparaissent que rarement puisqu'elles vont à l'encontre de l'esprit de la Loi des lettres de change. En effet, cette loi recherche la facilité de transfert et de négociabilité.

3. Le chèque payable à demande

Sur celui-ci, on ne peut indiquer une date future de paiement puisqu'il est payable dès son émission. Le tiré doit se conformer à l'ordre de paiement dès la présentation pour encaissement. Le débiteur ne jouit d'aucun délai pour faire remise de la somme d'argent. Contrairement à la croyance populaire, le chèque postdaté ne représente pas un effet de commerce à terme. Quoiqu'il reporte dans le futur le paiement, ce document oblige à la remise de la somme dès la date d'émission indiquée. Il ne porte pas une date d'émission et une date ultérieur de paiement.

C. Les droits et obligations des parties

1. Le tiré

Le tiré (la banque ou la caisse d'épargne au sens de la loi) doit effectuer le paiement du chèque au bénéficiaire ou à la personne qui présente le document dûment endossé. Mandataire du tireur, la banque reçoit un ordre de paiement. De fait, la banque ne paie pas avec son argent mais avec celui de son client, le tireur. Le tiré conserve le droit de refuser le paiement si le tireur ne dispose pas de fonds suffisants pour honorer la valeur du chèque.

Si le tireur émet un chèque visé ou certifié, le tiré devra d'avance mettre de côté la somme indiquée au profit du bénéficiaire.

2. Le tireur

Le tireur peut ordonner un arrêt de paiement au tiré. Cette intervention s'appelle un contrordre de paiement. Le tireur demeure toujours responsable de la somme d'argent mentionnée sur le chèque si le tiré néglige d'exécuter son obligation pour quelque raison que ce soit. Ajoutons que le tireur n'est pas dégagé de ses responsabilités par la seule remise du chèque. Il se porte garant du paiement que devrait effectuer le tiré.

3. Le bénéficiaire

Le bénéficiaire ou le détenteur du chèque peut évidemment exiger le paiement du tiré. Il peut aussi réclamer la somme du tireur si le tiré refuse d'honorer le chèque.

Si un chèque porte au verso la mention *paiement final*, et que le bénéficiaire l'endosse sans protestation, les tribunaux déclarent généralement que la dette est quittancée.

Un chèque peut être fait payable à deux bénéficiaires en même temps. Pour être honoré, il faudra alors l'endossement des deux. Lorsqu'il y a un paiement suite à un accident d'automobile, les dommages matériels sont acquittés généralement au moyen d'un chèque libellé au nom du garagiste et du client.

4. Les endosseurs

Les endosseurs ont détenu le chèque et l'ont endossé à tour de rôle. Ce document peut donc porter plusieurs signatures à son verso. Chaque signature fait foi d'un transfert. Le bénéficiaire désigné au recto du document doit l'endosser le premier. Tous les endosseurs du chèque deviennent personnellement, conjointement et solidairement responsables du paiement de la somme au dernier détenteur. Si le tiré refusait le paiement lors de la présentation pour encaissement, l'un ou l'autre des endosseurs pourrait se voir réclamer le paiement intégral du montant. Les endosseurs, comme le tireur, se portent garants du paiement de l'effet de commerce. La sécurité de paiement du détenteur s'accroît donc proportionnellement au nombre d'endosseurs.

5. Le détenteur régulier

Le dernier endosseur, après le bénéficiaire désigné, peut devenir ce que la loi appelle le détenteur régulier. Ce dernier possède des droits différents des créanciers ordinaires. Contrairement à d'autres créanciers et aux autres parties au chèque, le détenteur régulier peut exceptionnellement exiger paiement malgré toute défense invoquée par les autres parties. Par exemple, le détenteur régulier pourra quant même exiger le paiement d'un chèque émis sans considération ou pour un motif illégal. On ne peut alléguer au détenteur régulier aucune de ces raisons pour justifier un refus de paiement.

C'est l'article 74 de la Loi des lettres de change qui confère ces droits et pouvoirs particuliers. Le détenteur d'un chèque pourra acquérir le titre de *détenteur régulier* conféré par la loi aux conditions suivantes prévues par l'article 56:

- L'effet devra apparaître complet et conforme aux règles établies
- Le réclamant devra être en possession de l'effet
- Le réclamant devra ignorer les faits et les causes qui ont donné naissance au document ou le refus de paiement qu'a signifié le tiré
- Le réclamant devra être de bonne foi
- Le réclamant devra avoir acquis le document contre valeur et pour cause valable

6.1.2 LA LETTRE DE CHANGE

On tire obligatoirement un chèque sur une banque ou une caisse d'épargne. Si la lettre de change ressemble étrangement au chèque, elle se distingue de ce dernier surtout par le fait que le tiré peut s'avérer une personne (physique ou morale) et non une banque ou une caisse d'épargne.

Quelques autres distinctions s'ajouteront au cours de l'étude.

La lettre de change se définit comme suit:

Un écrit signé par une personne appelée tireur qui ordonne inconditionnellement à une autre personne nommée tiré de payer sur demande ou à une époque future déterminée, une somme précise d'argent à une troisième personne appelée bénéficiaire, ou à son ordre.

Nous aborderons cette partie sous les titres suivants:

A. Les conditions de validité de la lettre de change
B. Les particularités de la lettre de change
C. Les droits et obligations des parties

A. Les conditions de validité de la lettre de change

Quant aux conditions de fond, tout comme le chèque, on ne peut émettre la lettre de change que pour une cause ou considération licite, pour un motif légal et valable. De fait, on ne mentionne pratiquement jamais la raison ou la considération de l'émission sur le document.

Quant aux conditions de forme, nous verrons qu'il en existe plusieurs.

1. La lettre de change doit être écrite

La lettre de change n'existe que par la rédaction d'un écrit.

2. La lettre de change doit comporter trois (3) parties

Définissons ces trois (3) parties qui sont le tireur, le tiré et le bénéficiaire.

— *Le tireur:* celui qui ordonne le paiement
— *Le tiré:* celui qui reçoit l'ordre de paiement. Il peut s'agir d'une personne physique ou morale, pas nécessairement d'une banque ou d'une caisse d'épargne
— *Le bénéficiaire:* celui en faveur de qui on émet l'effet de commerce

La lettre de change laisse présumer que le tiré a contracté des obligations envers le tireur et que ce dernier en a d'autres face au bénéficiaire. Autrement, le document n'a pas lieu d'exister.

3. Le paiement d'une somme d'argent

La lettre de change ne peut porter que sur une somme précise d'argent et rien d'autre.

4. Un ordre de paiement inconditionnel

Le document doit comporter un ordre de paiement sans condition. Comme pour le chèque, le tireur de l'effet ne peut assortir d'aucune exigence l'ordonnance de paiement.

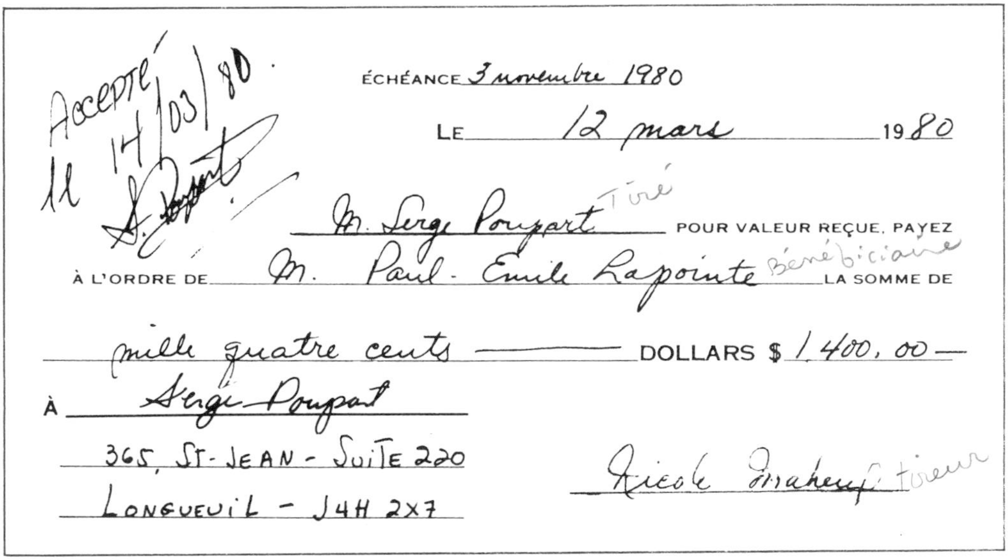
Accepté le 14/03/80
S. Poupart

ÉCHÉANCE 3 novembre 1980

LE 12 mars 1980

M. Serge Poupart Tiré POUR VALEUR REÇUE, PAYEZ

À L'ORDRE DE M. Paul-Émile Lapointe Bénéficiaire LA SOMME DE

mille quatre cents ——— DOLLARS $ 1 400,00 —

À Serge Poupart

365, St-Jean - Suite 220

Longueuil - J4H 2X7

Nicole [illegible] tireur

B. Les particularités de la lettre de change

La lettre de change possède plusieurs modalités ou particularités tout comme le chèque. Il existe la lettre de change payable au porteur, à ordre, à demande ou à terme.

1. La lettre de change payable au porteur

Elle désigne comme bénéficiaire n'importe quelle personne qui la détiendra lorsque présentée au tiré pour paiement. La lettre de change comportant un endossement en blanc, c'est-à-dire la simple signature de l'endosseur sans autre mention devient payable au porteur.

2. La lettre de change payable à ordre

Ceci implique qu'on pourra payer la lettre de change à la personne nommée elle-même ou à toute autre personne à qui elle aura pu être transférée par endossement. Comme le chèque, la lettre de change peut se négocier par simple signature à son endos. Plusieurs personnes peuvent donc détenir à tour de rôle cet effet de commerce avant paiement. En principe, selon l'esprit de la loi, la lettre de change se négocie toujours. Les parties peuvent cependant restreindre le transfert de la lettre par une mention quelconque à cet effet.

3. La lettre de change payable à demande ou à terme

Dans le cas de la lettre payable à demande, on peut réclamer le paiement en tout temps après son émission. En plus, contrairement au chèque, la lettre de change peut s'avérer payable à terme, c'est-à-dire, à un moment futur et déterminé ou possiblement déterminable. Dans l'illustration qui précède, on a rédigé le document un 12 mars en indiquant comme échéance une date ultérieure. Le tireur, pour indiquer le terme, peut mentionner un événement futur au lieu d'une date. En autant qu'il s'agit d'un événement certain et bien déterminé, le document s'avère totalement valable. Par contre, la mention d'un événement aléatoire équivaudra alors à une condition de paiement, ce que la loi n'autorise pas. Par exemple, la lettre de change pourrait prévoir le paiement lors de la journée d'ouverture officielle du port de Montréal. On ne sais pas d'avance la datte de cette journée mais on la connaîtra sûrement au printemps. Si l'effet devient payable lorsque les Expos de Montréal gagneront le championnat, on le déclare invalide parce que ceci demeure incertain. De fait, cela équivaut à dire que l'effet deviendra payable *à la condition* que les Expos gagnent le championnat.

L'article 42 de la loi nous signale que, pour une lettre de change payable à terme, l'échéance légale n'a lieu que trois (3) jours après le moment fixé. On appelle ce délai: *jours de grâce*. Le détenteur de l'effet ne pourra donc pas en exiger le paiement avant l'expiration de ce délai. Si la troisième journée de grâce tombe un jour férié, l'échéance aura lieu la première journée ouvrable suivante.

C. Les droits et obligations des parties

1. Le tiré

Le tiré doit payer la somme indiquée soit au bénéficiaire, soit à toute personne à qui on aura négocié l'effet. Le tiré n'est pas, comme pour le chèque, le mandataire du tireur. L'ordre de paiement présuppose que le tiré est endetté auprès du tireur. Autrement, n'importe qui pourrait ordonner à un quidam de payer une personne au hasard. Le tiré, endetté auprès du tireur, devra payer le montant lors de l'échéance, soit à l'expiration des trois (3) jours de grâce si l'effet mentionne un terme. Il n'existe aucun délai pour la lettre payable à demande.

Le bénéficiaire peut ignorer personnellement que le tiré doit certains argents au tireur. Dans le cas d'un effet payable à une date ultérieure, le bénéficiaire risque de voir le tiré nier ses obligations envers le tireur lorsqu'il se présentera pour le paiement. De plus, le tiré aura pu payer le tireur entre-temps. La lettre de change ne liera le tiré que lorsqu'il l'aura acceptée. Pour l'effet payable à terme, le tiré aura dû manifester son accord. L'acquiescement du tiré à l'ordre donné se concrétise par ce que l'on appelle *l'acceptation*. Elle se veut une reconnaissance par le tiré d'une dette envers le tireur et un engagement à payer la somme indiquée à l'échéance. Par cette acceptation, le tiré devient légalement obligé au paiement.

L'acceptation suppose l'apposition de la signature du tiré sur l'effet de commerce. Elle ne peut pas se manifester sur un autre document ni verbalement. Dès que le tiré accepte l'ordre donné, il devient, selon l'appellation légale, *l'accepteur* de la lettre de change. En vertu de l'article 80 de la loi, l'acceptation doit avoir lieu dans les deux (2) jours suivant la date à laquelle on a formulé la demande au tiré.

2. Le tireur

Le tireur demeure responsable de l'effet de commerce si le tiré refuse d'accepter la lettre ou s'il refuse de payer après acceptation. Le tireur se porte garant des obligations de l'accepteur. Il peut cependant exiger que le détenteur (bénéficiaire) s'adresse à l'accepteur avant de lui réclamer la somme indiquée sur le document.

3. Le bénéficiaire

Le bénéficiaire ou le détenteur de l'effet peut évidemment exiger le paiement de l'accepteur. Si ce dernier n'honore pas ses obligations, il peut alors recourir au tireur ou aux endosseurs précédents.

4. Les endosseurs

Les endosseurs, ceux qui ont négocié la lettre, et qui, par conséquent, ont apposé leur signature à l'endos du document, demeurent personnellement, conjointement et solidairement responsables du paiement au dernier détenteur. En d'autres termes, le dernier possesseur de la lettre conserve des droits contre l'accepteur, le tireur et chacun des endosseurs.

5. Le détenteur régulier

L'endosseur de la lettre, comme du chèque d'ailleurs, peut jouir du titre de détenteur régulier en vertu de la loi. On ne peut lui opposer aucun moyen de défense. S'il s'avère de bonne foi et rencontre les exigences de l'article 56, tout possesseur peut devenir détenteur régulier. Il peut même exiger le paiement de l'accepteur qui aurait antérieurement manifesté son intention de ne pas payer le bénéficiaire. Il ne devra cependant pas avoir eu connaissance de ce refus.

6.1.3 LE BILLET À ORDRE

Les articles 176 à 187 de la Loi des lettres de change ont prévu ce document. Il se distingue essentiellement des effets de commerce étudiés précédemment en ce qu'il ne comporte que deux (2) parties.

Il se définit comme suit:

Un écrit signé par une personne appelée souscripteur qui promet inconditionnellement de payer à demande ou à une époque future déterminée, une somme précise d'argent à une autre personne nommée bénéficiaire, ou à son ordre.

Nous étudierons ce document en utilisant les mêmes rubriques que pour les effets de commerce précédents:

A. Les conditions de validité du billet à ordre
B. Les particularités du billet à ordre
C. Les droits et obligations des parties

A. Les conditions de validité du billet à ordre

Quant aux conditions de fond, on ne souscrit cet effet de commerce que pour une considération bonne et valable.

Quant aux conditions de forme, Nous verrons que le billet en possède également plusieurs.

1. Le billet doit être écrit

Le billet ne peut légalement exister que par la rédaction d'un écrit.

2. Le billet doit comporter deux (2) parties

Le billet, contrairement aux autres documents étudiés, ne comporte que deux (2) parties: le souscripteur et le bénéficiaire. Définissons-les:

- *Le souscripteur:* celui qui promet ou s'engage par sa signature vis-à-vis l'autre à payer la somme indiquée sur l'effet.
- *Le bénéficiaire:* celui en faveur de qui le souscripteur promet le paiement.

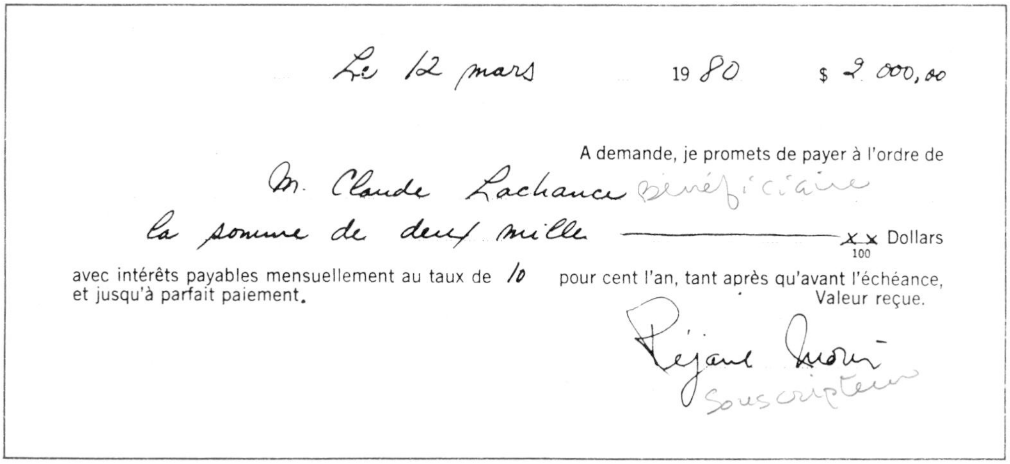
Le 12 mars 1980 $ 2 000,00

A demande, je promets de payer à l'ordre de
M. Claude Lachance bénéficiaire
la somme de deux mille ———— xx/100 Dollars
avec intérêts payables mensuellement au taux de 10 pour cent l'an, tant après qu'avant l'échéance, et jusqu'à parfait paiement. Valeur reçue.

Réjean Morin
souscripteur

Toute personne physique ou morale peut être partie à cet effet de commerce.

3. Une promesse de paiement inconditionnelle

Le billet doit comporter un engagement formel à payer, une promesse sans condition. Le souscripteur ne donne pas un ordre de paiement à une autre personne. Il signe une promesse de payer à échéance le montant indiqué sur le document. Par exemple, le souscripteur ne peut ajouter la restriction qu'il paiera en autant qu'il disposera de la somme.

4. Le paiement d'une somme d'argent

La promesse ne peut porter que sur la remise d'une somme précise d'argent et rien d'autre.

B. Les particularités du billet à ordre

Le billet, comme les deux (2) autres effets de commerce, possède plusieurs modalités. Il peut être payable au porteur, à ordre, à demande ou à terme.

1. Le billet payable au porteur

Il désigne comme bénéficiaire n'importe quelle personne qui le détiendra lorsque présenté pour paiement. Le billet comportant un endossement en blanc devient payable au porteur.

2. Le billet payable à ordre

S'il s'avère payable à l'ordre d'une personne sans autre restriction, le bénéficiaire pourra le négocier et le transférer à quelqu'un d'autre. Ce dernier pourra exiger le paiement du souscripteur.

3. Le billet payable à demande ou à terme

Dans le cas d'un billet payable à demande, on peut évidemment réclamer le paiement en tout temps après l'émission. En plus, et encore une fois contrairement au chèque, le billet peut s'avérer payable à terme, c'est-à-dire à une date future ou lors de l'arrivée d'un événement certain et déterminé.

La formalité de l'acceptation n'existe pas, même pour le billet à terme. Il représente déjà une promesse. L'acceptation apparaît donc inutile.

Cependant pour le billet payable à terme, les trois (3) jours de grâce s'appliquent.

C. Les droits et obligations des parties

1. Le souscripteur

L'article 186 de la loi assimile le souscripteur du billet à l'accepteur d'une lettre de change et le premier endosseur au tirreur de la lettre. À cause de sa promesse de paiement, le souscripteur se retrouve dans la même situation que le tiré qui a signé son acceptation sur le document. L'endossement du billet en faveur d'une autre personne équivaut à un ordre de paiement au souscripteur. Ce dernier a comme principale obligation de payer le bénéficiaire ou tout détenteur subséquent du billet. Sa promesse l'oblige au paiement. De plus, il supporte les mêmes obligations que l'accepteur de la lettre de change.

2. Le bénéficiaire

Le bénéficiaire ou le détenteur subséquent du billet peut naturellement exiger la somme d'argent.

3. Les endosseurs

Quant aux endosseurs du billet, ils supportent la responsabilité personnelle, conjointe et solidaire du paiement de l'effet. Le dernier détenteur du billet possède une créance très bien protégée. Il peut alors, au besoin, poursuivre à son choix le souscripteur, le bénéficiaire ou l'un des endosseurs.

4. Le détenteur régulier

Les droits exceptionnels et dérogatoires conférés au détenteur régulier s'appliquent aussi dans le cas du billet.

Le dernier possesseur acquiert le titre de détenteur régulier s'il remplit les conditions suivantes:

— Être de bonne foi
— Posséder un billet apparemment complet
— Ignorer les vices antérieurs du billet
— Ignorer les litiges pouvant exister entre les parties
— Acquérir le billet contre valeur

6.1.4 LA LETTRE ET LE BILLET DU CONSOMMATEUR

Dans le but de protéger les consommateurs, la Loi des lettres de change a prévu des dispositions particulières aux articles 188 à 192. Ces articles viennent d'ailleurs en fin de liste de cette loi.

La principale caractéristique de ces dispositions se retrouve à l'article 191. Ce dernier prévoit que le *détenteur régulier* d'une lettre ou d'un billet engageant un consommateur reste soumis à toute défense ou compensation que ce comsommateur pourrait faire valoir. Bref, les droits particuliers que la loi accordait au détenteur régulier d'un effet de commerce ne s'appliquent plus sur une lettre ou un billet du consommateur.

Lors de l'achat de biens à crédit, on demande occasionnellement au consommateur de signer des chèques, billets ou lettres pour le financement de son achat. Une banque ou une compagnie de finance accorde souvent le crédit. Lorsque le document signé au vendeur est transmis à celui qui assume le financement, ce dernier devient détenteur régulier face aux parties. Prenons l'exemple suivant: l'acheteur insatisfait à qui on livre un congélateur en mauvais état peut faire valoir des droits contre le vendeur. Si le détenteur de l'effet, même détenteur régulier, réclamme paiement à l'acheteur, ce dernier pourra lui opposer ses moyens de défense et refuser de payer.

La Loi sur la Protection du Consommateur stipule qu'un tel effet de commerce ne peut être séparé de son contrat:

"Un effet de commerce, souscrit en reconnaissance de paiement différé à l'occasion d'un contrat, forme un tout avec ce contrat et ne peut être cédé séparément, pas plus que le contrat, par le commerçant ou un cessionnaire subséquent." (art. 102).

Soulignons que les remarques sur l'effet de commerce valent pour une créance qui serait cédée à un tiers (art. 103).

Les droits spéciaux antérieurement accordés au détenteur régulier d'un effet de commerce sont donc abolis dans le cas du consommateur. Cependant ces dispositions ne s'appliquent qu'aux conditions suivantes:

- Il doit s'agir d'un achat de consommation, c'est-à-dire l'achat de marchandises ou de services. Les services comprennent les réparations et les améliorations. La marchandise désigne tout objet susceptible de commerce, sauf un immeuble
- L'achat ne doit pas être effectué au comptant mais à *crédit*
- L'achat doit être effectué par *un particulier* pour utilisation personnelle et non pour revente ou pour des fins commerciales
- Le vendeur doit être une personne *qui agit dans le cours normal de ses affaires*. Son occupation principale doit se résumer à la vente ou à la fourniture de marchandises ou de services
- L'effet doit prévoir un *crédit à plus de trente (30) jours*. Cette disposition ne s'applique cependant pas au billet du consommateur
- L'effet doit porter au recto, en évidence, les mots *achat de consommation* au moment où il est signé, sous peine de nullité. Le vendeur qui déroge à cette disposition est passible d'une amende maximum de 5 000 $.

6.2 LES SÛRETÉS ET PRIVILÈGES DES CRÉANCIERS

Nous avons parlé à plusieurs reprises de poursuites judiciaires. Nous avons fait mention des procédures intentées à l'endosseur d'une lettre de change, au débiteur qui n'honore pas ses obligations, au responsable d'un délit, etc.

Le créancier d'une somme d'argent ou celui qui a bénéficié d'un jugement favorable devra prendre les moyens pour obliger légalement le débiteur à payer. En d'autres termes, si le débiteur ne remplit pas volontairement ses obligations, le créancier devra le forcer à s'exécuter. Nous expliquerons comment cette exécution peut se réaliser. Nous déterminerons également sur quels biens du débiteur elle peut porter.

De nos jours, l'achat à crédit ou l'emprunt d'argent s'avère de plus en plus fréquent. Les créanciers ont intérêt à s'assurer de la solvabilité de leur débiteur. Dans plusieurs cas, ils pourront sécuriser leur créance par des garanties légales ou conventionnelles. Ces sûretés et garanties feront également l'objet du présent chapitre.

Nous découvrirons aussi que le crédit est généralement attribué en fonction de la solvabilité de l'emprunteur. Nous réaliserons que le taux d'intérêt varie considérablement selon la sécurité et les garanties de remboursement offertes par le débiteur. Par exemple, les avances d'argent faites au détenteur d'une carte de crédit portent habituellement intérêt au taux de 2% par mois si le débiteur n'effectue pas le remboursement dans les quinze (15) ou trente (30) jours de la réception du compte. Annuellement, ce taux représente 24% d'intérêt. Pourtant, l'emprunteur qui offre une hypothèque sur sa maison pour rassurer le créancier ne paiera qu'un taux d'intérêt annuel d'environ 11 ou 12%. Sur 100 $ empruntés pour deux (2) mois, le taux d'intirêt ne représente qu'une somme minime. Par ailleurs, pour le commerçant qui emprunte 40 000 $ pour des fins d'expansion, remboursables en dix (10) ans, le taux d'intérêt devient primordial. Les profits de l'entreprise risquent en effet de s'avérer insuffisant au remboursement advenant un taux d'intérêt trop élevé.

6.2.1 LE PATRIMOINE, GAGE D'EXÉCUTION

Avant d'entreprendre l'étude spécifique des sûretés et des garanties légales ou conventionnelles, nous devons analyser le principe de droit voulant que le patrimoine de la personne constitue le gage commun de ses créanciers. S'il ne peut offrir de garanties formelles, le débiteur possède au moins un patrimoine dont le contenu peut servir à rencontrer ses obligations.

L'emprisonnement pour dettes n'existe pas au Québec. Les créanciers ont cependant d'autres recours. Nous les étudierons dans les pages qui suivent.

Les articles 1980 et 1981 de notre Code civil établissent ce principe:

"Quiconque est obligé personnellement est tenu de remplir son engagement sur tous ses biens mobiliers et immobiliers, présents et à venir, à l'exception de ceux qui sont spécialement déclarés insaisissables."

"Les biens du débiteur sont le gage commun de ses créanciers et, dans le cas de concours, le prix s'en distribue par contribution, à moins qu'il y ait entre eux des causes légitimes de préférence."

En fait, celui qui ne rencontre pas ses obligations risque de voir saisir tous ses biens pour vente à l'enchère. On remettra alors au(x) créancier(s) les argents récoltés. Entre autres, les biens suivants sont sujets à saisie: l'automobile, la motocyclette, les meubles de ménage, les bijoux, les comptes en banque, le salaire, les terrains, les actions de compagnie, etc.

Voyons maintenant les principaux biens insaisissables, c'est-à-dire ceux qui ne peuvent servir au paiement des obligations. Les articles 552 et 553 du Code de procédure civile prévoient les choses suivantes:

— Les papiers et portraits de famille
— La pension alimentaire
— Les pensions de retraite
— Les vêtements ordinaires et la literie
— Les ustensiles, les objets d'utilité courante et des meubles meublant au choix du débiteur jusqu'à concurrence d'une valeur de ~~2 000 $~~ 4 000
— 70% de ce qui reste sur son salaire brut, déduction faite de 90 ~~60 $~~ par semaine, plus 10 $ par personne à charge à compter de la troisième. Dans le cas du célibataire, est insaisissable 70% de son salaire après déduction de 40 $ par semaine. par exemple, s'il gagne 200 $ par semaine, on soustrait 40 $ et le reste (160 $) est insaisissable à 70%. Donc, 30% de 160 $ (48 $) lui sera prélevé sur chaque paye

Les saisies et les ventes des biens sont effectuées par un huissier s'il s'agit de biens meubles et par un shérif s'il s'agit d'immeubles.

La saisie-arrêt représente la procédure prévue pour obtenir les choses appartenant au créancier ou les montants d'argent qui lui sont dus mais qui sont en la possession de tiers. Il s'agit d'un ordre de la cour demandant à ces tiers de déclarer sous serment quels biens ils ont en leur possession ou quels montants d'argent ils doivent. Il leur est aussi exigé de ne pas s'en départir et de les garder à la disposition de la justice. Par exemple, lors de saisie de salaire, il est ordonné à l'employeur de déclarer le salaire versé au débiteur et de déposer à la cour la partie saisissable de ce salaire. Si le tiers-saisi fait défaut de se conformer à l'ordre de la cour, il devient *personnellement* responsable de la dette.

Le créancier saisissant recevra le fruit de la vente des biens du débiteur. Si plusieurs créanciers sont impliqués et que la vente ne suffit pas au remboursement intégral, on distribuera les argents au prorata. Par exemple après paiement des frais judiciaires, le créancier à qui le débiteur doit un montant représentant 65% de la totalité des sommes dues recevra 65% des argents récoltés de la vente. Cette façon de procéder ne vaut que si aucun créancier ne possède de créance privilégiée.

Contrairement à la croyance populaire, notons que le débiteur n'est pas dégagé de ses dettes si la vente des biens n'a pas rapporté suffisamment. Les jugements rendus contre lui peuvent s'exécuter pendant au moins trente (30) ans.

Le débiteur peut éventuellement disparaître ou faire faillite. Les créanciers risquent de ne posséder que des recours illusoires contre ce débiteur. Les créanciers préfèrent donc être privilégiés ou garantis au sens de la loi.

6.2.2 LES CRÉANCIERS PRIVILÉGIÉS

Les créanciers ordinaires ne possèdent que le patrimoine du débiteur comme assurance de remboursement. Ils jouissent d'une protection minime dans le cas de montants élevés supportés par plusieurs titulaires de créances. Cependant, certains créanciers possèdent des privilèges en vertu de la loi. Ces privilèges confèrent aux détenteurs le droit au paiement par préférence, c'est-à-dire avant les créanciers ordinaires. Ces derniers ne pourront collecter que ce qui reste, s'il y a lieu.

C'est la loi et non la convention des parties qui accorde les privilèges. Voilà la raison pour laquelle on les dit légaux. Il en existe plusieurs et ils diffèrent selon qu'ils se rattachent à des meubles ou à des immeubles.

A. Quant aux meubles

En ce qui concerne les biens meubles, la loi accorde des privilèges selon la nature de la créance. Ils sont prévus à l'article 1994 du Code civil qui les énumère par odre de priorité ou de préférence. Voici les principaux:

— Les frais de justice AVOCAT
— La créance du vendeur impayé
— La créance de celui qui a un droit de gage ou de rétention droit de retenir (ex: garagiste)

garantie sur (bien meuble) un bien meuble

— Les frais funéraires
— Les frais de dernière maladie
— Les taxes municipales
— La créance du locateur

Est dit insolvable, un débiteur qui ne peut payer ses dettes, lorsque le total de ses obligations dépasse ses facultés de payer. Dans un tel cas, lors de saisies et de ventes mobilières, les sommes perçues serviront à rembourser les créanciers privilégiés avant les créanciers ordinaires. Par exemple, si la vente rapporte 60 000 $, on paiera d'abord les frais de justice. Ensuite, on remboursera le vendeur impayé s'il y en a un et ainsi de suite, dans l'ordre prévu. On ne répartit donc pas les sommes récoltées au prorata.

Soulignons que le droit de gage et le droit de rétention nommés en troisième lieu confèrent des avantages particuliers et dérogatoires au droit commun. Ceux à qui on accorde ces droits peuvent garder les biens du débiteur qu'ils ont en leur possession jusqu'à parfait paiement du montant dû. Ceci est également vrai même si le débiteur ne doit que 150 $ et que le bien retenu vaut 1000 $.

Les personnes qui peuvent posséder de tels droits sont peu nombreuses. Nommons principalement le garagiste sur le véhicule réparé, le mandataire sur les biens du mandant et l'hôtelier sur les bagages de ses clients. C'est l'article 2001 du Code civil qui édicte ces droits particuliers. Exception faite pour l'hôtelier, ceux qui peuvent retenir les biens de leur débiteur ne sont pas autorisés à les vendre pour se payer. Ils ne peuvent se faire eux-même justice. On paiera les créanciers par préférence, selon leur rang établi à l'article 1994. Du fait que le bien soit retenu par le créancier, le débiteur retrouve souvent la capacité de payer qu'il avait perdue.

Soulignons ici encore l'importance de la Loi sur la Protection du Consommateur qui a affecté de beaucoup le droit de rétention du garagiste sur l'automobile du consommateur: si ce commerçant a omis de fournir une évaluation des réparations ou si le prix y indiqué est inférieur au prix total de la réparation, ce garagistre ne pourra pas retenir l'automobile du consommateur. (art. 179 LPC)

Mentionnons aussi que le vendeur impayé possède, en plus de son privilège, le droit de reprendre le bien vendu des mains de son débiteur dans les huit (8) jours de la livraison. Ce délai est porté à trente (30) jours dans le cas de faillite de l'acheteur. La vente aura dû être effectuée sans terme. Les articles 1998 et 1999 du Code civil prévoient ce droit.

B. Quant aux immeubles

Quant aux biens immeubles, c'est l'article 2009 de notre code qui édicte les privilèges de paiement. Il les énumère encore selon leur rang de priorité. Voici les principaux:

— Les frais de justice
— Les frais funéraires
— Les frais de labours et de semences
— La créance de l'ouvrier, du fournisseur de matériaux, du constructeur et de l'architecte
— La créance du vendeur impayé

La loi accorde donc, lors de la vente des immeubles du débiteur, des privilèges à certains créanciers. L'ordre de priorité apparaît différent de celui prévu pour la vente des biens meubles.

Parmi ces privilèges, le quatrième en liste (créance de l'ouvrier, du fournisseur de matériaux, du constructeur et de l'architecte) s'avère très important. En pratique, on l'exerce souvent et on prend de nombreuses procédures à son sujet dans une année. Lors de la rénovation ou de l'érection de bâtiments, il arrive fréquemment que les parties concernées mettent à exécution le privilège de paiement qu'on leur accorde.

Cependant, ces privilèges ne se rélèvent valides que pour la plus-value accordée à l'immeuble, c'est-à-dire, l'augmentation de valeur engendrée par les travaux. Ces privilèges permettent au créancier de faire vendre l'immeuble en paiement de son dû. Privilèges très importants, ils demeurent cependant soumis à des règles très strictes et des délais rigoureux pour leur validité. Si ces règles et délais édictés par l'article 2013 du Code civil ne sont pas respectés, ces privilèges deviennent nuls et sans effet. Les créanciers qui les détenaient s'assimilent alors à des créanciers ordinaires. Nous analyserons ces privilèges.

1. Privilège de l'ouvrier

L'ouvrier possède un privilège pour le travail fourni sur l'immeuble. On lui consent ce privilège jusqu'à concurrence de vingt (20) jours d'arrérage de salaire. Il ne nécessite aucune formalité d'enregistrement.

Cependant, cette prérogative ne subsiste que durant les trente (30) jours suivant la fin des travaux. Si l'ouvrier veut la conserver plus longtemps, il devra intenter ses poursuites judiciaires avant l'expiration de ce délai, sous peine d'extinction du privilège.

La fin des travaux, pour le calcul des délais, correspond à la date à laquelle l'immeuble est finalement prêt pour l'usage auquel il était destiné. À ce moment précis, les règles et le délais s'appliquent à l'ouvrier, comme d'ailleurs aux autres créanciers.

La fin des travaux s'avère donc primordiale à ce chapitre. Par exemple, le plombier peut terminer son travail le 7 mars. Par contre, les autres entrepreneurs, électriciens, plâtriers, menuisiers, ne peuvent terminer le leur que le 30 avril. La fin des travaux n'a lieu qu'à cette dernière date car ce ne sera qu'à ce moment que l'immeuble sera fin prêt pour son usage. Les délais de trente (30) jours pour notre plombier se calculent donc à partir de 30 avril.

2. Privilège du fournisseur de matériaux

Le fournisseur de matériaux, lui aussi, détient un privilège sur l'immeuble du fait qu'il a incorporé à la bâtisse ses matériaux. Ce privilège ne subsiste que durant les trente (30) jours suivant la fin des travaux et à la condition expresse que le fournisseur enregistre son privilège dans ce délai. La validité du privilège demeure donc soumise à la formalité de l'enregistrement, formalité non requise dans le cas de l'ouvrier. Cet enregistrement consiste en un écrit mentionnant les noms du créancier et du débiteur, la désignation de l'immeuble et un état de la créance. Le fournisseur enregistre son avis à l'index aux immeubles tenu par le régistrateur du district judiciaire où est situé le bâtiment impliqué.

Même enregistré, on ne maintiendra le privilège que si le fournisseur intente ses poursuites judiciaires dans les trois (3) mois suivant la fin des travaux.

Ces règles ne s'appliquent qu'au fournisseur de matériaux qui a contracté directement avec le propriétaire de l'immeuble.

Par contre, s'il n'a pas fait affaires directement avec le propriétaire, il aura dû aviser ce dernier *par écrit* de son contrat avec le constructeur. Il doit donner cet avis écrit au propriétaire le plus tôt possible car le privilège du fournisseur n'existe que pour la valeur des matériaux fournis après cet avis. Par la suite, les autres règles d'enregistrement et le délai de trois (3) mois continuent de s'appliquer.

3. Privilège du constructeur et du sous-entrepreneur

Quant au constructeur lui-même, au sous-entrepreneur ou à l'architecte, ils conservent leur privilège à la condition de faire enregistrer l'état de leur créance au bureau du régistrateur dans les trente (30) jours de la fin des travaux. On donnera par la suite un avis de cet enregistrement au propriétaire de l'immeuble.

Ce privilège s'éteint si ces créanciers n'intentent pas leurs procédures judiciaires en réclamation des sommes dues, dans les six (6) mois suivant la fin des travaux.

Le sous-entrepreneur aura dû, de plus, aviser le propriétaire de son sous-contrat. Dans son cas, il ne s'agit pas nécessairement d'un avis écrit. Cependant, on recommande toujours l'écrit, question de preuve. Le privilège ne vaut que pour la valeur des travaux exécutés après cette dénonciation. En pratique, le sous-entrepreneur doit aviser le propriétaire le plus rapidement possible.

6.2.3 LES GARANTIES CONVENTIONNELLES

Le créancier ordinaire a plus ou moins de protection alors que le créancier privilégié possède un peu plus de sécurité de paiement. Cependant, cette sécurité du créancier privilégié ne s'avère pas la meilleure.

En plus de la sécurité des privilèges accordée par la loi, le créancier peut exiger des garanties accrues. Ces garanties dites conventionnelles prennent naissance de la convention entre les parties. Énumérons ici les principales garanties conventionnelles:

A. L'hypothèque
B. La dation en paiement
C. Le nantissement commercial
D. Le cautionnement
E. L'assurance-vie
F. La cession générale de créances
G. La garantie de l'article 178 de la Loi des banques
H. Le transport de loyers

A. L'hypothèque

Elle constitue une des meilleures garanties de paiement pour le créancier. Le Code civil la définit à l'article 2016:

> "Lhypothèque est un droit réel sur les immeubles affectés à l'acquittement d'une obligation en vertu duquel le créancier peut les faire vendre en quelques mains qu'ils soient, et être préféré sur le produit de la vente."

Pour sécuriser le paiement de sa créance, le créancier peut exiger de son débiteur qu'il hypothèque son immeuble. L'hypothèque ne peut en principe être consentie sur des biens meubles.

Seul le propriétaire d'un immeuble peut donner cette garantie, garantie constatée par un écrit notarié. On enregistrera le document dûment signé au bureau d'enregistrement du lieu où se trouve le bien soumis à l'hypothèque.

Lorsqu'on garantit un prêt par hypothèque, le créancier acquiert un droit réel sur l'immeuble. En d'autres termes, la créance se rattache à la fois à la personne du débiteur et directement à l'immeuble. Si le débiteur ne se conforme pas à ses modalités de remboursement, le créancier pourra faire vendre l'immeuble. Le produit de la vente servira d'abord à rembourser ce créancier, avant même les créanciers privilégiés. Si le débiteur s'est départie de son bien sans avoir payé le créancier hypothécaire, ce dernier pourra faire vendre l'immeuble entre les mains de n'importe quel acquéreur subséquent. Un acheteur a donc toujours intérêt à vérifier au bureau d'enregistrement s'il existe une ou des hypotèques sur l'immeuble convoité.

On consent très souvent des hypothèques lors de l'achat d'une propriété. L'acheteur fait alors financer son achat en tout ou en partie. Par exemple, je peux acheter un chalet d'une valeur de 20 000 $, ne payer que 5 000 $ comptant et consentir une hypothèque de 15 000 $ à un prêteur. Comme propriétaire, je peux également consentir une hypothèque pour toute autre raison comme l'achat d'une automobile, par exemple. Même dans le cas d'un emprunt effectué à des fins personnelles, l'hypothqùe consentie sur l'immeuble comportera un taux d'intérêt moindre que toute autre forme de crédit. Présentement, le taux d'intérêt se situe aux environs de 12% sur prêt hypotécaire et de 16% sur prêt personnel.

B. La dation en paiement

Elle s'effectue par la remise d'une chose au créancier à la place de l'accomplissement de l'obligation. La dation en paiement peut s'appliquer au gage. Par exemple, le débiteur peut remettre son bien meuble à son créancier qui le conservera jusqu'au paiement de la dette. À défaut de paiement, le créancier ne peut se faire justice et devra faire vendre le bien en justice. Cependant, la loi autorise les parties à convenir qu'à défaut de paiement, le créancier gardera le gage (1971(2) du Code civil). Cette entente s'appelle la dation en paiement. Elle équivaut à la vente selon les termes mêmes de l'article 1592 du Code civil.

La clause de dation en paiement se retrouve en matière immobilière. L'hypothèque consentie par le débiteur inclut souvent une telle clause. Le créancier pourra, à son choix, faire vendre l'immeuble pour être payé par préférence ou exercer son recours judiciaire pour se voir déclarer propriétaire irrévocable de l'immeuble du débiteur en défaut. Le créancier peut devenir propriétaire sans obligation de rembourser les versements déjà effectués par le débiteur.

Cependant, en matière immobilière, le fait de recourir à la dation en paiement entraîne certaines exigences particulières prévues à l'article 1040 du Code civil. Entre autres:

— Le créancier devra, au préalable, donner un avis d'au moins soixante (60) jours à son débiteur l'informant du défaut de paiement et de son intention de demander qu'on le déclare propriétaire
— Cet avis devra désigner exacement l'immeuble revendiqué
— Le créancier devra enregistrer son document chez le régistrateur du lieu où se trouve l'immeuble

Le débiteur ou une tierce personne peut, avant qu'on ne rende jugement en faveur du créancier, arrêter les procédures. Il suffit alors de payer les arrérages en capital et intérêts ainsi que les frais judiciaires. Le créancier ne peut, dans ce cas, refuser le paiement.

C. Le nantissement commercial

Les commerçants et industriels ne possèdent pas toujours des immeubles pouvant servir de garantie au remboursement des emprunts contractés. De plus, s'ils empruntent de fortes sommes, le prêt personnel s'avère un mauvais choix à cause du taux d'intérêt trop élevé. D'ailleurs, le créancier s'y refuse habituellement, faute de sécurité.

Dans ces cas, la loi permet la création d'un nantissement commercial pour garantir le remboursement du prêt. Ce nantissement a quelque peu l'effet du gage. Le créancier acquerra un droit de préférence sur les outils, la machinerie, les équipements et le autres objets du commerce de l'emprunteur. Cependant, le nantissement commercial n'oblige pas le débiteur à remettre ces biens entre les mains du créancier. Il en conserve la garde et la possession. Ces biens forment l'objet de la garantie accordée au créancier par l'effet du nantissement commercial.

On ne peut accorder le nantissement commercial qu'aux conditions suivantes prévues à l'article 1979 du Code civil:

— L'emprunteur doit avoir qualité de commerçant
— Le prêt ne peut excéder un terme de dix (10) ans
— Le prêt se constate par écrit devant un notaire ou devant deux témoins

— On doit décrire les biens faisont l'objet du nantissement
— On doit indiquer le lieu où le débiteur garde les biens
— On doit enregistrer l'écrit au bureau d'enregistrement du lieu où les objets se situent

En aucun cas, le créancier ne peut exiger la propriété des biens sur défaut de paiement. Il peut cependant les faire vendre en justice pour récupérer le paiement de sa créance, les intérêts et le frais. Il devra donner avis écrit de cette vente au propriétaire. On publiera cet avis de vente dans un journal français et dans un journal anglais. La vente ne devra avoir lieu que deux (2) semaines après la dernière publication.

Mentionnons ici l'existence du nantissement agricole. Ce dernier contient sensiblement les mêmes principes que le nantissement commercial et sert aux exploitants agricoles ou forestiers. L'équipement, le produit du travail et les animaux peuvent faire l'objet du nantissement. On ne consentira le nantissement agricole que pour un terme maximal de quinze (15) ans.

D. Le cautionnement

Voici une autre forme de garantie conventionnelle que le créancier peut exiger ou que le débiteur peut offrir. L'article 1929 du Code civil la définit comme suit:

> "Le cautionnement est l'acte par lequel une personne s'engage à remplir l'obligation d'une autre pour le cas où celle-ci ne la remplit pas. L'on nomme caution celui qui contracte cet engagement."

La caution s'identifie donc à la personne qui s'engage par écrit à payer à la place du débiteur en défaut.

En langage populaire, on entend fréquemment parler d'endossement ou d'endosseur du débiteur. L'expression *endosser pour quelqu'un* signifie le cautionner.

Le créancier exige généralement une personne très solvable comme caution puisqu'il cherche à sécuriser sa créance.

Dans plusieurs transactions commerciales et industrielles, les compagnies d'assurances exécutent le cautionnement. Par exemple, l'assureur s'engage à payer au créancier la somme de 1 000 $ par jour si le débiteur ne livre pas son produit à la date stipulée.

Le cautionnement ne s'avère pas une garantie réelle comme l'hypotèque. Sans lien direct sur un immeuble, il ne constitue qu'une garantie personnelle rattachée à la personne du débiteur et à celle de sa caution.

E. L'assurance-vie

Il arrive que le débiteur transporte ses polices d'assurance-vie en garantie à ses créanciers. Si le débiteur décède avant le paiement intégral de ses dettes, le produit des polices servira d'abord à les payer et le solde, s'il y a lieu, sera remis au bénéficiaire. Par exemple, Maurice transporte en garantie sa police d'assurance-vie de 100 000,00 $ dont son épouse Marie est bénéficiaire, à son créancier pour assurer le paiement de sa dette de 80 000,00 $. Si à la mort de Maurice, la dette s'élève à 35 000,00 $ le créancier se paiera en priorité et Marie recueillera le solde soit 65 000,00 $.

F. La cession générale de créances

En matière commerciale, il est possible de demander à son débiteur de consentir, à titre de garantie, une cession de créances. Tant et aussi longtemps que le débiteur effectue ses paiement, ses propres débiteurs continueront à le payer. S'il fait défaut, lesdits débiteurs paieront leurs comptes à son créancier. Si les débiteurs refusaient de ce faire, ils pourraient y être forcés par le créancier, cessionnaire du transport de créance, moyennant la signification de cette cession au débiteur.

G. La garantie de l'article 178 de la Loi des banques

Une banque à charte peut consentir des prêts à des manufacturiers et prendre en garantie leur inventaire de matières premières nécessaires à la fabrication et de produits finis. Dès que le débiteur s'avère en défaut, la banque prend possession des biens garantis en tant que propriétaire et peut les faire vendre à son gré.

H. Le transport de loyers

Un créancier peut exiger aussi le versement des loyers d'un immeuble donné en garantie d'un prêt; cette garantie supplémentaire s'opère par une cession et, à défaut de paiement, tous les baux devront être remis au créancier à sa demande. Ce dernier peut même administrer l'immeuble, renouveler les baux et même en consentir de nouveaux. L'argent ainsi perçu pourra servir au choix du créancier, soit à la réduction de la dette soit au paiement des améliorations ou des réparations de l'immeuble.

6.3 L'INSOLVABILITÉ DU DÉBITEUR

Le présent chapitre vise l'étude de l'état d'une personne qui ne possède pas les moyens de faire face à ses engagements. Dans le cas d'insolvabilité ou de déconfiture complète, selon l'expression de la loi, que peut faire le débiteur harcelé par ses nombreux créanciers? Il ne lui reste que deux (2) solutions:

— Le dépôt volontaire
— La faillite

6.3.1 LE DÉPÔT VOLONTAIRE

Le patrimoine du débiteur se révèle le gage commun de ses créanciers. Il arrive que le débiteur voit son patrimoine légalement attaqué de toutes parts.

Prenons un exemple. M. Sansoucy, marié, père de trois (3) enfants mineurs, demeure à loyer et est propriétaire d'un mobilier valant environ 5 000 $. Il travaille comme employé d'entrepôt et gagne 210 $ par semaine (salaire brut).

Son salaire lui suffit à peine à survivre. M. Sansoucy ne peut donc rencontrer ses paiements depuis plusieurs mois et ses créanciers, las d'attendre, menacent d'exécuter ou exécutent des saisies sur son salaire et sur ses meubles de ménage. Il doit les sommes suivantes:

1100 $	pour utilisation de sa carte de crédit
1800 $	à la caisse populaire
2500 $	à la compagnie de finance
600 $	pour des achats dans un grand magasin à rayons
1000 $	à son beau-frère
7000 $	(TOTAL DE SES DETTES)

A. L'enregistrement au dépôt volontaire

Devant l'impossibilité de payer ses dettes et pourtant désireux de rencontrer ses obligations, M. Sansoucy se prévaudra des dispositions sur le dépôt volontaire.

Les articles 652 à 659 du Code de procédure civile permettent à un débiteur en pareille situation de protéger au moins ses meubles de ménage par le dépôt, à la cour, de la partie saisissable de son salaire. Ces articles du code reprennent sensiblement les dispositions édictées par l'ancienne loi connue sous le nom de *Loi Lacombe*.

Le dépôt volontaire à la cour des traitements, salaires ou gages d'une personne, lui évite ou arrête les saisies sur le produit de son travail et sur ses meubles de ménage.

Le débiteur, désireux de se prévaloir de ces avantages, doit procéder de la façon suivante:

1. Produire au greffe de la Cour provinciale du lieu de son domicile ou de son emploi, une déclaration sous serment indiquant:

— Son nom et adresse
— Le nom et l'adresse de son employeur. S'il est en chômage, le nom et l'adresse de son dernier employeur
— Le montant de son salaire
— Ses charges de famille
— Les noms et adresses de chacun de ses créanciers ainsi que le montant dû à chacun d'eux

2. Déposer à la cour, dans les cinq (5) jours de sa réception,la partie saisissable de son salaire prévue à l'article 553(9) du Code de procédure civile.

La partie saisissable du salaire du débiteur représente 30% de ce qui reste de son salaire hebdomadaire duquel on a soustrait la somme de 60$, plus 10 $ par personne à sa charge à compter de la troisième. Les calculs doivent s'effectuer à partir des gains bruts du débiteur. M. Sansoucy devra donc déposer à la cour, chaque semaine, la somme de 39 $ (210 $ − (60 $ + 20 $) = 130 $ × 30% = 39 $).

Dès la production de la déclaration du débiteur, le greffier de la cour en fera parvenir copie à chacun des créanciers. Ces derniers devront cesser toute procédure d'exécution déjà commencée.

B. Les conséquences du dépôt volontaire

Le débiteur s'oblige à effectuer ses dépôts et à aviser la cour dans les cinq (5) jours de tout changement d'adresse, d'employeur ou de salaire. S'il cesse de travailler ou s'il reprend le travail après une période de chômage, la même procédure s'applique.

Le respect des ces exigences entraîne les effets suivants:

— Ses créanciers ne peuvent plus saisir son salaire
— Ses meubles de ménage ne peuvent plus être saisis ou vendus en justice. On arrête toutes les procédures amorcées
— Son employeur ne peut le congédier pour cette seule raison qu'il s'est prévalu des dispositions du dépôt volontaire

— Le greffier de la Cour provinciale distribuera ses dépôts aux différents créanciers au prorata de leur dû. Cette remise a lieu tous les trois (3) mois

Notons cependant que les prescriptions de la loi en cette matière comportent une exception importante: les meubles de ménage du débiteur pourront quand même faire l'objet de procédures par le possesseur d'un privilège sur ces meubles ou d'un droit de revendication. Il pourrait s'agir, entre autres, du vendeur impayé en vertu de l'article 1994 du Code civil.

Le défaut de faire remise de la partie saisissable de son salaire laisse alors caduque la protection de la loi. Un créancier, sur préavis de dix (10) jours pour acquitter ses arrérages, pourra saisir de nouveau ses biens meubles ou son salaire.

6.3.2 LA FAILLITE

Dans plusieurs cas, les règles du dépôt volontaire ne s'avèrent pas appropriées pour le débiteur insolvable. Les sommes dues restent trop élevées et ne lui permettent pas de s'en sortir. Aussi, ses créanciers ont pu déjà l'avoir mis en banqueroute, en faillite.

Régie par une loi fédérale, la faillite s'applique dans toutes et chacune des province du Canada.

Nous pourrions définir la faillite comme suit:

Elle consiste à liquider l'actif d'un débiteur insolvable au profit de l'ensemble de ses créanciers et à permettre à ce débiteur d'être ultérieurment libéré de toutes ses dettes, le tout sous surveillance du tribunal.

La Loi sur la faillite recherche en premier lieu à protéger la masse des créanciers d'un débiteur dont l'actif leur sera distribué. Deuxièmement, la loi prévoit que le failli pourra, après coup, se libérer de ses obligations financières antérieures à la date de la faillite.

La faillite du débiteur peut s'effectuer principalement de deux (2) façons. Il peut lui-même se placer dans cet état ou y être forcé par un ou des créanciers. La loi parle alors de l'ordonnance de séquestre ou de la cession de biens. Nous étudierons ces modes et les conséquences juridiques de la faillite.

A. L'ordonnance de séquestre

Nous l'appelons la *faillite forcée*. Un ou plusieurs des créanciers de la personne insolvable demandent cette ordonnance. Une personne physique, comme une personne morale, peut faire une faillite forcée.

La mise en faillite forcée a lieu par la présentation à la Cour supérieure d'une requête ou pétition pour l'obtention d'une ordonnance de séquestre. Cette ordonnance, but recherché par la requête, est rendue par jugement.

On n'émettra l'ordonnance de séquestre que si le débiteur a commis un *acte de faillite*. La loi ne définit pas l'acte de faillite. Par contre, elle en donne plusieurs exemples. Voici les principaux:

— Le débiteur a agi frauduleusement ou a posé des actes frauduleux envers un ou plusieurs de ses créanciers
— Le débiteur a cessé de faire ses paiements au fur et à mesure des échéances
— Le passif du patrimoine du débiteur s'avère plus élevé que son actif
— Les dettes du débiteur dépassent 1 000 $
— Le débiteur se voit reprocher ces faits ou ces actes commis depuis moins de six (6) mois

B. La cession de biens

On l'appelle aussi la *faillite volontaire*. Le débiteur insolvable peut prendre l'initiative de déclarer faillite. La loi nomme *cession volontaire* cet acte du débiteur.

La faillite volontaire d'un individu ou d'une compagnie ne nécessite pas l'accomplissement d'un acte de faillite comme pour la faillite forcée. Tout débiteur insolvable peut faire cession de ses biens si ses dettes dépassent 1 000 $.

Au départ, le débiteur ne présente pas sa demande à la cour mais à un personnage désigné à cette fin par la loi, le séquestre officiel.

C. Les conséquences de la faillite

Les conséquences juridiques de la faillite touchent essentiellement les créanciers et le failli lui-même.

1. Pour le failli

Pour le failli, les conséquences s'avèrent de deux (2) ordres:

— En premier lieu, les effets se révèlent pour lui désagréables et pénibles. À la suite de l'ordonnance de séquestre ou de la cession volontaire, on le dépossédera de tous les biens composant son patrimoine, exception faite des biens insaisissables. Ses comptes en banque, ses meubles, ses immeubles, ses cartes de crédit, tout y passe.

Le personnage chargé de la dépossession du débiteur en faillite s'appelle le syndic. Selon qu'il s'agisse d'une faillite forcée ou volontaire, le tribunal ou le séquestre officiel le nommera.

Le syndic à la faillite a pour tâche principale de liquider les biens du failli. Il possède toute l'autorité nécessaire pour vendre ses biens de gré à gré ou par enchère. Il doit agir en toute conscience dans le but de retirer le maximum d'argent des biens du débiteur. S'il s'agit de la faillite d'une personne morale ou d'un commerçant, le syndic, dès sa nomination, acquiert le droit d'administrer les affaires du failli. Ce dernier perd totalement le contrôle des biens formant son patrimoine.

Le syndic, avec l'aide du failli, devra dresser la liste des créanciers en mentionnant la nature de leur créance et les sommes dues à chacun.

Si le failli travaille, le syndic n'obligera pas celui-ci à lui verser intégralement son salaire. Il pourra conserver la partie dont il a besoin pour vivre compte tenu du montant gagné, du coût de son logement et de ses charges familiales.

— En second lieu, la faillite comporte une conséquence bénéfique et favorable au failli. Une fois ses actif liquidés et distribués à ses créanciers, il pourra être libéré. De fait, un des buts de la Loi sur la faillite consiste à aider le débiteur de bonne foi placé en situation d'insolvabilité. Après une faillite volontaire ou forcée, la Cour supérieure rendra une ordonnance de libération du failli.

La libération aura lieu après que le tribunal aura étudié le rapport soumis par le syndic. Le compte rendu devra faire mention des causes de la faillite, de la bonne ou mauvaise foi du débiteur, de sa conduite antérieure ou postérieure à la faillite et des sommes récoltées et versées aux différents créanciers.

Si le rapport présenté contient toutes les mentions exigées et si le débiteur prouve qu'il n'a commis ni fraude ni faillites successives, la cour le libérera.

On ne l'obligera donc plus à rembourser ses créanciers antérieurs même si ceux-ci n'ont pas reçu la totalité de leur dû. Le failli bénéficie en fait d'un pardon judiciaire pour ses dettes antérieures. La libération du débiteur a généralement lieu six (6) ou sept (7) mois après la date de sa faillite.

Le juge peut cependant refuser la libération ou la retarder si le dossir ou le comportement du failli ne le satisfait pas ou que des créanciers s'y opposent à bon droit.

Après cette libération judiciaire, le failli retrouve ses droits. Il peut reprendre sa vie normale et acquérir d'autres biens sans crainte de se les voir enlever.

Cependant, certaines créances subsistent malgré la libération du failli. Entre autres, on ne libère pas le débiteur pour les dettes suivantes prévues à l'article 148:

— Les sommes dues à celui qui lui a fourni nourriture et aliments
— Les sommes dues à titre de pension alimentaire
— Les condamnations pénales à des amendes pour infractions aux lois
— Les sommes dues pour des choses fournies comme nécessités de la vie (soins, médicaments, etc.)

2. Pour les créanciers

Pour les créanciers, la conséquence principale de la faillite consiste évidemment en la perte totale ou partielle de leur créance. Le débiteur fait faillite parce que son passif dépasse son actif. La liquidation de ses biens ne rapportera donc pas suffisamment pour payer tout le monde et en totalité. Voyons ici les types de créanciers possibles en pareille matière et les modes de paiement effectués par le syndic.

— *Les créanciers garantis*

Ils risquent le moins de perdre dans la faillite de leur débiteur. Nous y retrouvons, entre autres, le créancier hypothécaire, le gagiste, le locateur ou le vendeur impayé. Ce dernier peut même reprendre le bien vendu si la faillite survient dans les trente (30) jours de la livraison. Quant aux trois (3) autres catégories de créanciers, ils pourront faire vendre les biens du débiteur sur lesquels s'exercent leur droit. Ils récupèrent en premier lieu leur argent et remettent l'excédent au syndic sous la surveillance de qui ces opérations furent effectuées.

Si le créancier garanti ne peut récolter les sommes suffisantes au paiement total de sa créance, il devient alors un créancier ordinaire pour la partie impayée.

— *Les créanciers privilégiés*

Ils se remboursent après les créanciers garantis. La Loi sur la faillite prévoit à l'article 107 une liste de ces créanciers privilégiés à payer immédiatement et par ordre de priorité. De toute évidence, ils ne recevront des argents que si les créanciers garantis en ont laissés. De même, le troisième créancier privilégié ne pourra recevoir paiement avant qu'on ait entièrement remboursé le deuxième. Voici ces principales créances privilégiées en vertu de la Loi sur la faillite:

— Les frais funéraires du failli (s'il y a lieu)
— Les frais et déboursés du syndic
— Les salaires des employés jusqu'à concurrence de 500 $
— Les taxes municipales
— Les arrérages de loyer jusqu'à concurrence de trois (3) mois
— Les sommes dues à Sa Majesté (impôts, assurance-chômage)

— *Les créanciers ordinaires*

Ils ne possèdent aucune garantie ou privilège quelconque. Ils recevront paiement au prorata de leur créance compte tenu de la valeur à distribuer. Ils ne toucheront que très rarement plus de 10 ou 15% de leur créance. Souvent, ils ne recevront rien du tout.

Mentionnons enfin, sans les analyser, quelques autres points saillants de la Loi sur la faillite qu'on ne peut passer sous silence:

— Parmi les créanciers du failli, on peut nommer des inspecteurs à la faillite. Désignés par les autres créanciers, ils ont pour tâche d'assister le syndic dans ses fonctions

— Avant sa faillite, le débiteur peut effectuer une proposition concordataire à ses créanciers. Il s'agit d'une mesure de compromis par laquelle le débiteur offre à tous ses créanciers de les payer, par exemple, à raison de 30, 40 ou 50%, moyennant quittance finale. Les créanciers ont intérêt à considérer sérieusement ce genre de proposition. Ils obtiennent souvent plus qu'à l'occasion d'une faillite et permettent au débiteur de bonne foi d'éviter la faillite.

Pour qu'une telle proposition soit acceptée, elle doit obtenir l'approbation de 75% en valeur des créanciers présents à une assemblée spéciale convoquée à cette fin. Elle doit également être entérinée par le tribunal. Si elle est acceptée, elle lie tous les créanciers, même ceux qui s'y sont opposés. Si elle est refusée, le débiteur est réputé en faillite à compter du jour de cette proposition. Les propositions concordataires devront suivre les prescriptions de la Loi sur la faillite, c.-à-d., qu'il faudra avoir payé totalement les créanciers garantis et les créanciers privilégiés avant d'offrir des sommes aux créanciers ordinaires.

— Le tribunal peut annuler les actes posés par le débiteur avant sa faillite si on peut lui démontrer que le failli a commis des actions dans le but de frauder un ou des créanciers

— On présume frauduleux et susceptibles d'annulation les paiements effectués par le débiteur à des parents ou autres personnes liées, dans les douze (12) mois précédant la faillite. Le syndic qui administre l'actif récupérera ces sommes

— On considère également frauduleux et annulables les paiements effectués par le débiteur à un ou plusieurs de ses créanciers dans les trois (3) mois précédant sa faillite. Les argents retourneront au syndic pour le bénéfice de l'ensemble des créanciers. Toutefois si ces paiements sont faits de bonne foi et dans le cours ordinaire des affaires, ils pourront être considérés comme non frauduleux et par conséquent non susceptibles d'annulation.

QUESTIONS DE RAPPEL

1. Définissez les trois (3) principaux effets de commerce et établissez les distinctions nécessaires.
2. Quelles sont les différences marquantes entre le chèque et la lettre de change?
3. La Loi des lettres de change est-elle applicable seulement au Québec?
4. Quelles sont les obligations des parties à un chèque?
5. Quels sont les droits des parties à la lettre de change?
6. Quels sont les droits et obligations des parties au billet à ordre?
7. Quelle est la date d'échéance d'une lettre de change à demande et à terme? Expliquez.
8. Que signifie la notion de détenteur régulier?
9. Qu'est-ce que l'accepteur d'une lettre de change? Quels sont ses droits et obligations?
10. Un chèque peut-il être signé sur un autre document que celui qui est fourni par la banque ou la caisse d'épargne qui en est le tiré?
11. À quelles conditions peut-on signer un effet de commerce à terme où l'échéance ne sera pas indiquée par une date précise?
12. Le tiré d'une lettre de change bénéficie-t-il d'un certain délai pour manifester son acceptation ou son refus?
13. Qu'est-ce qu'un souscripteur?
14. Quelle distinction essentielle la loi fait-elle entre la lettre et le billet du consommateur avec les trois (3) autres effets de commerce?
15. Qu'est-ce qu'un achat de consommation en vertu de la Loi des lettres de change?
16. Pourquoi dit-on que le patrimoine du débiteur est le gage commun de ses créanciers?
17. Déterminez la partie saisissable du salaire de M. Denis Lanthier. Il est marié, père de cinq (5) enfants et gagne 320 $ brut par semaine, mais net, il ne lui reste que 255 $.
18. Est-ce que les biens mobiliers du débiteur jouissent d'une certaine protection dans le cas d'une saisie? Si oui, laquelle?
19. Quelle distinction peut-on faire entre un huissier et un shérif?
20. Qu'est-ce qu'un créancier privilégié?

21. Qu'est-ce que le privilège du vendeur impayé?
22. Qu'est-ce que le droit de rétention? Illustrez par un exemple.
23. À quelles conditions le privilège de fournisseur de matériaux est-il conservé?
24. Quelles sont les conditions d'exercice du privilège du sous-contracteur en peinture?
25. Q'entend-on par la fin des travaux en matière d'exercice de certains privilèges?
26. Qu'est-ce que l'hypothèque conventionnelle? Illustrez votre réponse par un exemple précis.
27. Pourquoi dit-on qu'un créancier hypothécaire est assuré d'être remboursé de sa créance?
28. Quelle est l'utilité d'une clause de dation en paiement?
29. Faites la distinction entre le gage, le nantissement commercial et le nantissement agricole.
30. Qu'entend-on par un endosseur en matière de garantie de paiement?
31. Qui peut se prévaloir des dispositions de la loi concernant le dépôt volontaire? Donnez un exemple.
32. Si un débiteur ne travaille pas, peut-il quand même se prévaloir des dispositions applicables au dépôt volontaire?
33. Quels sont les avantages conférés au débiteur qui se conforme aux prescriptions sur les dépôts volontaires?
34. Définissez ce qu'il faut entendre par la faillite du débiteur.
35. Qu'est-ce que l'ordonnance de séquestre? Expliquez.
36. Quentend-on par un acte de faillite?
37. Qu'est-ce que l'insolvabilité?
38. Quelles sont les conséquences bénéfiques de la faillite pour les parties impliquées?
39. Quelles sont les conséquences désavantageuses de la faillite pour les parties concernées?
40. Quelles sont les fonctions d'un syndic en matière de faillite?
41. Existe-t-il des créanciers qui peuvent être entièrement payés malgré la faillite de leur débiteur? Si oui, qui sont-ils et pourquoi peuvent-ils être entièrement payés?
42. Qu'est-ce que la libération du failli?

43. Existe-t-il des dettes pour lesquelles un failli ne peut être libéré? Lesquelles et pourquoi?
44. Qu'est-ce qu'un paiement préférentiel en matière de faillite?
45. Qu'est-ce qu'une proposition concordataire?

CAS PRATIQUES

1. Claude doit 2 000 $ à Jean et cela depuis 2 ans. Jean prépare le document suivant et le fait signer par Claude.

   À défaut par le soussigné de payer la somme de 2 000 $ dans un délai de 2 mois, Ernest devra payer la somme de 2 000 $ à Jean.

   SIGNÉ: __________________

   Claude

   Jean est-il protégé par l'écrit? Expliquez.

2. Le 13 février, André émet une lettre de change tirée sur Élise, payable le 1er mai suivant en faveur de Bernard. Ce dernier transfert la lettre à Clément qui, à son tour, la transfert à David. À échéance, ce dernier la présente à Élise qui refuse de payer. David a-t-il des droits? Expliquez.

3. Jean est propriétaire d'un chalet dans les Laurentides. Il a contracté un emprunt à la banque pour un montant de 5 000 $ et a garanti le remboursement par une hypothèque sur son chalet.

   René, reconnu pour être négligent, achète ce chalet sans vérifier les titres de propriété.

   Aujourd'hui, la banque réclame les 5 000 $ à René car Jean est insolvable. De plus, la banque menace René de faire vendre son chalet.

   Quels sont les droits, obligations et recours des parties?

4. G. Pasdechance est président de Risquetout Ltée. Sa compagnie se trouve en mauvaise situation financière et les dettes s'élèvent à plus de 200 000 $.

   G. Pasdechance n'a personnellement aucune dette. Par contre, il a cautionné sa compagnie à la banque pour 150 000 $.

   Monsieur Pasdechance est célibataire et il se trouve un emploi où il gagnera brut 200 $ par semaine. Tout ce qu'il possède est une vieille voiture qui vaut environ 400 $.

   Il est harcelé par la banque et les créanciers de sa compagnie. Conseillez-le.

5. Paul Riendeau décide, le 15 mai 1980, de faire construire une maison luxueuse. À cet effet, il engage un architecte, lequel termine les plans le 10 août 1980.

   Les travaux de l'immeuble commencent le 15 août 1980. Les travaux effectués sur ledit immeuble ont donné une plus-value égale aux travaux effectués.

En présupposant que les travaux sont terminés le 15 mai 1981 et que Paul Riendeau ne paie aucun de ses créanciers, dites si les recours ou privilèges sont valables pour chacun des créanciers suivants:

a) X Ltée, entrepreneur général, a été engagée le 14 août 1980. À la fin des travaux, son compte s'élève à la somme de 22 000 $. Les représentants de cette compagnie enregistrent la créance le 29 mai 1981 mais n'informent pas le propriétaire. X Ltée intente une poursuite le 11 décembre 1981;

   X Ltée a fait appel à des sous-traitants, à savoir:

b) Z Plomberie Ltée, à la fin des travaux, avait une créance de 11 000 $. Ses représentants n'ont jamais rencontré Paul Riendeau ni parlé avec lui. Z Plomberie Ltée enregistre la créance le 18 mai 1981. De plus, elle avise le propriétaire de l'enregistrement de la créance et elle le poursuit le 15 novembre 1981;

c) R. Électrique Ltée a également reçu un sous-traité de X Ltée. Son compte s'élève à la somme de 8 000 $. Les représentants de la compagnie R. Électrique Ltée avisent par écrit Paul Riendeau qu'ils ont obtenu un contrat de la compagnie X Ltée.

   Mais R. Électrique Ltée avait fait pour 5 000 $ de travaux avant d'en aviser Paul Riendeau.

   Les représentants de R. Électrique Ltée enregistrent la créance le 16 juin 1981 et poursuivent Paul Riendeau le 4 juillet 1981 pour la totalité de la créance;

d) V Menuisier Inc. a également reçu un sous-traité de X Ltée et la créance s'élève à la somme de 14 000 $. V Menuiserie Inc. Avise le propriétaire Paul Riendeau par écrit qu'elle avait obtenu un sous-traité. La créance de la compagnie a été enregistrée et signifiée le 17 mai 1981. Elle poursuit le propriétaire, le 17 décembre 1981, pour la totalité de la créance;

e) T Livraison Inc. a livré pour 19 000 $ de matériaux de construction à la demande de X Ltée.

   T Livraison Inc. après avoir livré pour 5 000 $ de matériaux de construction, a expédié un avis au propriétaire Paul Riendeau;

   Une valeur de 8 000 $ en matériaux n'a pas été incorporée à l'immeuble. T Livraison Inc. enregistre son privilège le 19 mai 1981 et poursuit le 14 juin 1981;

f) Sylvain, employé de R. Électrique Ltée, n'a pas été payé depuis le début des travaux. Il poursuit le 14 juillet 1981 pour la totalité de sa créance, soit la somme de 1 200 $ par mois depuis le début des travaux;

g) L'ingénieur D.O., lui, n'a encore rien fait pour protéger sa créance totalisant la somme de 2 500 $.

Résolvez les problèmes.

6. La Banque Royale a prêté 50 000,00 $ à Raymond, propriétaire d'une boutique de vêtements pour hommes, et a pris en garantie tous ses inventaires en vertu de l'article 178 de la Loi des banques. Que pensez-vous de la légalité de cette opération?

7. Victor a fait faillite. Le syndic a réussi à accumuler des actifs pour 50 000,00 $. Ses créanciers sont les suivant:

   — Banque d'Épargne: hypothèque de 80 000,00 $
   — Taxes municipales: 5 000,00 $
   — Impôt; 2 000,00 $
   — Son frère Gilles: 3 000,00 $ (prêt personnel)

   Combien chacun des créanciers recevra-t-il?

7

LE TRAVAIL ET LE DROIT

INTRODUCTION

Nous procédons ici à l'étude des principales règles juridiques applicables en matière de travail. Nous verrons surtout les différentes lois régissant les accidents du travail, les relations de travail et la Loi sur les normes de travail.

Les relations patronales-syndicales se voient souvent consacrer la première page des journaux. Plus d'un chef d'entreprise et plus d'un salarié ont dû faire à leurs frais l'apprentissage de ce droit.

Il y aura lieu de discuter de l'accréditation, de l'arbitrage, de la conciliation, du lock-out et de la grève.

7.1 LES LOIS RÉGISSANT LES ACCIDENTS DU TRAVAIL

Dès 1909, le gouvernement du Québec édictait la Loi sur les accidents du travail. En 1928, l'importance du sujet a motivé l'adoption de lois relatives au travail: la Loi concernant les accidents du travail et la Loi instituant la Commission des accidents du travail. De plus, ces législations ont été considérablement remaniées, et la plus récente a été sactionnée le 19 août 1985. Elle s'intitule: Loi sur les accidents du travail et des maladies professionnelles. Elle remplace la Loi sur les accidents du travail (LRQ ch. A-3).

Cette législation vise à indemniser les victimes d'accidents survenus au travail. Auparavant, il arrivait fréquemment qu'un ouvrier, blessé au travail, ne puisse obtenir dédommagement. Dans certains cas, le responsable de l'accident, l'employeur ou le confrère de travail, s'avérait totalement insolvable. La réparation du préjudice subi devenait utopique. En d'autres occasions, le salarié blessé ne pouvait démontrer la responsabilité du défendeur. Il ne parvenait pas toujours à faire la preuve de toutes et chacune des conditions essentielles à la responsabilité délictuelle. Il arrivait souvent aussi que l'ouvrier lui-même provoquait son accident.

La loi est administrée par la Commission de la Santé et Sécurité du travail. Cet organisme est chargé de l'application de la Loi des accidents du travail, et c'est lui qui reçoit les demandes d'indemnisation, les évalue et effectue les paiements rendus nécessaires.

Pour les accidents de travail ou les réclamations survenus avant le 19 août 1985, l'ancienne Loi sur les Accidents du Travail s'applique (LRQ, ch. A-3). Pour les accidents ou les réclamations postérieures à cette date, la nouvelle loi s'applique. Nous traiterons donc sommairement des différences et des similitudes de ces deux lois.

7.1.1 L'OPTION DE L'EMPLOYÉ

Tout individu engagé pour un travail quelconque contre rémunération peut recourir à cette loi. Les bénéfices des dispositions de cette loi s'appliquent à tout employé, qu'il effectue un travail manuel, de bureau ou professionnel. Même les employeurs peuvent compter sur la protection de la loi, s'ils en font la demande et paient les cotisations requises.

L'employé blessé et ses dépendants ou personnes à charge peuvent s'adresser à la Commission de la Santé et Sécurité du travail pour réclamer leur indemnité. En vertu de la loi, cette réclamation s'avère la seule façon d'être indemnisé si la responsabilité de l'accident incombe à l'employeur ou à un coemployé. En effet, le salarié blessé lors de l'exécution de ses fonctions ne peut pas recourir aux tribunaux si l'employeur ou encore un compagnon de travail assume la responsabilité de l'accident. On appelle *coemployé* celui qui travaille pour le même employeur que l'ouvrier blessé. Par exemple, la secrétaire qui va porter la paye des ouvriers sur le chantier pourrait être blessée par un marteau qu'un des ouvriers relevant du même employeur a échappé. Son recours ne peut s'adresser qu'à la Commission de la Santé et la Sécurité du travail.

Il existe cependant une option pour le salarié blessé dans l'exécution de son travail si le responsable n'est ni l'employeur, ni un coemployé. Dans ce cas, les articles 7 et 8 de l'ancienne loi 442 ss de la nouvelle loi) permettent à l'employé de réclamer ses indemnités à la Commission. Mais de plus, il peut poursuivre en justice le responsable de l'accident pour l'excédent des dommages subis si la somme perçue de cet organisme ne le satisfait pas. Il peut également poursuivre directement en justice le responsable et réclamer par la suite, de la Commission, la différence entre ce qu'il a obtenu de cette façon et ce que la Commission aurait payé dans son cas. Rappelons pour l'exercice de tels droits, le responsable ne doit pas être l'employeur ou un coemployé de l'ouvrier blessé. Si nous reprenons l'exemple précédent, la secrétaire aurait fort bien pu être blessée dans les mêmes circonstances par la distraction de l'employé de l'entrepreneur général ou d'un sous-entrepreneur pour lequel elle ne travaille pas. Le responsable s'avérera alors un tiers-étranger à l'employeur du salarié.

La victime conservera toujours ses recours devant les tribunaux même contre l'employeur ou un coemployé si ces derniers ont commis une faute en dehors du cours normal du travail.

7.1.2 LES INDEMNITÉS PRÉVUES

Sous l'ancienne loi, la Commission pouvait verser au réclamant qui y a droit des indemnités de remplacement de revenus ou des indemnités de décès; la nouvelle loi a totalement innové en ce qu'elle a créé d'autres indemnités en plus de celles accordées auparavant:

A. Les indemnités prévues à l'ancienne loi
B. Les indemnités sous la nouvelle loi

A. Les indemnités prévues à l'ancienne loi

L'indemnité de remplacement de revenus a pour but de compenser la perte financière subie par la victime d'un accident de travail qui ne peut plus exercer ses fonctions habituelles. L'indemnité est versée sous forme de rentes payables mensuellement.

Soulignons ici que toutes les rentes sont revalorisées annuellement. En conséquence, les chiffres qui apparaissent aux paragraphes suivant ne valent que pour l'année 1985.

L'indemnité accordée équivaudra à 90% du revenu net de l'ouvrier, jusqu'à concurrence d'un maximum de 33 000 $ de revenus par année. Celui qui gagnait 36 000 $ annuellement verra le calcul de sa rente effectué à partir d'un gain brut de 33 000 $ par année. On versera les rentes à la victime tant et aussi longtemps qu'elle ne pourra retourner au travail.

On parle d'incapacité partielle permanente s'il existe une perte partielle des revenus à la suite de l'accident. Par exemple, la victime ne peut travailler plus de cinq (5) heures par jour à cause de son état de santé défaillant ou elle reste marquée sa vie durant de séquelles ou de complications. Celui qui a subi l'amputation d'un pied, par exemple, fait partie de cette catégorie.

Dans ce cas, le travailleur aura droit à 90% de son revenu net mais ramené en proportion du pourcentage d'incapacité. Un expert médico-légal de la Commission fixera le taux d'incapacité. Si l'incapacité entraîne le paiement d'une rente mensuelle inférieur à 99,97 $, la Commission devra convertir la rente en un paiement d'une somme en capital. Notons bien que le travailleur a droit à cette rente, sa vie durant.

Les indemnités de décès sont versées si la victime décède à la suite d'un accident de travail.

Quant aux frais funéraires, ils seront remboursés jusqu'à concurrence de 600 $. De plus, une indemnité spéciale de 500 $ sera accordée au conjoint survivant, ou à défaut, aux personnes à charge.

Le conjoint survivant, le veuf ou la veuve, aura droit à une rente mensuelle représentant 55% du montant auquel la victime aurait eu droit si elle avait survécu tout en demeurant incapable de travailler. Si un enfant est laissé dans le deuil, la rente du conjoint survivant s'élève alors à 65%. On ajoute 5% à ce dernier montant pour tout autre enfant à charge jusqu'à concurrence d'un maximum de 80%.

En vertu de la loi, les enfants sont dits à charge s'ils ne peuvent subvenir à leurs besoins même s'ils ont plus de dix-huit (18) ans. Il s'agit alors d'invalides ou d'étudiants réguliers.

Ces rentes payées par la Commission peuvent se convertir en un paiement forfaitaire à la demande des intéressés. La Commission peut cependant refuser cette requête car elle conserve un pouvoir discrétionnaire.

Notons enfin que les rentes payées par la Commission sont déclarées insaisissables et incessibles en vertu de l'article 20 de la loi.

B. Les indemnités sous la nouvelle loi

La nouvelle loi considère trois (3) sortes d'indemnités qui peuvent être payables à l'accidenté ou à ses héritiers: l'indemnité de remplacement de revenus, l'indemnité forfaitaire pour tenir compte d'une atteinte à son intégrité physique ou psychologique et l'indemnité de décès.

Afin de bien comprendre les réformes apportées à l'indemnité de remplacement de revenus, il convient d'examiner l'objectif poursuivi par la législature. Le but consistant à donner au travailleur les moyens de se réadapter pleinement en vue de retrouver son ancien emploi ou d'en détenir un équivalent. C'est pourquoi la nouvelle loi confère au travailleur le droit à sa réadaptation physique, sociale ou professionnelle.

Puisque le travailleur a le droit et les moyens de se réadapter, l'indemnité de remplacement de revenu sera versée jusqu'à la date où le travailleur retrouvera de nouveau son emploi ou un emploi convenable. S'il demeure incapable d'exercer son emploi mais devient capable d'en exercer un autre, son indemnité sera réduite du revenu net qu'il pourra tirer de ce nouvel emploi. L'indemnité de remplacement du revenu correspond à 90% du revenu net qu'il tirait de son emploi. Le maximum annuel assurable est de 33 000 $.

A la différence de l'ancienne loi, l'indemnité de remplacement du revenu prend fin soit au décès du travailleur, ou au moment où il redevient capable d'exercer son emploi, ou enfin lors de son 68ième anniversaire de naissance.

Une atteinte permanente à l'intégrité physique ou psychique du travailleur lui donne le droit à un montant compensatoire. Cette indemnité tient compte du déficit anatomo-physiologique, du préjudice esthétique, des douleurs et de la perte de jouissance de la vie du travailleur. Cette indemnité ne peut être inférieur à 500 $. Soulignons que cette indemnité n'existait pas sous l'ancienne loi.

En cas de décès du travailleur, le montant de l'indemnité payable au conjoint ne peut être inférieur à 50 000 $. En plus de ces montants, le conjoint aura droit à 55% de l'indemnité de rempalcement du revenu pendant un certain temps. L'enfant mineur pourra bénéficier d'une indemnité de 250 $ par mois jusqu'à sa majorité. Quant à l'enfant majeur, s'il est âgé de moins de 25 ans et est étudiant, il pourra bénéficier d'une indemnité forfaitaire de 9 000 $. Si le travailleur décédé n'avait pas de personne à charge, la mère et le père auront droit à une indemnité de 3 000 $ chacun.

Une somme de 1 500 $ est allouée pour paiement des frais funéraires.

7.1.3 LE DROIT DE RETOUR AU TRAVAIL

Le droit de retour au travail du travailleur accidenté est une réforme des plus importantes de la nouvelle législation. Un travailleur absent pour cause d'accident de travail peut accumuler son ancienneté et participer aux différents régimes de retraite ou d'assurance de son employeur. Il aura droit de réintégrer prioritairement son emploi ou un emploi équivalent chez son employeur, dès qu'il sera de nouveau capable de travailler.

Si le travailleur n'est plus capable de reprendre son travail antérieur, il pourra occuper le premier emploi convenable et disponible chez son employeur.

Ces droits ont toutefois une limite: ils ne peuvent s'exercer après une absence du travailleur de plus d'une ou deux années (selon le nombre d'employés oeuvrant à l'établissement).

7.2 LES RELATIONS DE TRAVAIL

En regard des relations de travail, nous porterons essentiellement notre attention sur le contrat de travail.

Nous verrons sommairement le contrat de travail individuel. Nous analyserons subséquemment le contrat de travail collectif: la convention collective.

7.2.1 LE CONTRAT DE TRAVAIL INDIVIDUEL

Les articles 1665(a) à 1671 de notre Code civil régissent le contrat de travail individuel.

Nous sommes forcés d'admettre que seule une minorité de travailleurs bénéficie d'un contrat de travail rédigé dans tous ses détails à l'intérieur d'une convention collective. Bon nombre d'employés travaillent pour un entrepreneur individuel, un professionnel, un commerçant ou une petite ou moyenne entreprise et ne peuvent jouir des avantages d'un contrat de travail collectif du fait de leur non-syndicalisation.

Dans la plupart des cas, les gens travaillent à la suite d'une entente personnelle intervenue avec l'employeur. Cette entente, cette convention de travail, s'avère un contrat, tantôt écrit, tantôt verbal.

Les dispositions du Code civil, brèves et sommaires, laissent le soin aux parties de convenir de toutes les particularités jugées nécessaires à l'entente. Il va de soi qu'il est recommandé de rédiger les détails de l'entente surtout lorsque le travail à exécuter s'avère d'une grande importance et la rémunération, considérable. Pourquoi ne pas spécifier la nature du travail, la forme de rémunération, les journées de congé, les vacances, l'horaire de travail, le surtemps, etc.

Le Code civil, peu loquace en cette matière, mentionne à peine le contrat de travail individuel, le louage d'ouvrage comme on l'appelle à l'article 1665(a) qui le définit comme suit:

> "...un contrat par lequel le locateur s'engage à faire quelque chose pour le locataire moyennant un prix."

En vertu de cet article, le locateur (l'employé) loue ses services, son temps contre rémunération au locataire (l'employeur).

Les parties peuvent établir entre elles toute convention jugée pertinente si elles respectent l'ordre public et les bonnes moeurs.

Cette entente, cet accord de volonté entre les parties, rappelons-le, peut faire l'objet d'un contrat écrit spécifiant les moindres détails de la convention.

À défaut de dispositions particulières entre les parties, l'une ou l'autre peut mettre fin au contrat établi pour un temps indéfini en respectant les délais suivants:

- Par un avis d'une (1) semaine si l'engagement est hebdomadaire
- Par un avis de deux (2) semaines pour un engagement au mois
- Par un avis d'un (1) mois pour un engagement sur une base annuelle

En terminant, mentionnons que le contrat de travail individuel reste soumis à plusieurs lois particulières. Entre autres, l'entente des parties, même écrite, ne peut déroger à la Loi des normes du travail, la Loi des accidents du travail, etc.

7.2.2 LA LOI SUR LES NORMES DU TRAVAIL

Le 16 avril 1980, la Loi sur les normes du travail a remplacé la Loi du salaire minimum. La nouvelle loi, qui s'applique à tout salarié régi par un contrat individuel ou une convention collective, établit les conditions minimales de travail. En plus de régir le salaire minimal, elle réglemente la durée de travail, les congés annuels et jours fériés, le repos hebdomadaire et les congés sociaux. Des normes sont également établies touchant le préavis de licenciement, les congés de maternité et le certificat de travail. Finalement, un mécanisme est prévu qui protège les salariés de plus de cinq (5) ans de service continu du congédiement injustifié. Notons cependant que de nombreuses exceptions viennent modifier certaines dispositions dans des situations particulières.

A. Le salaire minimal

Le gouvernement établit par règlement le salaire minimal du salarié. Le salaire doit lui être versé dans un intervalle maximal de seize (16) jours, sauf à l'embauche. Sauf convention expresse entre l'employé et l'employeur, un bulletin de paie doit être remis à l'employé et indiquer notamment le nombre d'heures rémunérées au taux normal, le nombre d'heures de surtemps rémunérées au taux de majoration, la nature et le montant des primes et allocations versées, etc. Il est interdit à l'employeur d'effectuer des retenues sur le salaire de l'employé à moins d'y être contraint par une loi, un règlement, l'ordonnance d'un tribunal, une convention collective ou un décret, ou à moins d'y être autorisé par un écrit signé du salarié. Soulignons enfin que le pourboire ne peut être considéré par l'employeur comme partie du salaire.

B. La durée de travail

La semaine normale de travail est de quarante-quatre (44) heures. Tout travail effectué au-delà de cette norme doit être rémunéré à taux et demi, c.-à-d. à cent cinquante pour cent (150%) du salaire horaire habituel du salarié. Remarquons que la loi n'a pas prévu la durée maximale de travail au-delà de laquelle l'employé aurait le droit de refuser de travailler.

C. Les congés annuels et jours fériés

Les employés de moins d'un an de service ont droit à une journée de congé par mois de service, jusqu'à concurrence de deux semaines de travail. Les employés d'un (1) an à dix (10) ans de service continu ont droit à (2) semaines de vacances, et ceux de plus de dix (10) ans de service continu ont droit à trois (3) semaines de vacances.

Dans tous les cas, l'employé a le droit de connaître la date de ses vacances quatre semaines à l'avance.

Dans le cas des travailleurs qui ont droit à deux (2) semaines ou moins de vacances, l'employeur est tenu de verser, en un seul paiement et avant le début du congé annuel, une indemnité de quatre pour cent (4%) du salaire brut gagné. L'indemnité est de six pour cent (6%) pour ceux qui ont droit à trois semaines de vacances. L'employé ne peut être tenu d'accepter une indemnité compensatoire contre une renonciation à son droit aux vacances.

La Loi sur les normes du travail prévoit aussi que six (6) jours sont fériés, chômés et payés, soient:

— le 25 décembre
— le 1er janvier
— la fête du Travail
— le Vendredi saint
— la fête de Dollard
— la fête de l'Action de grâces

Il faut ajouter un septième jour férié, chômé et payé, en vertu de la Loi sur la Fête nationale (ch. 5, L.Q., 1978), soit le 24 juin, fête de la Saint-Jean-Baptiste.

D. Le repos hebdomadaire et les congés sociaux

Le salarié a droit à un repos hebdomadaire d'une durée minimale de vingt-quatre (24) heures consécutives.

En outre, il peut s'absenter de son travail pendant une journée et, sans perte de salaire, aux événements suivants: le jour de son mariage, à l'occasion du décès ou des funérailles d'un enfant, de son conjoint, de son père, de sa mère, d'un frère ou d'une soeur.

Le salarié peut aussi s'absenter de son travail, mais sans salaire, trois (3) autres jours, dans les cas de décès des personnes énumérées ci-haut.

Enfin, il peut s'absenter de son travail, sans rémunération, le jour du mariage de l'un de ses enfants et, pendant deux (2) jours, à l'occasion de la naissance ou de l'adoption d'un enfant.

E. Le préavis de licenciement

Le salarié, à l'exclusion du cadre, dont le temps de service continu est supérieur à trois (3) mois a droit à un préavis de licenciement, sauf en cas de faute grave de sa part.

La durée du préavis s'établit suivant la durée du service continu du salarié:

— elle est d'une (1) semaine pour moins d'un (1) an de service
— de deux (2) semaines pour un (1) an à cinq (5) ans de service
— de quatre (4) semaines pour cinq (5) ans à dix (10) ans de service
— de huit (8) semaines pour plus de dix (10) ans de service

L'employeur qui omet d'aviser le salarié dans ces délais est tenu de verser une indemnité compensatrice égale au salaire de la période du préavis.

F. Le congé de maternité

Les conditions et modalités qui ont trait au congé de maternité sont établies par réglementation gouvernementale. Il faut souligner qu'il est interdit à un employeur de congédier, suspendre ou déplacer une salariée pour le motif de sa maternité. La loi prévoit également les conditions dans lesquelles une salariée enceinte peut demander son déplacement à un autre poste de travail de même que celles dans lesquelles l'employeur peut décider d'un tel déplacement.

G. Le certificat de travail

Le salarié peut exiger, à l'expiration de son contrat de travail que son employeur lui délivre un certificat de travail se limitant, sans autre mention, à préciser les informations suivantes:

— la nature et la durée de l'emploi
— la date d'entrée en fonction
— la date du départ
— le nom et l'adresse de l'employeur

H. Le recours du salarié en général

La Commission peut exercer pour le compte du salarié les recours appropriés contre l'employeur en défaut. L'intervention de la Commission au nom du salarié se limite toutefois à réclamer le salaire dû jusqu'à concurrence du double du salaire minimum alors en vigueur. Si le salaire dépasse cette norme, le salarié peut réclamer lui-même la différence représentant l'excédant entre son salaire et le double du salaire minimum en vigueur.

L'action civile se prescrit par un an.

I. Le recours du salarié de cinq ans de service

L'employé qui compte cinq (5) ans et plus de service continu chez le même employeur jouit maintenant d'une sécurité d'emploi relative: son congédiement doit être justifié par l'existance d'une cause juste et suffisante dont le fardeau de la preuve appartient à l'employeur.

Le salarié doit déposer, dans les trente (30) jours de son congédiement, une plainte à la Commission des normes du travail. Après une enquête et des efforts de règlement à l'amiable, l'affaire peut être référée à un arbitre qui a le pouvoir de réintégrer le salarié et de le faire indemniser pour la perte d'argent qu'il aura pu subir. La décision de l'arbitre lie les parties et reste sans appel.

7.2.3 LE CONTRAT DE TRAVAIL COLLECTIF

La loi prévoit que des employés peuvent s'unir aux fins de conclure un contrat de travail collectif avec leur employeur. Il s'établit sous forme d'un contrat écrit et s'applique à tous les salariés d'un même employeur. Il va de soi que les pouvoirs de négociation des employés dépendent directement de leur force de cohésion.

Notre siècle a souvent été marqué par des conflits ouvriers et des relations patronales-syndicales mouvementées. Dans le but d'harmoniser les relations dans ce milieu, le législateur québécois édictait en 1964 le Code du travail. Depuis, cette législation a dû subir beaucoup de changements et d'amendements.

Soulignons que le Code du travail ne constitue pas la seule loi propre en cette matière et une multitude d'autres statuts viennent régir cet aspect particulier de notre droit.

Quoique similaire à notre Code du travail québécois, il existe également un Code canadien du travail. Cette législation régit aussi les mécanismes d'accréditation et de négociation collective. Son champ d'application se limite cependant aux personnes qui oeuvrent dans des domaines relevant exclusivement de la compétence du gouvernement fédéral en vertu de la Constitution canadienne. À titre d'exemple, nommons des secteurs et des entreprises qui relèvent de ce Code fédéral du travail:

- Les postes
- Radio-Canada
- Bell Canada
- Les compagnies de navigation
- Les entreprises d'aéronautique
- Les entreprises de transport interprovincial ou international

Nous étudierons les notions générales relatives au contrat de travail collectif. Nous procéderons dans un ordre logique en voyant les unes après les autres les différentes phases qui peuvent entraîner la conclusion d'une convention collective.

A. Le droit d'association

Les premiers articles du Code du travail, et plus particulièrement l'article 3, s'empressent de poser le principe du droit d'association.

Tout employé a le droit d'appartenir à une association de salariés de son choix et de participer à ses activités. En fait, tout employé ou salarié peut adhérer à un regroupement dans le but de former un syndicat, une union.

Qu'on l'appelle association, union ou syndicat, ce regroupement veillera à l'intérêt de ses membres et conclura pour eux une convention collective de travail avec l'employeur.

En principe, et sauf exception; tout employé peut faire partie d'une telle association. Au surplus, il peut lui-même mettre sur pied l'association et y instaurer des activités. Le regroupement pourra être formé et dirigé par les employés eux-mêmes dans le cas d'une association propre à une entreprise en particulier. Par contre, les salariés peuvent choisir de se regrouper sous la coupe d'un syndicat ou d'une centrale reconnue, par exemple la C.S.N., la F.T.Q. ou la C.S.D.

Dans le but de protéger le droit d'association, la loi prévoit que ce droit implique les corollaires suivants:

— L'employeur ne doit pas tenter d'influencer ou de contrôler l'association de quelque manière que ce soit (financement, intimidation, promesses, etc.)

— Le droit d'association ne crée pas une obligation d'adhésion à un groupe. L'employé ne doit pas être forcé, influencé ou poussé à devenir membre par quelque moyen que ce soit

Un employé ne peut être congédié ou *subir des mesures discriminatoires ou des représailles, ou toute autre sanction*, pour le seul motif qu'il désire devenir membre d'une association quelconque ou qu'il s'occupe d'activités syndicales.

Le Code du travail prévoit des sanctions sévères dans les cas de contravention.

B. L'accréditation

L'objet du regroupement ou la formation d'une association, d'une union ou d'un syndicat se ramène à la négociation et à la signature d'un contrat de travail, d'une convention collective.

Cependant, l'association formée ne pourra atteindre ces objectifs qu'après avoir été reconnue comme association représentative par le ministère du Travail. Cette reconnaissance s'établit par la formalité de l'accréditation. Cette dernière reconnaît à l'association le droit d'agir, de négocier et de signer un contrat de travail collectif. Cette reconnaissance légale apportée par l'accréditation permet au groupement de représenter non seulement ses membres mais aussi tous les employés, même les non-membres.

En effet, le droit du travail s'avère, à l'occasion, dérogatoire au droit commun et, dans ce cas, le syndicat doit même agir pour des gens qui n'y ont pas consenti.

Pour être accréditée, l'association devra démontrer qu'elle regroupe la majorité absolue des salariés de l'entreprise ou du groupe particulier d'employés qu'elle désire représenter. La moitié des employés concernés plus un (1) doivent adhérer à l'organisme qui sollicite l'accréditation. Souvent, la requête en accréditation ne vise pas tous les employés d'une entreprise. À l'occasion, elle n'implique que des groupes particuliers: les employés d'usine, le personnel de bureau, les vendeurs, etc.

Parfois, et par exception, une accréditation pourra être accordée à une association qui ne regroupe qu'entre 35% et 50% des employés. Nous n'étudirons cependant pas les exceptions puisqu'en ce domaine, elles apparaissent souvent plus nombreuses que les principes de base.

Une fois accréditée, comme nous le disions, l'association doit représenter tous les salariés et non seulement ses membres. En plus, la représentation de tous les salariés devient un devoir de l'association et elle comporte des obligations pouvant même engager sa responsabilité. À cet effet, en 1977, le législateur prévoyait aux articles 47.2 et suivants, une procédure en vertu de laquelle un salarié peut porter plainte contre l'association qui le représente s'il prétend que celle-ci a agi de mauvaise foi, de manière arbitraire ou discriminatoire à son égard.

Également, depuis 1977, l'association accréditée a le droit de percevoir une cotisation syndicale de chacun des salariés qu'elle représente, même des non-membres. Il s'agit dans ce cas d'une consécration législative de ce qui existait déjà à l'intérieur de plusieurs conventions collectives. Le paiement de la cotisation syndicale devient, en fait, une condition essentielle d'emploi.

Certaines conventions collectives vont encore plus loin et elles prévoient l'obligation pour le salarié d'adhérer à l'association accréditée.

Les officiers d'accréditation

Ce sont des fonctionnaires du gouvernement au ministère du Travail qui sont chargés de recevoir les requêtes en accréditation. Ils ont pour tâche de les accorder ou de les refuser. Ces personnes se retrouvent sous trois (3) titres particuliers:

— Les agents d'accréditation
— Les commissaires du travail
— Le commissaire général du travail

Les agents d'accréditation s'occupent des cas simples. L'agent fait enquête, puis il accorde l'accréditation s'il constate:

— Qu'il n'y a pas de désaccord
— Que l'association représente réellement la majorité des employés concernés
— Que les salariés peuvent faire l'objet d'une association en vertu du Code du travail
— Qu'aucune plainte n'est portée contre l'employeur pour financement ou domination de l'association-requérante

Les commissaires du travail ont la charge des cas plus complexes et litigieux. Ils possèdent de très grands pouvoirs d'enquête pour décider du caractère représentatif de l'association. Ils peuvent ordonner la production de documents, faire témoigner des personnes sous serment et même obliger les parties à la tenue d'un vote secret pour vérifier le caractère représentatif de l'association.

Le commissaire général du travail s'avère, lui, le grand responsable dans ce domaine. Il exerce une autorité administrative à l'égard des commissaires du travail et des agents d'accréditation.

Rappelons qu'il appartient au Tribunal du travail de réviser au besoin les décisions rendues en matière d'accréditation si l'une ou l'autre des parties se déclare insatisfaite.

C. La négociation collective

Nous le disions précédemment, un des premiers buts recherchés par l'association dûment accréditée est d'entreprendre la négociation de la convention collective.

Le Code du travail prévoit textuellement que les négociations doivent commencer et se poursuivre avec diligence et bonne foi.

L'employeur ne peut se soustraire à son obligation de négocier et, au surplus, il doit le faire avec sérieux. L'employeur ne peut négocier qu'avec l'association accréditée et on lui interdit de rechercher une entente par l'obtention d'un accord individuel ou direct avec les employés.

Les négociations s'entreprennent après l'expédition d'un avis écrit d'au moins huit (8) jours par l'une ou l'autre des parties lorsqu'il s'agit d'une première convention collective. S'il s'agit du renouvellement d'une convention déjà existante, l'une ou l'autre des parties peut donner cet avis dans les quatre-vingt-dix (90) jours précédant l'expiration de la convention en vigueur. Ce délai peut cependant différer si la convention qui expire le prévoit.

Soulignons que le droit à la grève ou au lock-out est acquis quatre-vingt-dix (90) jours après l'envoi de l'avis précité.

Généralement, à ce stade des procédures, on assiste à la signature du contrat de travail. Parfois, lors d'une impossibilité d'entente, il faut passer à l'étape de la conciliation.

D. La conciliation = médiation (obligatoire)

En tout temps, pendant la négociation, l'une ou l'autre des parties peut demander la conciliation si les pourparlers s'avèrent infructueux ou s'il y a mauvaise foi de l'une des parties. À remarquer que la conciliation peut également être ordonnée d'office par le ministère du Travail.

Dans ces circonstances, le ministre du Travail nomme un conciliateur dont la tâche consiste à rapprocher les parties en vue de la signature d'une entente. Il agit à titre de médiateur et il ne possède aucun pouvoir de contrainte à l'égard des parties impliquées. Celles-ci doivent cependant assister aux réunions convoquées par le conciliateur.

Ce dernier ne peut pas imposer une convention collective. Il ne jouit que d'un pouvoir de recommandation. La conciliation terminée, le conciliateur doit faire rapport au ministère du Travail.

Soulignons que, depuis 1977, la conciliation ne constitue plus une procédure obligatoire. Quatre-vingt-dix (90) jours après la réception par le ministère de l'avis de négociation, le droit de grève ou de lock-out sera acquis si aucune entente n'est intervenue. L'expiration de ce délai n'impose pas la grève ou le lock-out. Les négociations ou la conciliation peuvent se poursuivre pendant plusieurs mois avant qu'une des parties ne décide d'utiliser son droit de grève ou de lock-out.

E. L'arbitrage

L'arbitrage constitue une étape en vertu de laquelle les parties remettent le sort de leur convention collective entre les mains d'un conseil d'arbitrage.

En principe, l'arbitrage n'est pas obligatoire. Il n'existe que du consentement des parties. Il s'agit de la soumission volontaire des deux (2) parties à ce qu'un conseil d'arbitrage détermine la convention collective.

Contrairement à la conciliation, l'arbitrage entraîne une décision finale et exécutoire. Il ne s'agit plus que de simples recommandations. La décision rendue tiendra lieu de convention collective pour au moins un (1) an et au plus deux (2) ans. La décision rendue, appelée sentence arbitrale, a les mêmes effets qu'une convention volontaire signée par les parties.

Il faut distinguer entre l'arbitrage qui détermine le contrat de travail et *l'arbitrage des griefs*. Ce dernier, très fréquent, vise la solution d'un désaccord entre les parties portant sur une divergence dans l'interprétation ou l'application des clauses d'une convention déjà existante.

Nous traitons ici de l'arbitrage nécessaire à la conclusion ou au renouvellement d'une convention collective.

Nous sommes forcés d'admettre que l'arbitrage, aux fins d'établir une convention collective, s'utilise très rarement au Québec. Les parties doivent toutes deux être consentantes et elles s'engagent à respecter la décision arbitrale: finale, irrévocable et sans appel. La sentence rendue élimine les droits de grève et de lock-out.

Le processus de l'arbitrage ne peut intervenir qu'après une conciliation infructueuse.

Non obligatoire, l'arbitrage relève du consentement des parties. Par exception cependant, l'arbitrage s'avère obligatoire pour les pompiers et les policiers, ceux-ci n'ayant pas le droit de gève.

Dans le cas d'une première convention collective, l'une des parties peut exiger l'arbitrage même si l'autre s'y objecte.

Le fonctionnement de l'arbitrage

À cette étape, un conseil d'arbitrage rendra une décision. Il se compose d'un arbitre, lequel peut être assisté de 2 assesseurs, dont l'un est nommé par la partie patronale, et l'autre par la partie syndicale. L'arbitre est nommé sur entente des parties, ou à défaut, par le Ministre. Ce dernier membre devient le président du conseil d'arbitrage.

Après avoir entendu les représentations et les argumentations soumises par les parties, le conseil d'arbitrage rend sa décision: la sentence arbitrale. Cette décision sera rendue par la majorité des membres. À moins d'entente majoritaire du conseil, la décision du président tiendra lieu de sentence arbitrale.

F. La grève, le lock-out et le piquetage

En cas de mésentente dans l'élaboration de la convention collective, les parties peuvent recourir à la grève ou au lock-out, sur préavis de quarante-huit (48) heures au Ministre.

La grève consiste en la cessation concertée du travail par les employés. Une grève ne devient légale que lorsqu'une association dûment accréditée l'exerce et après expiration du délai de quatre-vingt-dix (90) jours depuis la réception au ministère de l'avis de négociation donné à l'employeur. Lors d'une grève légale, les employés ne peuvent être congédiés parce qu'ils refusent de travailler. La grève entraîne le droit au piquetage. Ce piquetage doit cependant se dérouler dans l'ordre et les grévistes doivent respecter la propriété de l'employeur.

Le *piquetage* est un moyen de publicité et de persuasion pacifique à l'égard du public en général et de certains travailleurs en particulier. S'il constitue le prolongement normal des droits et libertés de conscience ou d'information, il ne peut porter atteinte aux droits de propriété de l'employeur. Le piquetage ne peut empiéter sur la propriété de l'employeur, ou empêcher ses préposés d'accéder à l'établissement en bloquant les voies d'accès.

Le *lock-out* est la contrepartie de la grève. L'employeur cesse alors de fournir du travail à ses employés et leur interdit même l'accès à son entreprise.

Depuis 1977, l'emploi de briseurs de grève (scabs) est interdit par la loi. Ces briseurs de grève, engagés par l'employeur pour effectuer le travail à la place des grévistes, constituaient une source de frictions sociales que le législateur a voulu éliminer dans sa réforme.

G. La convention collective

À la suite de la négociation, de la conciliation, ou à l'occasion d'un arbitrage ou d'une grève, la convention collective prendra finalement naissance.

Ce contrat de travail, dit collectif, lie tous et chacun des employés actuels ou futurs de l'entreprise ou le groupe de salariés concerné. La convention collective ne vaut que pour un temps déterminé. Elle ne peut s'étendre pour une durée de plus de trois (3) ans, et ne peut durer moins d'un (1) an.

Cette convention, comme tout contrat, se compose de différentes clauses. Ces clauses se disent contractuelles ou réglementaires.

Les clauses contractuelles régissent principalement la durée de la convention, la sécurité syndicale et le règlement des griefs.

Les clauses réglementaires traitent, quant à elles, des salaires, des heures de travail, des congés, des vacances du temps supplémentaire, etc.

L'association accréditée peut exercer tous les recours que la convention collective accorde à chacun des salariés. Tous ces droits et recours qui peuvent naître de la convention collective sont soumis à une prescription extinctive de six (6) mois.

Dès sa signature, la convention collective doit être déposée en cinq (5) exemplaires au ministère du Travail. Ces formalités accomplies, la convention collective entrera alors en vigueur.

Rappelons, en terminant, que l'entente intervenue lie tous les salariés, membres et non-membres de l'association. De plus, les employés qui seront engagés ultérieurement à la signature du contrat seront liés par ce dernier.

H. La grève dans les services publics et para-publics

Les services publics ou para-publics comprennent entre autres, les corporations municipales, les entreprises qui fournissent eau, gaz ou électriciré, le transport par ambulance, les employés nommés et rémunérés selon la Loi sur la fonction publique, les hôpitaux et les Commissions scolaires.

Le Code du travail interdit formellement à l'employeur d'utiliser les services d'un salarié en grève. À ce principe, il existe cependant exceptions qui concernent les services publics et para-publics tels que nous venons de les définir. En effet, les services d'un salarié en grève pourront être utilisés par l'employeur s'il existe une entente dûment approuvée par le Conseil des services essentiels.

Le Conseil des services essentiels est un organisme qui aide les parties à conclure une entente pour assurer à la population un minimum de services quand la santé ou la sécurité publique l'exige. Ce Conseil a le pouvoir d'évaluer la suffisance des services essentiels qui sont prévus dans l'entente entre les parties. De plus, une récente législation (Projet de loi 37, 1985, Ch. 12) l'a nanti de pouvoirs de contrainte: il peut ordonner à toute partie de respecter la loi, ou la convention collective, ou encore l'entente sur les services essentiels. De plus, il peut ordonner à toute personne impliquée dans le conflit de faire ou de ne pas faire une chose compte tenu des circonstances, et toujours dans le but d'assurer le maintien de services au public.

Exceptionnellement, en matière de services publics ou parapublics, la grève doit être précédée d'un avis de sept (7) jours et le droit au lock-out de l'employeur est éliminé.

QUESTIONS DE RAPPEL

1. Qu'est-ce qu'un accident de travail?
2. Qu'est-ce que l'option de l'ouvrier? Expliquez et donnez deux (2) exemples.
3. Quelles sont les indemnités payables par la Commission de la Santé et Sécurité du travail à la suite du décès de l'employé?
4. Comment les indemnités de remplacement de revenu sont-elles calculées par la Commission?
5. Qu'est-ce que le paiement d'un indemnité forfaitaire?
6. Un individu de vingt-deux (22) ans peut-il être compté comme une personne à charge en matière d'accident du travail? Expliquez.
7. Que signifient les expressions *insaisissable et incessible*?
8. Qu'est-ce qu'un contrat de travail individuel? Donnez deux (2) exemples.
9. Un contrat de travail individuel de durée indéterminée peut-il prendre fin pour chacune des parties? Comment et sous quelles conditions?
10. Quelle distinction peut-on faire entre les deux (2) Codes du travail?
11. Qu'est-ce qu'un syndicat?
12. Rédigez un exemple précis de faits pouvant donner lieu à une demande en accréditation.
13. La conciliation est-elle obligatoire? Expliquez.
14. Comment fonctionne un conseil d'arbitrage?
15. Quel est l'intérêt d'un arbitrage et quelles en sont les conséquences?
16. Pourquoi dit-on du droit du travail qu'il est souvent dérogatoire au droit commun?
17. Quel est le rôle d'un commissaire du travail? Quels sont ses pouvoirs?
18. Qu'est-ce que la majorité en matière d'accréditation d'une association?
19. Par quel processus s'entament les négociations sur la convention collective?
20. Qu'est-ce qu'un lock-out? Donnez un exemple.
21. Quels sont les pouvoirs d'un conciliateur?
22. Pourquoi les employés sont-ils tenus de payer une cotisation syndicale s'ils ne sont pas membres de l'association accréditée?

23. Que peut-on dire d'une sentence arbitrale?
24. Que sont les briseurs de grève (scabs)?
25. Quel est le rôle du ministère du Travail en matière de contrat de travail collectif?
26. À quoi s'expose l'employeur qui omet de donner à son employé un pré-avis de licenciement?
27. Est-ce que tout employé congédié jouit d'une sécurité d'emploi relative quant au motif du congédiement?
28. Les employés d'un service public ou para-public peuvent-ils se mettre en grève? Expliquez.

CAS PRATIQUES

1. Lucien travaille pour la compagnie Les Produits VMR Ltée.

   Cette compagnie regroupe près de 50 employés. Lucien aimerait former un syndicat à l'intérieur de la compagnie.

   Indiquez en vos propres mots comment pourrait s'obtenir l'accréditation. Expliquez.

2. Michel a droit à la somme de 850 $ de bénéfices sociaux en vertu de sa convention collective et cela depuis le 10 juin 1980.

   Le 15 avril 1981, Michel s'adresse au syndicat pour obtenir ladite somme.

3. Marcel est machiniste pour la même compagnie depuis 12 ans. La semaine dernière, un entrepreneur en plomberie, qui faisait des travaux à l'atelier de Marcel, provoqua l'explosion d'un réservoir d'eau. Marcel fut blessé assez grièvement et l'on prévoit qu'il sera absent de son travail pour environ trois mois.

   Marcel vous consulte pour savoir quels sont ses droits et recours.

   Expliquez.

4. L'épouse de Marc devient veuve à la suite d'un accident de son mari au travail. Elle est mère de trois jeunes filles mineures et elle n'est jamais allée travailler à l'extérieur.

   Quels sont ses droits face à la Commission de la Santé et Sécurité du travail et quelles sont les indemnités auxquelles elle a droit?

5. La conciliation terminée, les employés de VMR Ltée demeurent mécontents. Cependant, leur différend avec la partie patronale n'est, quant au salaire, que de 0,12 $ l'heure, seul point encore litigieux.

   Conseillez-les et motivez votre opinion.

8

L'INCIDENCE DES RÉGIMES MATRIMONIAUX

INTRODUCTION

La présente partie ne relève pas à proprement dit du droit de l'entreprise. Elle ne se rattache pas directement au monde du commerce et de l'industrie.

Cependant, en pratique, elle s'avère d'une assez grande importance. Nous analyserons les régimes matrimoniaux existants et nous déterminerons les catégories de biens qui les composent.

Lorsqu'on parle de solvabilité d'un débiteur marié, le créancier doit tenir compte de son régime matrimonial. Les biens possédés par les époux peuvent tous être saisissables, ou au contraire, une partie seulement peut faire l'objet de recours judiciaires.

L'homme d'affaires peut plus difficilement obtenir du crédit s'il est marié sous le régime de la séparation de biens. Par contre, si les choses tournent mal, tous les biens appartenant à son épouse ou les avantages conférés à cette dernière ne risquent aucunement de lui être enlevés. Il en va autrement des époux mariés sous le régime de la communauté de biens.

8.1 RÈGLES COMMUNES AUX RÉGIMES

Avant d'entreprendre l'étude de chacun des différents régimes matrimoniaux existants, il y a lieu d'introduire le lecteur à la définition d'un régime matrimonial. Ensuite, nous devrons déterminer les règles juridiques primordiales dans ce domaine et communes à chacun des régimes matrimoniaux.

Les gens qui contractent mariage possèdent nécessairement un régime matrimonial, lequel peut être défini comme suit:

Un ensemble de règles de droit qui gouvernent les rapports pécuniaires entre les époux et entre les époux et les tiers.

Toutes ces règles se retrouvent principalement dans le Code civil sous une soixantaine (60) d'articles.

A. Notions d'ordre public

Notons immédiatement que certains articles du code, dits d'ordre public, obligent les époux qui ne peuvent y déroger, peu importe leur régime matrimonial. Même si en principe les époux peuvent établir toute convention qu'ils jugent à propos à l'intérieur de leur régime matrimonial, ils ne pourront jamais contrevenir aux règles dites d'ordre public. Elles sont contenues dans le Code civil, livre II, chapitre 6 intitulé: De la famille. Ces règles établissent essentiellement les droits, obligations et devoirs respectifs des époux. Les principales sont les suivantes:

— les époux se doivent mutuellement respect, fidélité, secours et assistance; ils sont tenus de faire vie commune

— ensemble les époux assurent la direction morale et matérielle de la famille, exerçant l'autorité parentale et assurant les tâches qui en découlent

— les époux choisissent de concert la résidence familiale et contribuent aux charges du mariage en proportion de leur facultés respectives

— chaque époux peut s'acquitter de sa contribution par son activité au foyer

— l'époux qui contracte pour les besoins courants de la famille engage aussi, pour le tout, son conjoint

— de nombreuses règles viennent régir la résidence familiale (Ainsi, un époux ne peut, sans le consentement de son conjoint, nantir, aliéner ni transporter hors de la résidence principale les meubles de ménage. Le consentement du conjoint est nécessaire pour sous-louer ou mettre fin au bail si le locateur a été avisé du fait que le logement servait de résidence principale.)

— en cas de dissolution du mariage, le tribunal a discrétion pour attribuer à l'un ou l'autre des conjoints le droit à la résidence principale

On constate donc que le législateur a voulu consacrer, dans ces dispositions d'ordre public, le principe de l'égalité des époux. Ces dispositions font partie des modifications que le Code civil a subies par l'entrée en vigueur de certaines parties du nouveau Code civil que prépare, depuis 1955, l'Office de révision du Code civil.

Les nouvelles dispositions ont aussi touché les régimes matrimoniaux. Aussi, le législateur a abrogé les dispositions du régime de la communauté de bien; mais il est important de souligner que ce geste ne fait pas disparaître le régime: toute convention matrimoniale non prohibée par la loi étant toujours permise aux époux, il leur est toujours possible de se marier en communauté de biens en stipualnt, dans le contrat notarié, que les anciens articles de Code civil s'appliqueront. Il en est de même pour les conjoints mariés sous ce régime: les anciens articles du Code continuent de s'appliquer à eux. C'est pour cette raison que nous traiterons de ce régime autrefois très répandu.

B. Le 1er juillet 1970

Cette date marque une étape importante de la législation en matière de régimes matrimoniaux. En 1970, la législation apportait deux (2) principaux changements.

Premièrement, depuis cette date, les époux même ceux mariés avant le 1er juillet 1970, peuvent modifier ou changer complètement leur régime matrimonial. Auparavant, la chose s'avérait impossible.

Ce changement ne peut cependant avoir lieu qu'à certaines conditions. Entre autres, les changements apportés ne doivent pas porter atteinte aux intérêts de la famille ni aux droits des créanciers. Cette modification ne peut avoir lieu que par un acte passé devant notaire. Les créanciers, s'ils en subissent préjudice, peuvent, dans le délai d'un an à partir du jour où ils ont eu connaissance des modifications apportées au contrat de mariage, les faire déclarer inopposables à leur égard.

Les époux peuvent même inventer leurs propres règles en autant qu'ils respectent les dispositions d'ordre public. Cependant, nous devons admettre que ces cas demeurent très rares et nous pouvons dire que les régimes matrimoniaux existants sont:

— La séparation de biens
— La société d'acquêts
— La communauté de biens

Deux (2) de ces régimes, dits conventionnels, relèvent donc d'une convention entre les époux avant le célébration du mariage. Les époux peuvent choisir leur régime matrimonial dans un contrat de mariage exécuté par un notaire.

Si les époux négligent ou décident de ne pas signer de contrat de mariage, la loi leur impose quand même un régime matrimonial. C'est ce qu'il convient d'appeler le régime légal.

Deuxième grand changement depuis 1970: la loi a adopté la société d'acquêts comme régime matrimonial légal. Ce régime existait auparavant mais il était conventionnel. Le régime légal avant 1970 était la communauté de biens. Ce dernier est aujourd'hui devenu conventionnel.

Soulignons que les conjoints mariés avant 1970 sous le régime de la communauté de biens continuent d'être régis par ce régime. La société d'acquêts ne leur est pas applicable. Elle ne l'est que pour ceux qui se sont mariés sans contrat de mariage après le 1er juillet 1970.

C. La dissolution des régimes

Comme l'entreprise individuelle ou la société, les régimes matrimoniaux n'existent pas éternellement entre les parties. À un moment donné, ils sont dissous. Ils cessent d'exister. C'est à ce moment qu'il y aura lieu de départager les biens des époux pour que chacun puisse les reprendre ou qu'ils soient transmis par succession à qui de droit.

Il y aura lieu de liquider le régime, de déterminer la propriété des biens et d'effectuer le partage des droits et obligations des époux entre eux ou avec leurs héritiers. Le partage et la liquidation pourront avoir lieu à l'amiable ou par voie judiciaire s'il n'y a pas d'entente possible. Nous verrons pour chacun des différents régimes matrimoniaux les règles applicables lors de cette dissolution.

Pour chacun des régimes, les causes de dissolution sont les mêmes:

— Le décès
— La séparation légale
— Le divorce
— L'annulation du mariage

— Le changement de régime
— L'absence d'un des conjoints

Toutes ces circonstances entraînent la dissolution et la liquidation du régime matrimonial quel qu'il soit. Elles ne nécessitent pas d'explications particulières, sauf pour l'absence qui peut exister sous deux formes.

Premièrement, le conjoint peut disparaître dans des circonstances qui laissent présumer son décès. Par exemple, un avion tombe en pleine mer et il est prouvé que le conjoint se trouvait à bord. Plusieurs corps dont celui du conjoint manquent à l'appel mais les circonstances laissent fortement présumer du décès du conjoint. Dans un tel cas, un certificat de décès ne peut être signé mais les intéressés peuvent demander un jugement en déclaration de décès à la cour. Cette demande, effectuée en vertu de l'article 70 du Code civil, ne requiert aucun délai spécifique à respecter et le régime matrimonial se dissout dès le prononcé de ce jugement. La succession peut alors être transmise.

Deuxièmement, l'un des époux peut disparaître mais sans qu'aucune circonstance ne laisse présumer sa mort. L'époux peut partir pour son travail et ne jamais réapparaître. Il est absent en vertu de la loi mais on ne peut le faire déclarer décédé. Dans ces circonstances, les héritiers ne pourront entrer en possession avant l'expiration des cinq (5) ans qui suivent sa disparition, et ce, compte tenu de l'article 93 du Code vicil. Ce n'est qu'après ces délais que la demande en dissolution et liquidation du régime peut être formulée en vertu de l'article 109 du Code civil par les héritiers, le conjoint survivant ou tout autre intéressé. Quant aux assurances-vie du disparu, leur bénéfice ne pourra être réclamé, en vertu de l'article 929 du Code de procédure civile, avant l'expiration d'un délai de sept (7) ans.

8.1.1 LA SÉPARATION DE BIENS

La séparation de biens constitue le régime matrimonial le plus simple. Rappelons qu'il ne peut être et n'a toujours été que conventionnel. Les parties intéressées doivent donc passer par les formalités du contrat de mariage notarié.

Ce régime relève essentiellement des prescriptions prévues aux articles 518 à 520 du nouveau Code civil du Québec.

L'article 519 s'avère, à ce chapitre, le plus important. Il définit et résume ce qu'est ce régime:

> "...chaque époux a l'administration, la jouissance et la libre disposition de ses biens tant mobiliers qu'immobiliers."

Chacun des conjoints gère, administre et dispose librement de tous ses biens, acquis avant ou pendant le mariage. Ni l'un ni l'autre ne possède de droits quelconques sur les biens ou les revenus du conjoint. Ils demeurent deux (2) personnes distinctes et les obligations de l'un ne sont pas susceptibles d'exécution sur les biens de l'autre.

Le mari peut s'avérer totalement insolvable ou faire faillite personnelle et le patrimoine de l'épouse n'en sera pas affecté.

Sous ce régime, et surtout aux fins de protéger la femme au foyer, on retrouve, dans presque tous les cas, des donations au contrat. Le mari fait généralement don à l'épouse des meubles de ménage jusqu'à concurrence d'un certain montant. D'habitude, cette somme se situe entre 5000 $ et 10 000 $. À l'occasion, il fait donation d'un montant d'argent payable dans les années à venir ou dans l'éventualité de son décès. Le mari est lié par ces donations et il ne peut les révoquer si ce n'est du consentement de l'épouse. Quelles que puissent être les volontés exprimées dans son testament, le contrat de mariage a priorité. Il pourrait léguer toute sa succession à un étranger et son épouse conservera le droit de retenir ce qui lui est dû en vertu de son contrat de mariage.

La dissolution de ce régime ne pose en principe aucun problème puisque les biens du ménage appartiennent à l'un ou à l'autre. Il n'y a pas d'acquêts ou de biens communs à partager comme dans les autres régimes matrimoniaux.

Dans le cas où aucun des époux ne pourrait justifier d'une propriété exclusive sur un bien quelconque, par exemple un compte en banque conjoint, ce bien sera présumé appartenir aux deux (2), à chacun pour moitié.

La séparation des biens peut également être demandée en cour par l'un des conjoints quand l'application des règles du régime matrimonial s'avère contraire à ses intérêts ou à ceux de la famille. Par exemple, si le mari dilapide les biens de la communauté. Cette séparation est dite judiciaire, car décidée par les tribunaux. Elle place les conjoints dans la même situation que ceux conventionnellement séparés de biens.

8.1.2 LA SOCIÉTÉ D'ACQUÊTS

Nouveau régime légal depuis 1970, il est un compromis entre la trop grande simplicité d'un régime (la séparation) et la trop grande complexité de l'autre (la communauté). Il est régi par les articles 480 à 517 du nouveau Code civil, soit un peu plus d'une trentaine de dispositions.

A. La composition du régime

Sous ce régime, il est possible de retrouver quatre (4) catégories de biens, soit les biens propres et les biens acquêts de chacun des conjoints.

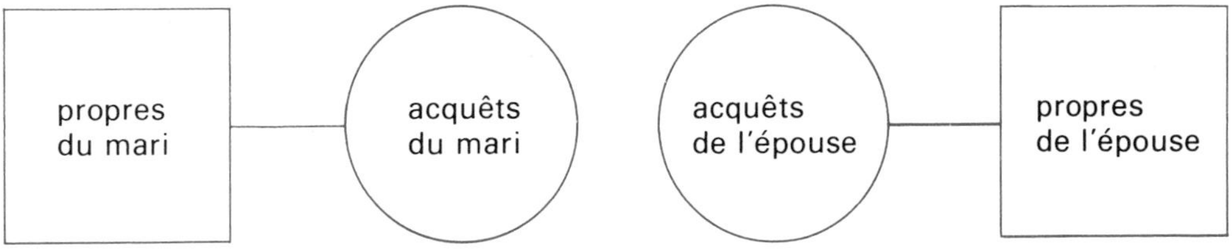

Les bien *propres* appartiennent en toute exclusivité à chacun des époux. Le conjoint ne peut y prétendre à quelque droit que ce soit. Ces biens ne sont pas susceptibles de souffrir un partage éventuel.

Les *acquêts* sont des biens laissés à l'administration et à la gestion du conjoint qui les acquiert. Ils peuvent cependant être partagés lors de la dissolution du régime.

Les bien propres ou exclusifs à chacun des époux sont principalement les suivants:

— Les biens meubles que chaque conjoint possédait avant son mariage
— Les biens immeubles que chacun possédait avant son mariage

— Les biens transmis à chacun pendant le mariage, par don ou par succesion
— Les vêtements, la lingerie et les objets personnels
— Les indemnités perçues pendant le mariage, à titre de dommages-intérêts pour torts personnels ou blessures corporelles
— Les biens acquis à titre d'accessoire ou d'annexe d'un bien propre; toutefois, si c'est avec des acquêts qu'a été acquis l'accessoire ou l'annexe et que sa valeur égale ou surpasse celle du bien propre, le tout devient acquêt à charge de récompense aux propres
— Les droits à la propriété intellectuelle et industrielle (brevets d'invention, droits d'auteur, etc.).

Les acquêts, dans ce régime, se constituent des biens suivants:

— Tous les biens non spécifiquement déclarés propres par le Code civil
— Le produit du travail (salaires, commissions, etc.)
— Les meubles ou immeubles achetés au cours du mariage
— Les fruits et revenus perçus pendant le mariage de tous les biens meubles ou immeubles (intérêts, loyers, pensions d'invalidité, etc.)
— Les produits et revenus perçus pendant le régime des droits à la propriété intellectuelle et industrielle.

B. L'administration des biens

Chaque époux est susceptible de posséder des biens propres et des biens acquêts. Durant toute la vie du mariage, chacun des époux conservera seul le droit d'administration, de gestion, de jouissance et de disposition de ses propres et de ses acquêts. Cependant, en vertu des termes de l'article 494 du nouveau Code civil, les parties ne peuvent disposer de leur vivant à titre gratuit de leur acquêts sans l'autorisation du conjoint, à moins qu'il ne s'agisse de sommes modiques ou de présents d'usage.

C. La responsabilité des dettes

Pour ce qui est de la responsabilité quant aux dettes ou aux poursuites éventuelles, l'article 496 du nouveau Code civil nous laisse entendre très clairement que:

> "Chacun des époux est tenu, tant sur ses biens propres que sur ses acquêts, des dettes nées de son chef avant ou pendant le mariage; pendant la durée du régime, il n'est pas tenu des dettes nées du chef de son conjoint..."

Comme pour la séparation de biens, les époux ne risquent pas de subir la responsabilité des actes de leur conjoint. Cependant, les acquêts peuvent servir au paiement des dettes de celui qui les contracte. Si le mari achète des meubles de ménage après la célébration du mariage, ces biens deviennent acquêts et peuvent être saisis par ses créanciers et vendus en justice, sauf pour la partie déclarée insaisissable par l'article 552(2) du Code de procédure civile.

D. La dissolution

Lors de la dissolution du régime, pour l'une ou l'autre des causes précédemment vues, l'on procédera à la liquidation et au partage des biens.

Chaque époux, ou ses héritiers dans le cas de décès, conservera ses biens propres et aura la faculté d'exiger la moitié des acquêts de l'autre ou encore d'y renoncer. Il y a lieu de renoncer si son conjoint a plus de dettes que d'actifs. Si nécessaire, la renonciation s'établit par acte notarié ou par déclaration judiciaire, par jugement. Elle doit avoir lieu dans l'année subséquente à la dissolution, sinon il y a présomption d'acceptation. Le bien sur lequel aucun des époux ne peut justifier sa propriété exclusive, est présumé appartenir aux conjoints, chacun sa moitié.

Si la dissolution et la liquidation ne peuvent avoir lieu de gré à gré, la cour s'en chargera à la demande de l'une ou l'autre des parties.

8.1.3 LA COMMUNAUTÉ DE BIENS

Ce régime, ancien régime légal, ne s'applique plus d'office aux parties à moins qu'elles ne l'adoptent en vertu d'un contrat de mariage. Le nom exact de ce régime est *la communauté de meubles et acquêts*. Les articles 1268 à 1425 (i) de l'ancien Code civil régissaient ce régime et continuent de s'appliquer à ceux qui se sont mariés sous ce régime ou pourraient s'appliquer à ceux qui désireraient l'adopter par contrat de mariage. C'est le plus complexe des trois régimes, et nous n'en étudierons que les éléments principaux.

A. La composition du régime

Sous ce régime, on compte trois (3) principales catégories de biens ainsi qu'une (1) sous-catégorie réservée à l'épouse: les biens réservés. Ces grandes catégories se résument aux biens propres de chacun des époux et aux biens communs.

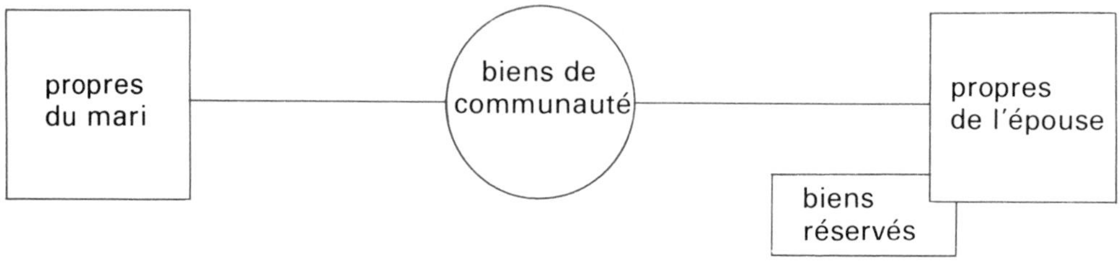

Nous verrons quels sont ces biens. Cependant, retenons que le principe général veut que la majorité des biens soient communs et susceptibles d'un partage lors de la dissolution. Les biens propres ou exclusifs à chacun des époux constituent l'exception.

Les principaux biens *propres*, hors communauté et susceptibles d'appartenir à chacun des époux sont les suivant:

- Les immeubles acquis avant la célébration du mariage
- Les idemnités en dommages-intérêts perçues après la célébration du mariage
- Les meubles légués ou donnés avec une clause d'exclusion de communauté
- Les immeubles acquis par legs ou par don avec une clause d'exclusion de communauté (clause non nécessaire si le legs est effectué par le père, la mère ou des ascendants)
- Les immeubles acquis en remplacement d'un immeuble déjà propre.

Les principaux biens *composant la communauté* ou les conquêts sont les suivants:

- Tous les fruits provenant des biens propres ou des biens communs
- Le produit du travail des époux (sauf pour les biens réservés de la femme)
- Tous les biens meubles acquis avant ou pendant la durée du mariage (sauf ceux légués ou donnés avec clause de non-communauté)
- Les immeubles acquis à titre onéreux après la célébration du mariage

— Les immeubles donnés ou légués (sauf si le legs est effectué par le père, la mère ou un autre ascendant)
— Les immeubles acquis entre la date du contrat de mariage et la date de sa célébration (article 1275(2) du Code civil)
— Tout bien non spécifiquement déclaré propre par l'effet de la loi

Les biens *réservés de l'épouse*, laissés à son entière administration, feront partie des biens de la communauté lors de la dissolution à moins qu'elle ne renonce à sa part de la communauté. Les biens réservés sont les suivants:

— Le produit du travail personnel de la femme
— Les meubles et les immeubles acquis avec le fruit de ce travail

B. L'administration du régime

L'administration, la gestion et la disposition de tous les biens de la communauté appartiennent au mari seul. Il n'a pas besoin de la collaboration de son épouse pour quelque acte que ce soit vis-à-vis ces biens. Il doit cependant recourir au concours de l'épouse pour disposer des immeubles de la communauté et des meubles de ménage. Il ne peut évidemment donner à titre gratuit les biens de la communauté sans l'autorisation de son épouse à moins qu'il ne s'agisse de présents d'usage ou de sommes modiques.

Les biens propres relèvent de la gestion de chacun des époux à qui ils appartiennent. Ils peuvent les administrer et en disposer comme bon leur semble.

Pour les biens réservés, l'épouse ne peut évidemment s'en départir à titre gratuit sans la permission du mari.

C. La dissolution du régime

Lors de la dissolution du régime, il y a lieu de procéder au partage et à la liquidation des biens de la communauté. Les biens propres n'entrent évidemment pas dans le partage et demeurent exclusifs.

Rappelons que les biens réservés de l'épouse entrent en communauté pour les fins du partage à moins qu'elle ne renonce à sa part de cette communauté.

La masse des biens communs se partage par moitié entre les époux ou leurs héritiers. Si le partage ou l'évaluation des biens ne peuvent être faits à l'amiable, la cour pourra s'en charger.

Seule la femme peut renoncer à sa part de communauté. Il y va de son intérêt de le faire si la communauté supporte trop de dettes ou si ses biens réservés offrent une plus grande valeur que ceux de la communauté. Le mari ne peut, lui, renoncer à la communauté. Il en a été l'administrateur et il devra la conserver en entier.

Après le décès du mari, l'épouse jouit de trois (3) mois pour faire l'inventaire des biens de la communauté et de quarante(40) jours après la fin de cet inventaire pour déclarer si elle y renonce. La renonciation s'effectue par acte notarié ou par une déclaration judiciaire. Si l'épouse ne se conforme pas à ces exigences, elle n'est pas réputée avoir accepté pour cela et elle peut toujours renoncer à moins qu'elle ne se soit immiscée dans les biens de la communauté.

D. La responsabilité des dettes

La communauté conserve la responsabilité des dettes mobilières des époux au jour de leur mariage. La communauté supporte également la responsabilité des dettes du mari contractées pendant l'existence du régime.

Chaque époux doit répondre de la totalité des dettes entrées en communauté de son chef. Des poursuites peuvent être intentées contre les biens de la communauté et les biens propres de celui qui a contracté la dette.

Les dettes du mari, même personnelles, peuvent être poursuivies sur les biens de la communauté.

8.2 DISPOSITIONS PARTICULIÈRES

Certaines dispositions découlant du nouveau Code civil, méritent qu'on s'y attarde. Elles concernent particulièrement le divorce et la séparation de corps.

Au cas de séparation de corps ou de divorce, l'époux non propriétaire d'un immeuble où vit la famille, peut enregistrer une déclaration de résidence familiale. Cet enregistrement gèlera toute transaction (vente, location, etc.) unilatérale du conjoint propriétaire. L'effet recherché est de permettre à la famille éprouvée de continuer à évoluer dans un climat qu'elle connaît déjà.

L'enregistrement de cette déclaration doit être effectué à l'index aux immeubles chez le régistrateur.

Dans le cas d'un époux qui est seul signataire d'un bail d'habitation, l'autre conjoint pourra avoir tous les droits et obligations résultant du bail si le logement sert de résidence principale à la famille. La signification d'un jugement à cet effet liera le locateur vis-à-vis le conjoint non signataire. Notons qu'à défaut de jugement, le bail entre des époux ou entre concubins peut changer de titulaire si un avis est donné au locateur deux (2) mois après la cessation de la cohabitation.

Enfin, soulignons l'introduction d'un tout nouveau recours appelé prestation compensatoire. En compensation de l'apport en biens ou en services d'un époux à l'enrichissement de son conjoint, l'époux pourra réclamer un dédommagement qui pourra être accordé compte tenu, entre autres, des avantages du contrat de mariage ou du régime matrimonial.

Par exemple, Jeannine l'épouse de Jacques est en instance de divorce. Pendant les huits (8) années de vie commune, elle a travaillé durant les six (6) années où Jacques étudiait en médecine. Jeannine pourrait réclamer une prestation compensatoire établie à partir de l'enrichissement actuel de Jacques qui est maintenant médecin. Il faudra qu'elle fasse la preuve au Tribunal de l'enrichissement de Jacques, de son apport en biens ou en services, et du lien de causalité entre cet apport et l'enrichissement de Jacques.

Soulignons que l'article 559 C.C.Q. spécifie que cette prestation compensatoire peut se payer par une rente, une prestation payable au comptant ou encore par l'attribution d'un droit de propriété ou d'usage de la résidence familiale.

8.3 TABLEAU RÉCAPITULATIF

	La séparation de biens (régime conventionnel)	La société d'acquêts (régime légal)	La communauté de biens (régime conventionnel)
COMPOSITION	**Deux catégories de biens:** 1. Propres du mari; 2. Propres de la femme.	**Quatre catégories de biens:** 1. Propres du mari; 2. Acquêts du mari; 3. Propres de la femme; 4. Acquêts de la femme.	**Trois catégories de biens:** 1. Propres du mari; 2. Propres de la femme; 3. Biens de la communauté (les biens réservés).
POUVOIRS	Chaque époux administre et *dispose librement* de ses biens.	Chaque époux administre et dispose librement de ses propres et de ses acquêts (sauf disposition gratuite des acquêts où le consentement du conjoint est nécessaire).	*Les propres:* Chaque époux a l'administration et la disposition de ses propres. *La masse commune:* (la communauté). *Administration:* le mari seul. *Disposition:* meubles = le mari seul (sauf meubles de ménage); immeubles = avec le concours de sa femme.
DISSOLUTION	Chaque époux conserve ses biens. Les biens sur lesquels aucun des époux ne peut justifier d'une propriété exclusive appartiennent aux deux, à chacun pour moitié.	*Propres:* Chaque époux conserve les siens. *Acquêts:* Chaque époux a la faculté d'accepter le partage des acquêts de son conjoint (pour en prendre la moitié) ou d'y renoncer par acte notarié ou déclaration judiciaire.	*Propres:* Chaque époux conserve les siens. *La communauté:* Après paiement des dettes, le surplus se partage par moitié entre les époux ou ceux qui les représentent. La femme a la faculté d'accepter ou de renoncer à la communauté. Si elle renonce, elle garde ses biens réservés.
PAIEMENT DES DETTES	Chaque époux est seul responsable de ses dettes. Le conjoint n'est pas tenu des dettes de l'autre.	Chaque époux est tenu sur ses propres et sur ses acquêts des dettes nées de son chef, avant ou pendant le mariage.	Chaque époux peut être poursuivi pour la totalité des dettes entrées en communauté de son chef. La communauté demeure responsable des dettes du mari.

QUESTIONS DE RAPPEL

1. En quoi les régimes matrimoniaux peuvent-ils intéresser le droit de l'entreprise?
2. Que vous rappelle la date du 1er juillet 1970?
3. Quelle est l'utilité des régimes matrimoniaux?
4. Quelle est la distinction entre un régime légal et un régime conventionnel?
5. Que sont des règles d'ordre public?
6. Comment peut s'effectuer un changement de régime matrimonial?
7. Expliquez ce qu'est le régime matrimonial de la séparation de biens.
8. Quelles sont les causes de dissolution des régimes matrimoniaux? Expliquez-les
9. Qu'est-ce qu'une donation dans un contrat de mariage?
10. Quelles sont les catégories de biens qui peuvent exister à l'intérieur du régime de la société d'acquêts? Expliquez-les.
11. Qu'est-ce qu'un bien propre?
12. Quelles distinctions peut-on faire entre les droits à la propriété intellectuelle et les revenus qui en proviennent?
13. Qui administre les biens faisant l'objet de la société d'acquêts?
14. Quelles sont les conséquences de la dissolution du régime de la société d'acquêts?
15. Le mari peut-il renoncer à la communauté lors de la dissolution du régime de la communauté de biens? Expliquez.
16. Que sont les biens réservés?
17. De quelle catégories sont les immeubles achetés par l'épouse entre la date de son contrat de mariage et la date de la célébration sous le régime de la communauté de biens?
18. Qu'en est-il de la responsabilité quant aux dettes à l'intérieur des trois (3) régimes matrimoniaux étudiés?
19. La cour peut-elle intervenir lors de la dissolution d'un régime matrimonial?
20. Qu'est-ce qu'un bien de communauté? Expliquez.
21. Que faut-il prouver pour avoir droit à une prestation compensatoire?

CAS PRATIQUES

1. Henri et Sophie se sont mariés le 10 juillet 1973. Ils n'ont pas fait précéder leur union d'un contrat de mariage.

   Au moment du mariage, Henri possédait:

   — une voiture d'une valeur de 8 000 $;
   — un immeuble complètement payé d'une valeur de 35 000 $ rapportant des revenus de 6 000 $ par année;
   — un chalet dans les Laurentides d'une valeur de 12 000 $.

   Henri avait une dette de:

   — 4 000 $ envers la compagnie YX Finance Ltée.

   Au moment du mariage, Sophie possédait:

   — la somme de 15 000 $ dans un compte bancaire;
   — une voiture d'une valeur de 5 000 $.

   Durant la vie commune:

   — Sophie a acheté une propriété d'une valeur de 40 000 $;
   — elle doit sur cette propriété la somme de 20 000 $.

   En présupposant que leur mariage n'a duré que 2 ans, faites le partage des biens selon leur régime matrimonial.

2. François et Marie se sont mariés le 10 mai 1972 à Montréal et n'ont pas fait précéder leur union d'un contrat de mariage.

   Dites sous quel régime ils se sont mariés.

   Qu'auraient-ils pu faire pour en choisir un autre?

3. Le 16 juin 1980, Jacques a acheté une luxueuse résidence de 65 000 $ au lendemain de la signature, chez le notaire, de son contrat de mariage. Lui et sa future épouse ont adopté le régime de la communauté de biens. La célébration du mariage a lieu telle que prévue, la semaine suivante.

   Aujourd'hui en instance de séparation, quels sont les droits des parties quant à cet immeuble? Expliquez.

4. Mariés en l'absence de tout contrat de mariage et cela depuis deux ans, Johanne et Denis travaillent pour le même employeur. Denis travaille depuis 7 ans alors que Johanne vient de commencer depuis à peine quatre mois.

   À l'intérieur de leur régime matrimonial, quelle sorte de biens constitue leur revenu d'emploi?

   Peut-on en dire de même pour chacun des conjoints? Expliquez.

5. Grégoire et Marielle se sont mariés le 4 mai 1968, sans contrat de mariage. Ils sont maintenant divorcés. Grégoire et Marielle ont respectivement 80 000,00 $ et 20 000,00 $ de biens propres. La valeur des autres biens (si l'on fait exception des biens réservés qui sont de 40 000,00 $) est de 10 000,00 $. Conseillez Marielle relativement au partage.

9

SOLUTIONS AUX QUESTIONS ET CAS PRATIQUES

PARTIE 1

Questions de rappel: réponses

1. La loi recherche le maintien des relations harmonieuses entre les membres d'une même collectivité.
2. L'imposition volontaire, par et pour les citoyens, de règles précises et fonctionnelles jugées bénéfiques à l'ensemble d'une collectivité par des représentants élus à titre d'autorité législative.
3. La constitution canadienne est une loi d'origine britannique votée à Londres par le Parlement de Westminster en 1867.
4. C'est le gouvernement que nous élisons qui aura le pouvoir de concevoir et rédiger les règles juridiques nécessaires au bon fonctionnement social de la nation. En d'autres mots, il aura le pouvoir de voter les lois.
5. Notre constitution peut être modifiée de la façon suivante: le Parlement fédéral modifiera la constitution avec l'autorisation du Sénat et de la Chambre des Communes et du Parlement des deux-tiers des provinces représentant au moins 50% de la population du Canada, d'après le dernier recensement décennal. Toutefois, si une telle modification diminuait un droit ou un privilège d'une province comme par exemple, ses pouvoirs en matière d'éducation, le gouvernement de cette province pourrait exprimer sa dissidence et l'amendement n'aurait alors aucun effet vis-à-vis elle.

6. Le pouvoir général d'ordre et de paix, le pouvoir résiduaire, ainsi que les différentes juridictions énumérées à l'article 91 de l'Acte de l'Amérique du Nord britannique de 1867.
7. Le revenu provincial, les institutions municipales, la célébration des mariages, la propriété et les droits civils.
8. Le mariage est une institution fédérale, mais sa célébration, les obligations qui en découlent et la séparation sont de juridiction provinciale.
9. Le législateur provincial peut établir des pénalité (amendes ou prison) dans ses propres lois pour en sanctionner le non-respect.
10. Un code couvre l'ensemble d'un domaine du droit comme le Code civil, par exemple pour le droit civil, et le Code criminel pour les matières criminelles. Le statut ne couvre que les cas particuliers, par exemple la Loi sur le divorce, la Loi sur l'assurance-chômage et la Loi sur la faillite.
11. Une ordonnance est une décision de l'exécutif du gouvernement modifiant ou complétant un statut; un arrêté en conseil est le document mettant en vigueur cette ordonnance.
12. Le Code criminel régit tout un domaine du droit à caractère punitif alors que le Code civil traite des pouvoirs juridiques des citoyens et de leur rapports entre eux.
13. Une loi refondue est rédigée par le gouvernement provincial, alors qu'un statut révisé est écrit par le gouvernement fédéral.
14. Oui, car ils sont rédigés par l'organisme à qui le pouvoir a été délégué par le législateur.
15. Non, mais uniquement à l'interpréter.
16. La doctrine est l'ensemble des écrits et commentaires des juristes sur les lois et règlements. Elle est utilisée à la cour comme appui à l'argumentation.
17. Oui, le droit criminel concerne les infractions prévues au Code criminel alors que le droit pénal s'occupe des infractions prévues aux lois statutaires comme par exemple, la Loi sur l'assurance-chômage.
18. Le droit des collectivités locales traite des rapports juridiques entre les citoyens et les institutions municipales et scolaires.
19. Ce sont ceux qui entendent les causes portées pour la première fois en justice.
20. La première n'entend jamais de procès par jury alors que la deuxième en entend. Le juge, aux sessions, est nommé par le gouvernement provincial. À la Cour supérieure, le gouvrenement fédéral s'en charge.

21. Contrairement aux autres cours, le Tribunal de la jeunesse ne prône pas l'imposition de sentences punitives. L'esprit de cette cour s'ouvre beaucoup plus sur la compréhension et la réhabilitation du délinquant. De caractère plus sociologique, elle n'impose une sentence punitive, telle la détention en maison fermée, qu'en dernier recours. Elle préfère encadrer plutôt qu'incarcérer.

22. Oui, s'il s'agit d'un délinquant d'habitude, insensible aux recommandations répétées du juge.

23. Dans chacun des 34 districts judiciaires du Québec.

24. Aucun avocat ne peut représenter ses clients à la Cour provinciale, division des petites créances.

25. Parce que la pension alimentaire est de juridiction exclusive de la Cour supérieure, peu importe le montant en litige.

26. La Cour supérieur.

27. Les premiers entendent les litiges entre les personnes et les organismes gouvernementaux, alors que les seconds entendent ceux entre les personnes seulement.

28. Si la valeur en litige excède 10 000 $, ou si elle est moindre que 10 000 $, si l'appelant a obtenu la permission de la Cour d'appel, à moins qu'il ne s'agisse de droits futurs.

29. La Cour d'appel et la Cour suprême du Canada.

30. Aucun témoin n'est entendu en Cour suprême du Canada.

31. La Cour d'appel du Québec.

32. En matière criminelle, les procédures s'intentent au nom de la Reine contre un accusé. La poursuite devra prouver, hors de tout doute raisonnable, la culpabilité de l'accusé et enfin les procédures ne sont pas écrites. L'accusé devra se présenter en personne à la Cour à chaque étape. En matière civile, un demandeur intente une poursuite contre un défendeur. Le réclamant doit démontrer au juge qu'il possède une prépondérance de preuve et les procédures se font par beaucoup d'écrits signifiés à la partie adverse et déposés à la cour.

33. Le demandeur doit prouver qu'il possède une meilleure preuve en qualité ou en quantité.

34. Il s'agit d'un avis sous forme de lettre provenant du réclamant ou de son avocat et expédié au débiteur, l'avisant d'exécuter ses obligations à défaut de quoi des recours seront pris contre lui. Elle n'est pas toujours nécessaire, bien qu'en principe, on doive l'utiliser.

35. Un accusé ne peut exiger de procès devant dix (10) jurés mais plutôt devant douze (12) jurés et aux conditions prescrites par le Code criminel.

36. C'est une procédure permettant à un créancier de poursuivre un débiteur en son nom personnel et au nom de tous les autres individus placés dans la même situation devant le même débiteur. La condamnation recherchée devra être précédée d'une requête autorisant le recours. La Cour supérieure a toute juridiction en cette matière.

37. La procédure d'arbitrage est d'abord moins coûteuse parce que l'arbitre n'a pas besoin d'avoir une formation juridique et que les procédures sont limitées au minimum. Elle est efficace parce qu'il est possible d'obtenir une décision rapide et motivée.

PARTIE 1

Cas pratiques: solutions-types

1. Me Lacour s'est adonné:

   a) Au droit criminel, car il s'agit d'une infraction au Code criminel.
   b) Au droit social.
   c) Au droit administratif, car il s'agit de rapports juridiques entre un individu et un organisme de l'état.
   d) Au droit commercial, car c'est un acte posé pour des fins commerciales.
   e) Au droit de travail, car il s'agit de rapports qui prennent naissance à l'occasion de l'exécution d'un travail ou en rapport avec les relations employeur-employés.

2. a) Oui, car une compagnie ne peut prendre de poursuites devant la Division des petites créances.
   b) Oui, car la Cour provinciale a juridiction pour les causes dont la valeur en litige est inférieure à 15 000 $.
   c) Il pourra demander le référé à la division des petites créances.
   d) Non.

3. a) À la Cour provinciale, car le montant réclamé est inférieur à 15 000 $.
   b) Il présentera une demande reconventionnelle à l'encontre de la réclamation.
   c) Il ne peut s'adresser à la Cour d'appel. Sa valeur en litige est inférieure à 10 000 $.

4. a) Une poursuite criminelle pour vol par effraction de 2 600,00 $ et une de méfait pour 400,00 $. De plus il pourra prendre une poursuite civile pour un montant de 3 000,00 $.
   b) En matière civile, Monsieur Lacellule demande que Monsieur Parthenais lui rembourse le montant des dommages subis. Au criminel, il demande que l'accusé soit puni.
   c) En matière criminelle, il y aura l'accusation, la comparution, l'enquête préliminaire s'il y a lieu, le procès et le jugement. En matière civile, il y aura la mise en demeure, l'action, la défense, la réponse, l'inscription au mérite et le procès.

5. Il sera jugé:

   a) Obligatoirement par un juge seul à la Cour des sessions de la paix pour les infractions criminelles et le vol simple de 50,00 $.
   b) Par un juge seul à la Cour des sessions de la paix ou par un juge et un jury à la Cour supérieure de juridiction criminelle selon son choix pour les deux (2) vols simples de 350,000 $ et 1 500,00 $ respectivement ainsi que pour l'incendie volontaire.

c) Obligatoirement par un juge et un jury à la Cour supérieure de juridiction criminelle pour le meurtre.

6. a) L'on peut demander qu'il soit renvoyé à une cour pour adultes vu qu'il est un délinquant d'habitude, insensible aux recommandations répétées du juge.
   b) Non, car les audiences devant cette cour se déroulent à huis clos.

7. a) Non, car c'est la Cour supérieure qui a juridiction exclusive en la matière.
   b) Non, car les questions de fait soulevées ne sont pas identiques, similaires, connexes et elles sont antérieures.
   c) Il peut demander d'être exclu du groupe en suivant les formalités et les délais indiqués dans l'avis aux membres.

PARTIE 2

Questions de rappel: réponses

1. La personne morale représente une personne abstraite, incorporelle dont la loi et même les gens reconnaissent l'existence telle une compagnie, un syndicat, etc.
2. Non, la personne morale n'a que des droits patrimoniaux tandis que la personne physique est titulaire de droits patrimoniaux et extra-patrimoniaux. Les droits patrimoniaux sont cependant similaires.
3. Le patrimoine juridique est l'ensemble des biens, des droits et des obligations d'une personne physique ou morale.
4. Les premiers, contrairement aux seconds, sont évaluables monétairement. Les droits extra-patrimoniaux ne s'appliquent pas à la personne morale.
5. Les biens meubles sont transportables alors que les biens immeubles sont fixés au sol.
6. Cette liste n'existe pas, le Code civil n'en donne que les caractéristiques.
7. Si le meuble est incorporé à un immeuble par nature, par le propriétaire, et à perpétuelle demeure.
8. Si elle est creusée, elle est un immeuble par destination. Si elle est hors terre, elle demeure un meuble par nature.
9. La propriété est le droit de jouir et de disposer des choses de la manière la plus absolue pourvu qu'on n'en fasse pas un usage prohibé par les lois et les règlements.
10. Il y a:
    a) L'usus: c'est le droit de se servir ou d'utiliser le bien dont on est propriétaire en autant que cet usage respecte les lois et les règlements existants.
    b) L'usus fructus: il donne droit à la perception des fruits (naturels ou civils) produits par le bien.
    c) L'abusus: il permet de disposer de la propriété du bien.
11. Les fruits naturels sont produits sans l'intervention du propriétaire, par l'effet de la nature. Les fruits civils sont obtenus à la suite d'une convention, par l'intervention du propriétaire. Ils sont un produit artificiel, tels les intérêts sur l'argent, les revenus de loyers, etc.

12. La prescription acquisitive permet d'acquérir la propriété d'un bien en le possédant durant un certain temps. Par exemple, le possesseur de bonne foi d'une bicyclette en devient propriétaire après une possession de trois ans. Le possesseur de mauvaise foi d'un immeuble en devient propriétaire après une possession de trente ans.

13. La possession du bien doit être continue et non interrompue, paisible et publique, sans équivoque et à titre de propriétaire. La bonne foi du possesseur permettra d'acquérir la propriété d'un immeuble après dix ans de possession et la propriété d'un meuble après trois ans de possession alors que sa mauvaise foi permettra la propriété après trente ans de possession.

14. Il faut comprendre un ajout à un bien dont on a déjà la propriété. Cet ajout devient la propriété de celui qui possède déjà le bien sur lequel l'ajout a lieu.

15. La Régie du logement qui freine l'augmentation des loyers restreint le droit d'utiliser un bien et de jouir des fruits que le propriétaire désirait. L'obligation de payer des taxes foncières restreint le droit de propriété sur l'immeuble affecté.

16. — Le testament notarié ou authentique qui est reçu devant deux notaires ou devant un notaire et deux témoins.
    — Le testament suivant la forme dérivée de la loi d'Angleterre où le testateur doit signer en présence de deux témoins.
    — Le testament olographe qui doit être rédigé au long de la main du testateur et signé par lui sans nécessité de témoins.

17. Il s'agit d'une succession où les règles sont imposées par le Code civil en l'absence d'un testament valide.

18. Dans la formule d'un condominium, chaque propriétaire a une partie exclusive. Seules les parties qui servent aux autres propriétaires sont réputées indivises. Dans une copropriété indivise, tous les copropriétaires sont indifféremment propriétaires de l'immeuble, sans qu'aucun ne puisse prétendre à une partie exclusive.

19. Le droit de propriété est un droit souverain et absolu. La servitude est un démembrement du droit de propriété, puisqu'elle vise à céder à autrui l'usage d'une partie de sa propriété.

20. Les Chartes des droits sont importantes en ce qu'elles ont préséance sur n'importe quelle autre loi, en autant que ces lois ne prévoient pas expressément s'appliquer en dépit de la charte. Dans ces chartes figurent les droits élémentaires de chaque citoyen de notre société.

PARTIE 2

Cas pratiques: solutions-types

1. Bien qu'il s'agisse d'un meuble incorporé à un immeuble par nature et à perpétuelle demeure, il ne fut pas incorporé par le propriétaire et en conséquence il est demeuré un meuble par nature et ne pourra être mis en vente avec l'immeuble.
2. Ses obligations sont saisissables car elles sont des biens inclus au patrimoine et qu'elles sont des biens meubles par détermination de la loi.
3. Ce testament ne peut être annulé, car notre droit reconnaît à tout citoyen majeur et sain d'esprit le droit de disposer de ses biens par testament selon son entière volonté.
4. Elle n'est pas devenue propriétaire par prescription acquisitive. En effet elle est de mauvaise foi, sachant depuis le début que la bague ne lui appartient pas.
5. Monsieur Therrien est devenu véritablement propriétaire de sa ferme depuis 1979, car il l'a possédée pendant dix ans avec titre et bonne foi en respectant les conditions suivantes: possession continue et ininterrompue, paisible et publique, sans équivoque et à titre de propriétaire.

PARTIE 3

Questions de rappel: réponses

1. Ce sont: des coûts juridiques de formation très minimes, l'autorité unique du propriétaire lui conférant totale liberté dans la gérance, la gestion et l'administration, aucun partage des profits et un taux d'imposition peu élevé sur des revenus modestes.

2. Ce sont:

   — le nom et l'adresse du propriétaire
   — le but du commerce
   — le nom de sa raison sociale
   — son régime matrimonial, s'il y a lieu
   — la date du début des opérations
   — l'adresse du commerce

3. Informer les créanciers et le public de l'identité du commerçant qui utilise la raison sociale en question.

4. La société se définit comme un regroupement d'au moins deux (2) personnes désireuses de collaborer à une activité commerciale et lucrative.

5. Ce sont:

   — le consentement des parties
   — la mise en commun d'un capital
   — la participation à la gestion
   — le partage des profits

6. L'article 1850 de notre Code civil prévoit que chacun des membres a un droit de gestion, chacun des gestes obligeant les autres. Il s'avère essentiel que les membres de la société participent à l'administration. Cependant, les associés pourront s'entendre sur une délégation de leurs pouvoirs à un autre membre, d'où l'intérêt d'un contrat écrit.

7. La société en nom collectif est celle qui est formée sous un nom collectif ou raison sociale, composé ordinairement des noms des associés ou de l'un ou de plusieurs d'entre eux. Les associés sont conjointement et solidairement garants des obligations de ladite société.

8. C'est la société formée d'associés *commandités*, responsables des dettes conjointement et solidairement comme les associés en nom collectif et d'associés *commanditaires*, responsables à la mesure de leur investissement.

9. On peut obliger chacun des associés à payer seul toutes les dettes de la société, même sur ses biens personnels. Il lui appartiendra par la suite, de récupérer auprès de son ou de ses associé (s) les sommes dues.

10. L'entreprise individuelle ne compte qu'un individu qui supporte entièrement toutes les dettes et encaisse tous les bénéfices de l'entreprise. La société est formée d'au moins deux personnes qui assument une responsabilité conjointe et solidaire des dettes et qui partagent tous les profits ainsi que la gestion.

11. La responsabilité des associés *commanditaires*, comme celle des actionnaires d'une compagnie, est limitée à leur mise de fonds.

12. Il ne participe pas à l'administration, il n'est qu'un bailleur de fonds. Il voit sa responsabilité limitée à sa mise de fonds alors que le commandité participe à l'administration, est aussi un bailleur de fonds et sa responsabilité, quant aux dettes de la société, demeure personnelle.

13. Les avantages sont:

    — procédures d'association simples et peu coûteuses comparativement à la compagnie
    — potentiel de capital monétaire plus élevé par l'implication de plusieurs membres
    — crédibilité financière accrue par l'union des personnes
    — inconvénient mineur advenant l'absence motivée d'un des associés

    Les inconvénients sont:

    — responsabilité à la fois personnelle et illimitée des membres (sauf les commanditaires) vis-à-vis les dettes de l'entreprise
    — durée de vie précaire, passagère de la société
    — partage de l'administration obligatoire
    — imposition fiscale très élevée si les revenus sont considérables, contrairement à la compagnie

14. Il y a:

    — l'arrivée du terme prévu pour sa durée
    — la perte des biens de la société
    — la faillite de la société ou de l'un de ses membres
    — la mort de l'un des associés, auquel cas la part du défunt accroît au profit de ses héritiers
    — la volonté de tous les associés, ou de l'un d'entre eux, dépendant de sa durée, d'y mettre fin

15. Les actionnaires et les administrateurs.

16. Ils ne possèdent aucun pouvoir administratif ou exécutif. Ils ne peuvent intervenir en aucune façon dans le déroulement des opérations quotidiennes de l'entreprise. Ils ne participent que financièrement à l'entre-

prise. Ils gèrent par personnes interposées. Ils partagent les bénéfices au prorata du nombre d'actions possédées. Ils possèdent le droit primordial d'assister aux assemblées des actionnaires et de participer à l'élection des dirigeants ou administrateurs de la compagnie. Finalement, lors des assemblées générales ou spéciales, chaque actionnaire se voit attribuer un nombre de votes proportionnel au nombre d'actions qu'il détient.

17. Toute personne, corporation ou compagnie, peuvent être fondatrices, à l'exception des personnes de moins de dix-huit ans, des interdits, des faibles d'esprit, des faillis non libérés et des corporations en liquidation. Ils ne seront pas nécessairement actionnaires ou même administrateurs de la compagnie.

18. Il y a les lettres patentes: les requérants demandent une incorporation par une requête en incorporation et l'État a discrétion. L'autre mode est l'enregistrement: les fondateurs déposent des statuts et l'État n'a pas discrétion si les statuts sont conformes à la loi.

19. Elle peut opérer dans chaque province canadienne sans avoir à en demander la permission aux autorités provinciales et elle peut valablement étendre ses activités en dehors du Canada.

20. À compter de la date figurant sur le certificat d'incorporation.

21. Préparer et déposer les statuts de la compagnie auprès du directeur chargé de l'administration de la loi.

22. La compagnie privée, reconnue par nos deux gouvernements, prévoit un nombre maximum d'actionnaires dont la limite est cinquante. Le grand public ne peut acquérir ces actions. Les propriétaires ne pourront se départir de leurs actions qu'en obtenant, au préalable, l'approbation du conseil d'administration. Souvent, ils devront les offrir aux autres actionnaires, avant qu'ils ne puissent les transférer à des étrangers.

23. L'assemblée annuelle est la réunion régulière tenue une fois l'an où l'on juge de la santé de la compagnie et de l'administration de ses dirigeants. Les assemblées spéciales sont prévues, le cas échéant, pour l'étude exclusive de questions très importantes, comme la fusion de la compagnie à une autre. Les assemblées spéciales peuvent avoir lieu à n'importe quel moment pendant l'année.

24. Le vérificateur ou expert-comptable est la personne qui vérifie les comptes de la compagnie durant l'année à venir. Comptable de profession, il reçoit un mandat d'un an. À la réunion subséquente, il devra répondre de son examen des comptes ainsi que des états financiers de la compagnie. Il atteste qu'il a contrôlé les livres comptables de l'entreprise et que le bilan financier des opérations, présenté par les administrateurs, correspond à la situation réelle.

25. Il y a un vote par personne, alors qu'à l'assemblée des actionnaires, chacun vote autant de fois qu'il possède d'actions.

26. C'est détenir plus de 50% des actions conférant un droit de vote.

27. Ce sont des statuts modifiant les statuts constitutifs, suite à une demande des administrateurs, entérinée ensuite par les actionnaires.

28. Toute personne physique, âgée de plus de dix-huit (18) ans, à l'exception des interdits, des faibles d'esprit et des faillis non libérés, peut être administrateur d'une compagnie. La qualité d'actionnaire n'est pas requise, quoiqu'en pratique, les actionnaires majoritaires se font élire au conseil d'administration.

29. Administrer les affaires de la compagnie et voir à la bonne marche de l'entreprise.

30. C'est un groupe d'officiers, à l'intérieur des plus grosses corporations à qui le conseil d'administration peut déléguer une partie de son pouvoir décisionnel. Il sert de lien entre le personnel de l'entreprise et le conseil d'administration.

31. Il assure une gestion dont il ne devra répondre qu'à l'assemblée annuelle. Il ne supporte pas personnellement les pertes ou les dettes de l'entreprise s'il a agi avec diligence et bonne foi dans l'exercice de ses fonctions, sans fraude et dans les limites de son mandat. Exceptionnellement cependant, il porte la responsabilité personnelle pour le paiement du salaire des employés, jusqu'à concurrence de six (6) mois, si ceux-ci ont dû travailler pendant cette période sans rémunération.

32. Le capital-actions se compose du capital autorisé, du capital souscrit, du capital émis ainsi que du capital payé.

33. Parce qu'elles désirent en garder en réserve pour des fins de financement.

34. Il représente la valeur pour laquelle la corporation accepte d'émettre des actions. Les actions ainsi émises ne sont pas encore payées. La loi permet l'utilisation du crédit pour de telles ventes.

35. Il y a distinction quant à leur valeur: celles avec valeur au pair où la valeur est prédéterminée dans la charte et celles sans valeur au pair dont la valeur n'est pas prédéterminée dans la charte, mais fixée quotidiennement selon la situation comptable de la compagnie. Il existe aussi une distinction quant aux droits et privilèges attachés aux actions: les actions ordinaires ne confèrent pas de droits spéciaux à leurs détenteurs, par opposition aux actions privilégiées, dont les propriétaires bénéficient d'avantages spécifiques et bien définis.

36. C'est un document attestant le statut d'actionnaire dans une compagnie et il sert de preuve d'investissement.

37. Elles permettent à la compagnie de les rappeler et de les racheter à sa discrétion. Le prix de rachat, fixé à l'avance, inclut généralement une indemnité au propriétaire de ces actions.

38. Il indique tous les transferts d'actions acceptés par la compagnie. Ce livre d'une importance capitale, ne reconnaît comme actionnaires que les acquéreurs enregistrés.

39. Il doit contenir la charte de l'entreprise ainsi que ses nombreux règlements. On doit y retrouver les procès-verbaux de toutes les assemblées des actionnaires et des administrateurs. Ces procès-verbaux, synthèse des sujets discutés et des décisions prises lors de ces réunions, permettent aux membres de la compagnie de s'y référer, le cas échéant. Les administrateurs peuvent changer et les nouveaux pourront consulter les politiques décidées par leurs prédécesseurs.

40. Dans notre système capitaliste, la constitution d'une coopérative vise d'abord des fins économiques. Elle est constituée par le groupement de personnes ayant le désir de s'avantager les unes les autres et former une association veillant à l'intérêt des membres sans pour autant viser le profit monétaire.

41. Non, parce que son but premier consiste à rendre des services à ses membres et non à tirer profit de son exploitation. L'article 80 de la Loi des associations coopératives nous l'indique clairement: "L'activité coopérative d'une association n'est pas réputée constituer l'exploitation d'un commerce ou d'un moyen de profit." Ainsi l'excédent des revenus d'une coopérative s'appelle surplus ou trop-perçu et non profit.

42. La coopérative de consommation permet à ses membres de se procurer des produits à meilleurs marché; la coopérative de production permet à ses adhérants d'être les propriétaires de leurs moyens de production tandis que la coopérative de distribution permet à des membres de vendre leurs produits directement aux consommateurs à meilleur prix en éliminant les intermédiaires. La coopérative d'habitation permet à la coopérative d'être propriétaire d'un immeuble dont les membres déterminent eux-mêmes les remboursement de prêt hypothécaire, donc les hausses de loyers.

43. La demande d'au moins douze (12) membres appelés fondateurs qui doit être expédié au ministère des Institutions financières, Compagnies et Coopératives. Cette demande devra contenir tous les renseignements pertinents au futur organisme. Une publication dans la *Gazette officielle du Québec* certifiera son approbation. Finalement, dans les soixante (60) jours suivants, l'association devra tenir l'assemblée d'organisation.

44. Elle vise surtout à:

- — informer les fondateurs de la décision du ministre
- — élire le président de l'assemblée
- — procéder à l'étude et à l'adoption des règlements
- — former le conseil d'administration
- — nommer le vérificateur des comptes

45. La liquidation d'une coopérative n'entraîne pas la distribution de l'actif aux membres. En effet, le surplus ne peut être versé au bénéfice des membres. Il correspondrait alors à un profit. Cette notion va justement à l'encontre des lois régissant l'association coopérative. On rembourse uniquement les parts sociales et on retourne l'actif au lieutenant-gouverneur en conseil. Ce dernier ordonnera la redistribution de ce capital à une autre association.

46. S'assurer que le déroulement de l'assemblée se fera dans l'ordre, de façon accélérée et dans le respect des droits de ses membres, dont celui d'être pleinement entendu.

PARTIE 3

Cas pratiques: solutions-types

1. Oui, il est un célibataire faisant affaires sous son nom propre; il n'a donc aucune obligation d'enregistrement.

2. a) Elle est valide entre les associés mais elle ne peut être opposée aux tiers.
   b) Non, car la part de M. Dugas a accrû son patrimoine au bénéfice de ses héritiers.
   c) Non, la clause d'exclusion du partage des profits n'est pas valable.

3. On utilisera d'abord l'actif de la société, soit 20 000,00 $, plus les biens de Xavier, 2 000,00 $ et la différence entre les biens de Zénon et ses dettes, soit 8 000,00 $. Les biens d'Yvon ne seront pas utilisés vu qu'ils sont inférieurs à son passif.

4. a) Il pourrait leur vendre des actions tout en conservant pour lui au moins 50%, plus une action.
   b) Oui, en demandant la permission, s'il y a lieu, au gouvernement de l'Ontario. Il pourrait également s'incorporer au fédéral ou à Toronto.
   c) Il ne peut former un comité exécutif vu que sa compagnie ne comprend pas au moins sept (7) administrateurs.
   d) Il le sera uniquement s'il a agi frauduleusement, de mauvaise foi et en dehors des limites de son mandat.

5. En acceptant l'immeuble d'Alfred en paiement des actions, ils ont bien fait, vu que sa valeur est égale à celle des actions vendues.
   En effectuant un prêt à l'actionnaire, ils deviendront personnellement responsables si leur geste a entraîné l'insolvabilité de la compagnie. Ils ne seront responsables du paiement des salaires des deux secrétaires que pour les six (6) derniers mois.

6. Non, car une coopérative ne peut déclarer de dividendes.

7. Oui. La nomination de Paul comme président d'assemblée devait être secondée. Paul n'avait pas à voter sur le premier item puisqu'il n'y avait pas égalité des voix et enfin, Paul devait permettre de disposer du sous-amendement avant l'amendement.

PARTIE 4

Questions de rappel: réponses

1. Il faut quatre (4) conditions. D'abord des parties ayant la capacité de contracter, leur consentement donné légalement, un objet et une cause licite.
2. Ils ne peuvent contracter, sans l'assistance de leur tuteur, sauf pour les choses usuelles et nécessaires de la vie dans des obligations en rapport avec leur fortune personnelle et leur bien-être. S'ils sont commerçants, ils sont présumés majeurs pour les fins de leur commerce.
3. C'est le mineur qui décide de faire commerce. Il est majeur pour les fins de son commerce, mais demeure mineur pour ses obligations civiles et /ou personnelles.
4. Parce qu'il est essentiellement un accord entre deux volontés. Il repose sur le consentement des parties.
5. Les erreurs sur la personne du cocontractant, la nature même du contrat, l'identité de la chose et la substance de la chose.
6. Elle implique que l'une des parties s'est trompée sur la personne du cocontractant.
7. La fraude est la dissimulation de la vérité par des mensonges alors que le dol est plutôt une réticence à dire toute la vérité destinée à tromper quelqu'un pour l'amener à passer un acte juridique.
8. Oui, mais elle devra représenter un mal sérieux eut égard à l'âge, au sexe et à la condition de la victime.
9. L'objet est l'opération visée, tandis que la cause est le pourquoi, la raison de l'engagement.
10. C'est un bien susceptible d'achat ou de vente légale.
11. On déclare possible un objet lorsque l'obligation créée apparaît réalisable.
12. Entre les cocontractants, le contrat a force de loi. Il exprime la volonté des parties et pose les règles applicables à l'encontre de toute autre disposition de la loi. Ses stipulations deviennent obligatoires pour les parties si elles ne sont pas à l'encontre de l'ordre public ou des bonnes moeurs.
13. Oui, mais les stipulations et obligations du contrat ne devront pas aller à l'encontre de l'ordre public ou des bonnes moeurs.

14. En principe, le contrat n'a d'effets qu'entre les parties. Toutefois, dans certaines circonstances, les tiers ne pourront ignorer les contrats. Par exemple l'acquéreur d'une maison ne pourra ignorer le contrat d'hypothèque de son vendeur, le prêteur d'argent devra tenir compte des donations prévues au contrat de mariage de l'emprunteur.
15. C'est un écrit qui fait preuve de son contenu et des signatures apposées. Par exemple, le contrat notarié.
16. C'est un écrit qui n'est pas authentique. Il est rédigé et signé par les parties elles-mêmes.
17. L'aveu est l'admission en tout ou en partie, par la personne poursuivie, des prétentions ou des réclamations de son adversaire. Le témoignage est le rapport par un tiers de faits se rapportant à la cause. Le premier est décisif alors que le second est sujet à l'appréciation du juge.
18. Il y a la contrainte du débiteur, l'exécution par un tiers, l'annulation du contrat et la réclamation en dommages-intérêts.
19. C'est forcer un débiteur à exécuter son obligation. Ce n'est pas toujours possible à réaliser.
20. Quant le débiteur refuse de respecter ses engagements et qu'un tiers puisse s'en acquitter en lieu et place.
21. Le montant de la perte subie par le créancier et le gain dont il a été privé s'il y a lieu.
22. La clause pénale est une obligation secondaire par laquelle une personne, pour s'assurer l'exécution de l'obligation principale, se soumet à une peine en cas d'inexécution. Elle est surtout utile lors d'engagements où le défaut d'exécution risque d'entraîner des dommages difficilement prouvables.
23. Oui, une clause pénale prévoit une pénalité en cas d'inexécution de l'obligation par le débiteur. Une clause limitative de dommages stipule que la responsabilité du débiteur n'est engagée qu'à partir d'un certain montant ou limitée à une certaine somme.
24. C'est l'arrivée d'un événement extérieur, imprévisible et irrésistible rendant impossible l'exécution de l'obligation.
25. C'est une clause du contrat qui exclut d'avance tout recours contre le débiteur, au cas de manquement à ses obligations.
26. Oui, à moins qu'on ne prouve grossière négligence ou faute lourde de la part du débiteur.

27. La vente est un contrat en vertu duquel le transfert de la propriété d'un bien est effectué d'un vendeur à un acheteur moyennant un prix.

28. Le contrat se dit consensuel, parce que valide du seul consentement des parties, sans que l'écrit soit nécessaire, bien qu'il s'avère utile.

29. Un contrat se veut synallagmatique, quand il crée des obligations réciproques et interdépendantes entre les parties.

30. Le contrat transfert la propriété d'un bien déterminé d'une personne à une autre du seul fait du consentement mutuel.

32. Ce sont l'obligation de payer le prix et de prendre livraison du bien.

32. Le vendeur se porte garant envers l'acheteur que, ni lui ni personne, ne viendra l'évincer, l'expulser ou le priver de son droit de propriété.

33. Le vendeur garantit l'acheteur contre des défauts ou vices cachés du bien, même ceux qu'il ne connaissait pas.

34. Dans la vente à terme, le paiement du bien se fait en plusieurs versements. Dans la vente à tempérament, le vendeur reste propriétaire du bien vendu jusqu'à écoulement total de la dette. La vente à terme n'est pas nécessairement à tempérament, mais cette dernière est nécessairement à terme. La vente à terme n'implique pas une réserve du droit de propriété.

35. Le vendeur doit d'abord, avant d'exercer ce droit, expédier un avis de trente (30) jours au consommateur pendant lesquels ce dernier peut remédier au défaut.

36. Oui, dans les dix (10) jours de la réception du double contrat.

37. Non, car seul l'acheteur possède ce droit, mais uniquement pour les biens dont la valeur dépasse 25 $.

38. Au contrat de crédit variable.

39. Le vendeur se doit de produire un affidavit, déclaration écrite sous serment, prévoyant la liste de ses créanciers, la nature de leur créance et le montant dû à chacun d'eux. Dès lors, l'acheteur devra payer les créanciers à même le montant de la vente en retenant sur le prix établi les sommes nécessaires.

40. Le mandat est un contrat par lequel une personne, qu'on appelle le mandant, confie la gestion d'une affaire licite à une autre personne qu'on appelle le mandataire, et qui, par le fait de son acceptation, s'oblige à l'exécuter. Ainsi, vous, proprié-

taire d'une maison (mandant) pourriez confier à un courtier en immeubles (mandataire) le mandat de vendre votre maison; en acceptant, le courtier s'oblige à exécuter le mandat.

41. On appelle connaissement le document établissant le contrat de transport entre les parties.

42. Un contrat en vertu duquel, contre rémunération, un assureur s'engage à payer à un assuré, ou à une tierce personne, une prestation lors de l'avènement d'un sinistre.

43. Il ne prend légalement forme, que lors de l'acceptation par l'assureur de la proposition de l'assuré.

44. L'assurance terrestre s'applique aux risques pouvant survenir sur la terre ferme.

45. Le contrat d'assurance individuelle signifie que l'assureur conclut l'entente directement avec son client. Le contrat d'assurance collective implique que l'assureur émet une police en vertu d'un contrat-cadre applicable aux membres d'un groupe déterminé d'individus.

46. Le contrat d'assurance pour dommages aux choses, prévoit l'indemnisation pour la perte de biens appartenant à l'assuré; le contrat d'assurance pour responsabilité, prévoit l'indemnisation des dommages causés par la faute de l'assuré.

47. Le contrat de vente transfert la propriété d'un bien alors que le contrat de louage ne transfert que la possession du bien.

48. Le locateur doit:

— livrer la chose en bon état: ceci comprend toutes les sortes de réparation
— entretenir la chose en état de servir à ses fins: maintien et respect des différentes sortes d'obligations
— procurer la jouissance paisible au locataire: il est responsable envers ce dernier du bruit excessif empêchant la jouissance paisible du bien
— effectuer les réparations nécessaires, autres que locatives: ceci comprend les réparations majeures
— garantir le locataire contre les défauts cachés de la choses: qui rendent les lieux loués moins utilisables

49. Le locataire doit:

    — utiliser la chose en bon père de famille: comme si c'était sa propriété
    — payer le loyer: le retard ou le défaut de payer peut entraîner la résiliation du bail
    — remettre la chose lorsque le bail expire: la chose doit être remise en bon état, en considérant toutefois le vieillissement normal
    — effectuer les menues réparations d'entretien: il est ici question des petites réparations, sauf si elles résultent d'un vieillissement normal ou d'un cas fortuit

50. Ce sont les réparations qui vont permettre à la chose louée de servir les fins pour lesquelles elle a été louée.

51. Une clause de déchéance de terme a son application dans le cas d'un contrat à crédit: au cas où le consommateur fait défaut de rembourser, tout le solde de son obligation devient exigible avant échéance.

52. Le droit consenti par un commerçant au consommateur d'exécuter à terme une obligation, moyennant des frais.

53. Le consommateur peut annuler le contrat dans les deux (2) jours où ce dernier a été en possession du double du contrat.

PARTIE 4

Cas pratiques: solutions-types

1. a) Oui, par Dominique.
   b) Pour lésion, l'obligation monétaire dépasse largement ses moyens financiers et ce, malgré sa déclaration faite au marchand concernant son âge.
2. La vente est valide. L'erreur alléguée n'est qu'une erreur d'écriture dû à l'inattention du vendeur et n'est pas de celles reconnues comme invalidant un contrat.
3. a) Oui, car il rencontre toutes les conditions exigées pour conclure un contrat valable.
   b) Non, car la crainte invoquée fut provoquée par des menaces légales.
4. Absolument rien, car il s'agit de vantardise usuelle et courante dans le monde commercial qui ne peut entraîner la nullité.
5. Il pourra exiger la passation d'un contrat conforme à la promesse de vente à défaut de quoi, il demandera à la cour de statuer sur ses droits dans un jugement équivalant à un tel contrat avec toutes les conséquences légales, sans préjudice à ses recours en dommages-intérêts.
6. Vu qu'il s'agit d'une chose perdue et achetée de bonne foi d'un commerçant négociant en semblables matières, Isabelle ne peut la reprendre de Denise qu'en lui remboursant le prix qu'il a payé. Cette dernière pourra ensuite recouvrer des dommages-intérêts de Montréal Sports Inc., vu qu'elle était de bonne foi.
7. Jean-Claude peut refuser de signer, son mandataire ayant outrepassé son mandat. Ginette pourrait avoir un recours personnel contre Pierre s'il n'a pas dénoncé son mandat en tout ou en partie, et ce en dommages-intérêts pour tous les problèmes et pertes occasionnés.
8. Il peut annuler le contrat dans les dix (10) jours de la réception du double du contrat. En effet, il s'agit d'une vente itinérante, ayant été conclue ailleurs qu'au lieu d'affaires du vendeur.
9. a) Il peut faire exécuter les travaux par un tiers et, s'il y a lieu, poursuivre Patrick Jardinier Inc. pour le surplus qui pourrait en découler.
   b) Patrick Jardinier Inc. serait exonéré de toute responsabilité à cause du cas fortuit.

10. Carmen, parce que le transfert légal de la propriété a eu lieu avant la livraison, du seul consentement des parties et le bien fut déterminé avant la perte.

11. Rien, car le montant de la transaction ne dépassait pas 25 $. La protection accordée au consommateur lors d'une vente itinérante ne s'applique pas.

12. a) Non, car il n'est pas sa propriété et ce n'est pas un immeuble par destination.
    b) Il ne peut exiger d'argent mais il peut négocier
    c) Oui, à moins d'ententes contraires.
    d) Replacer les choses dans l'état où elles étaient.

13. La Régie du logement n'a juridiction qu'en matière de bail résidentiel et Aristide devra donc s'en remettre à la Cour supérieure ou à la Cour provinciale.

14. S'il est vrai que le propriétaire doit entretenir la chose pour servir à ses fins, entendons des réparations majeures. La peinture de l'appartement relève de la responsabilité de Nicole car il s'agit d'une usure ou d'un vieillissement normal.

15. Le prix convenu pour un ouvrage par devis et marché ne peut être modifié, sauf entente expresse avec le client.

16. Mario peut réclamer des dommages-intérêts à raison du vice affectant la construction. Ces dommages compenseront pour la réparation du vice.

PARTIE 5

Questions de rappel: réponses

1. C'est d'imposer à la personne morale ou physique les conséquences juridiques de ses actes.
2. La responsabilité pénale ou criminelle vise l'imposition de punitions aux personnes reconnues coupables d'infractions au Code criminel, à un statut provincial ou fédéral. La responsabilité civile vise la réparation du préjudice et des dommages subis par la victime.
3. La responsabilité contractuelle sanctionne les manquements aux obligations créées au contrat. La responsabilité délictuelle sanctionne les dommages causés en dehors de toute relation contractuelle.
4. Il y a un délit lorsque l'acte fautif et dommageable relève d'un acte volontaire et il y a quasi-délit lorsque l'acte fautif et dommageable n'a été posé qu'accidentellement, sans intention de nuire.
5. Ce sont: une personne capable de discernement, un élémant de faute, des dommages et un lien de causalité.
6. La capacité de contracter est celle de s'engager par contrat, ce qui survient à la majorité d'un individu. La capacité de discerner est celle de distinguer le bien du mal ce qui s'acquiert vers l'âge de sept (7) ans.
7. La faute n'est pas définie par la loi. La doctrine et la jurisprudence parlent d'un manquement à un devoir qu'une personne se doit de connaître et d'accomplir.
8. C'est l'attitude de l'homme raisonnable, normalement intelligent, placé dans les mêmes circonstances. Ce critère sert à évaluer la faute civile.
9. Des dommages matériels, physiques, moraux et exemplaires peuvent être réclamés s'ils s'avèrent réels et prouvables.
10. C'est établir qu'un dommage fut causé par une faute spécifique. Par exemple, Paul devra établir que la blessure à sa jambe gauche fut vraiement causée par la chute qu'il a faite en glissant sur le plancher mal entretenu de son épicier; Claude aura le fardeau d'établir que la blessure à son oeil gauche est le résultat de la balle lancée par Alain. Le dommage doit s'avérer une suite directe et immédiate de l'acte fautif.

11. C'est une responsabilité pour les actes dommageables posés dans le cadre de leurs fonctions, responsabilité présumée qui ne peut être renversée.

12. C'est la personne qui, pour un court moment ou exceptionnellement, sera l'employeur d'une autre personne. Par exemple, Henri engage Pierre pour travailler comme journalier pendant une soirée; Denis, qui engage l'un des peintres de son compétiteur pour une semaine. L'employeur momentanné supporte la même responsabilité que l'employeur régulier.

13. C'est la personne qui assume la possession, et, par conséquent, la responsabilité.

14. C'est faux, s'ils prouvent que l'enfant a toujours reçu une bonne éducation, qu'on l'a instruit convenablement des choses de la vie, suffisamment renseigné sur les actes défendus et qu'on exerçait sur lui une bonne surveillance compte tenu des circonstances.

15. Oui, sauf s'il y a eu provocation de l'animal par la victime ou un tiers.

16. Oui, il est responsable vu qu'il en est toujours le propriétaire au sens de l'article 1055 du Code civil.

17. La ruine partielle ou totale d'un bâtiment qui fut causée par défaut d'entretien ou vice de construction.

18. Elle n'est prise en considération que pour le paiement des dommages matériels, l'indemnisation des dommages physiques s'effectuant sans égard à la faute.

19. Ce sont:

    — les contributions versées par chaque propriétaire d'automobile au moment de l'immatriculation
    — les contributions versées par chaque conducteur d'automobile au moment de l'émission du permis de conduire
    — une partie de la taxe perçue en vertu de la loi sur les carburants
    — les intérêts gagnés sur le placement des fonds accumulés
    — les montants recouvrés en vertu de la loi et des règlements

20. Contrairement aux résidants, les non-résidants ne seront indemnisés pour leurs blessures corporelles, que s'ils sont propriétaires, conducteurs ou passagers d'une automobile immatriculée au Québec. Sinon, ils ne seront indemnisés que dans la proportion où ils ne sont pas responsables de l'accident.

21. Ils risquent une poursuite en justice selon la loi du lieu de l'accident pour les dommages corporels et matériels relevant de leur responsabilité.

22. Ce sont les sommes payées dans une proportion de 90% du revenu net en remplacement du salaire perdu.

23. Le revenu perdu est indemnisé dans la proportion de 90% du revenu net (impôts soustraits) dont le maximum brut admissible est de 33 000,00 $. Si la victime gagne plus de 33 000,00 $ brut par année, l'excédent ne sera pas considéré pour fin d'indemnisation.

24. La Commission des Affaires sociales décide en dernier ressort des décisions de la Régie de l'assurance-automobile du Québec.

25. Il s'agit d'un fonds spécial créé pour les victimes d'accidents d'automobiles, incapables de découvrir l'identité du responsable qui s'est enfui et pour celles en faveur de qui un jugement a été rendu, mais demeuré insatisfait pour des dommages matériels.

PARTIE 5

Cas pratiques: solutions-types

1. La responsabilité de Réjean, en tant que gardien de la chose, ne vaut que pour les dommages causés aux tiers. Il devra supporter ses propres dommages en les mettant au compte de sa propre négligence ou inattention. Il a été l'artisan de son propre malheur. L'objet n'a jamais agi de par son propre dynamisme.

2. Son épouse pourra poursuivre pour dommages physiques et lui, pour dommages matériels, à la foi André et sa mère, cette dernière en tant que titulaire de l'autorité parentale. Line plaidera sa cause en disant avoir donné à André une bonne éducation et avoir exercé sur lui une bonne surveillance lors de l'incident, compte tenu des circonstances.

3. Le lien de causalité est ici un élément important. L'Assommeur et Letraînard ne sauraient être tenus responsables du décès. L'Assommeur répondra de la fracture du nez, Letraînard de celle de la jambe et Legaz du décès.

4. André et ses trois compagnons peuvent poursuivre le propriétaire si la chute du garde-fou est due à un défaut d'entretien ou à un vice de construction.

5. Pauline a encore deux (2) ans pour poursuivre son médecin en responsabilité médicale, étant donné que la prescription est de trois (3) ans à compter du moment où le préjudice se manifeste pour la première fois. Claudia peut poursuivre le propriétaire du chien, vue que la prescription est de deux (2) ans pour dommages matériels. Serge ne peut poursuivre le propriétaire du chien, la prescription pour dommages physiques étant d'un (1) an.

6. a) Il ne pourra réclamer que pour ses blessures à la Régie d'assurance-automobile.
   b) Sa responsabilité et son statut de non-résidante l'empêcheront de recevoir quoi que ce soit.
   c) Aucune pour l'épouse de Smith.
   d) Il le peut, quoique non résidant, vu qu'il était conducteur d'un véhicule-automobile immatriculé au Québec.

PARTIE 6

Questions de rappel: réponses

1. La lettre de change et le chèque sont deux (2) effets ordonnant de payer et constitués de trois parties. Le billet à ordre, lui, est une promesse de payer comportant deux parties.
2. Le chèque, contrairement à la lettre de change, est toujours payable à demande et toujours tiré sur une banque ou une caisse d'épargne.
3. Non, elle s'applique dans tout le Canada vu qu'elle est une loi fédérale.
4. Le tiré: doit effectuer le paiement au bénéficiaire ou à la personne qui présente le document dûment endossé.

   Le tireur: demeure toujours responsable de la somme d'argent mentionnée sur le chèque si le tiré néglige d'exécuter son obligation pour quelque raison que ce soit.

   Les endosseurs: ils deviennent personnellement, conjointement et solidairement responsables du paiement de la somme au dernier détenteur.

   Le bénéficiaire: une fois qu'il a endossé et qu'il veut transférer le chèque, il devient un endosseur et est donc soumis aux obligations de l'endosseur.
5. Le tiré: il a droit de refuser de payer le détenteur à moins qu'il ne soit devenu accepteur.

   Le bénéficiaire: il a droit d'être payé par le tiré et le tireur.

   Les endosseurs: ils bénéficient d'un recours contres les endosseurs précédents.
6. Le souscripteur: à cause de sa promesse de paiement, il se retrouve dans la même situation que le tiré qui a signé son acceptation.

   En conséquence, il a comme principale obligation de payer le bénéficiaire ou tout détenteur subséquent du billet.

   Le bénéficiaire: il peut exiger du souscripteur le paiement de la somme d'argent.

   Les endosseurs: ils supportent la responsabilité personnelle, conjointe et solidaire du paiement de l'effet.

7. Dans le cas de la lettre payable à demande, on peut en réclamer le paiement à tout moment après son émission. Pour la lettre de change payable à terme, l'échéance légale n'a lieu que trois (3) jours après le mement fixé. On appelle ce délai: *jour de grâce*. Par exemple, la lettre payable le six (6) avril vient à échéance le neuf (9) avril.

8. C'est le détenteur de bonne foi d'un effet de commerce apparemment complet et conforme aux règles, qui a acquis le document contre valeur et pour cause valable et qui ignore les faits et causes qui ont donné naissance au document. Il possède plus de droits qu'un créancier ordinaire, puisqu'il peut exiger paiement malgré toute défense invoquée par les autres parties, par exemple, le paiement d'un chèque émis pour un motif illégal.

9. C'est le tiré qui accepte de payer la lettre à échéance en y apposant sa signature. Il doit alors la payer selon sa teneur au détenteur.

10. Oui, mais à la condition de remplir toutes les exigences prescrites par la loi quant au fond et à la forme.

11. S'il s'agit d'un événement futur au lieu d'une date. Il doit s'agir d'un événement certain, bien déterminé et non aléatoire.

12. Oui, l'acceptation doit avoir lieu dans les deux (2) jours suivant la date à laquelle la demande a été formulée.

13. C'est celui qui a signé le billet à ordre, celui qui promet de payer.

14. Les droits particuliers que la loi accorde au détenteur régulier d'un effet de commerce ne s'appliquent plus quand il s'agit d'une lettre ou d'un billet du consommateur.

15. C'est un achat de marchandises ou de services, comportant un crédit à plus de trente (30) jours, effectué par un particulier pour utilisation personnelle. L'achat doit être fait avec un vendeur dans le cours normal de ses affaires et l'effet doit comporter au recto, en évidence, les mots *achat de consommation* au moment où il est signé, sous peine de nullité.

16. Parce qu'il répond des obligations et engagements financiers du débiteur.

17. 66 $, soit 30% de: 320 $ − (60 $ + 40 $)

18. Oui, les ustensiles, objets d'utilité courante et meubles meublants, sont insaisissables jusqu'à concurrence d'une valeur de 2 000,00 $.

19. Le huissier s'occupe des saisies et des ventes de biens meubles et le shérif s'en charge s'il s'agit de biens immobiliers.

20. C'est un créancier qui a le droit d'être payé par préférence avant les créanciers ordinaires. Les privilèges sont dits *légaux*, car imposés par la loi.

21. C'est celui d'être payé par préférence et celui de reprendre le bien vendu des mains de son débiteur dans les huit (8) jours de la livraison si la vente fut effectuée sans terme. Le délai est porté à trente (30) jours dans le cas de faillite de l'acheteur.

22. C'est le droit pour certains créanciers de garder les biens du débiteur qu'ils ont en leur possession jusqu'à parfait paiement. Par exemple, le garagiste sur le véhicule réparé.

23. Il ne subsiste que pour les trente (30) jours suivants la fin des travaux et à la condition qu'il soit enregistré dans ce délai. De plus, les poursuites judiciaires devront être intentées dans les trois (3) mois de la fin des travaux.

24. Il doit aviser le propriétaire de son sous-contrat, faire enregistrer l'état de sa créance au bureau du régistrateur dans les trente (30) jours de la fin des travaux, donner par la suite un avis de cet enregistrement au propriétaire de l'immeuble et intenter ses procédures judiciaires en réclamation des sommes dues, dans les six (6) mois de la fin des travaux.

25. Elle correspond à la date à laquelle l'immeuble est finalement prêt pour l'usage auquel il était destiné.

26. C'est le droit pour le créancier de faire vendre aux mains de quiconque les immeubles du débiteur affectés et d'être préféré sur le produit de la vente. Par exemple, vous empruntez de la banque pour acheter une maison et l'emprunteur hypothèque cette résidence qu'il pourra faire vendre si vous négligez d'effectuer vos paiements et être payé par préférence.

27. Si le débiteur ne se conforme pas à ses modalités de remboursement, le créancier pourra faire vendre l'immeuble, quelqu'en soit le propriétaire, et le produit de la vente servira d'abord à le rembourser.

28. Elle permet au créancier de se faire déclarer propriétaire de l'immeuble au cas de défaut de paiement du débiteur en conservant les paiements déjà effectués par ce dernier.

29. Contrairement au gage, le débiteur, dans un contrat de nantissement commercial ou agricole, conserve la garde et la possession des biens nantis. Le nantissement agricole sert aux exploitants agricoles ou forestiers et son terme maximal est de quinze (15) ans.

30. C'est une personne qui se porte garant de l'obligation d'une autre pour le cas où celle-ci ne la remplit pas. Cette personne s'appelle une caution.

31. Le débiteur désireux, mais incapable financièrement de payer ses dettes. Par exemple, Émile., marié et père de cinq (5) enfants, gagnant 10 000,00 $ par année, ne possédant comme seul bien qu'un mobilier de 6 000,00 $ et ayant des dettes pour 10 000,00 $.

32. Oui, s'il ne peut rencontrer ses obligations financières et rencontre les autres exigences de la loi.

33. Ça empêche ou arrête les saisies sur le produit du travail et sur les meubles de ménage.

34. Elle consiste à liquider l'actif d'un débiteur insolvable au profit de l'ensemble de ses créanciers et à permettre à ce débiteur d'être ultérieurement libéré de toutes ses dettes, le tout sous surveillance du tribunal.

35. C'est la faillite forcée d'un débiteur, alors qu'un acte de faillite commis par le débiteur amènera un ou plusieurs de ses créanciers à demander cette ordonnance par la présentation à la Cour supérieure d'une requête ou pétition pour l'obtention de cette ordonnance.

36. La loi ne définit pas l'acte de faillite, mais en donne plusieurs exemples:

    — le débiteur a agi frauduleusement ou a posé des actes frauduleux envers un ou plusieurs de ses créanciers
    — les dettes du débiteur dépassent 1 000,00 $
    — il n'honore pas ses paiments

37. C'est l'état d'un débiteur incapable d'acquitter ses obligations au fur et à mesure qu'elles se présentent.

38. Concernant le failli, une fois ses actifs liquidés et distribués à ses créanciers, il pourra être libéré et retrouver ses droits. Il reprendra sa vie normale et pourra acquérir d'autres biens sans crainte. Pour ce qui est des créanciers, seuls ceux ayant pu être payés en entier, soit ceux dont la créance était garantie et les privilégiés, y auront gagné.

39. Quant au failli, on le dépossédera de tous les biens composant son patrimoine, exception faite des biens insaisissables. Ses comptes en banque, ses meubles, ses immeubles, ses cartes de crédit, son salaire, s'il travaille, moins ce qu'il a besoin pour vivre, sans exception.

    Pour les créanciers, la conséquence principale de la faillite consiste évidemment en la perte totale ou partielle de leur créance.

40. Le syndic a pour tâche principale de liquider les biens du failli. Il peut réclamer ses créances et vendre ses biens de gré à gré ou par enchère. Il doit agir en toute conscience pour retirer le maximum d'argent des biens du débiteur. Si le failli est un commerçant, le syndic, dès sa nomination, acquiert le droit d'administrer le commerce du failli.

41. Oui, les créanciers garantis puis les créanciers privilégiés, parce que la loi leur accorde une préférence de paiement sur les autres créanciers. Certains ont même un droit prioritaire sur des biens déterminés comme le créancier hypothécaire par exemple.

42. C'est une ordonnance rendue par la Cour supérieure décrétant la fin de la faillite même si la vente des biens du débiteur n'a pas rapporté assez d'argent pour payer toutes ses dettes. Il s'agit d'un pardon judiciaire des dettes du failli.

43. Oui, vu leur caractère de première nécessité ou d'ordre public, telles:

    — les sommes dues à celui qui lui a fourni nourriture et aliments
    — les sommes dues à titre de pension alimentaire
    — les condamnations pénales à des amendes pour infractions aux lois
    — les sommes dues pour des choses fournies comme nécessités de la vie (soins, médicaments, etc.)

44. C'est un paiement fait par un débiteur, peu de temps avant sa faillite, à un parent ou à une autre personne. Il sera considéré frauduleux et pourra être annulé et des présomptions légales de trois (3) et douze (12) mois sont même édictées en ce sens.

45. Il s'agit d'une mesure de compromis par laquelle le débiteur offre à tous ses créanciers d'honorer ses dettes, par exemple, à raison de trente (30), quarante (40) ou de cinquante (50)%, moyennant quittance finale. La faillite est automatique si la proposition est refusée par les créanciers.

PARTIE 6

Cas pratiques: solutions-types

1. Non, car il est conditionnel, donc non valable comme lettre de change.

2. David peut poursuivre les endosseurs Bernard et Clément qui sont personnellement, conjointement et solidairement responsables du paiement. Il peut aussi poursuivre le tireur André, qui garantit le paiement de l'effet. Il n'a aucun recours contre Élise, qui n'est pas obligée de payer puisqu'elle n'a pas accepté l'effet.

3. La banque, créancière hypothécaire, peut faire vendre la maison en quelques mains qu'elle se trouve, donc dans le cas qui nous intéresse, de René. Il a pris un risque et il doit en assumer les conséquences.

4. Lui et la compagnie devraient se déclarer en faillite, leur situation financière actuelle ne pouvant pas, même à long terme, résoudre leurs énormes problèmes financiers.

5. a) Bien que la créance fut enregistrée dans les trente (30) jours de la fin des travaux. le privilège n'est pas valable, vu que la poursuite ne fut pas intentée dans les six (6) mois de la fin des travaux.
   b) Le propriétaire n'ayant jamais été prévenu du sous-contrat, le privilège est nul, peut importe l'exécution conforme des autres formalités.
   c) Le privilège est nul, la créance n'ayant pas été enregistrée dans les trente (30) jours de la fin des travaux. Il n'aurait été de toute façon, valable que pour 3 000,00 $.
   d) Le privilège est nul, la poursuite n'ayant pas été prise dans les six (6) mois de la fin des travaux.
   e) La créance ayant été enregistrée et l'action prise dans les délais requis, le privilège est valable, mais pour 6 000,00 $ seulement, soit pour les matériaux livrés et incorporés après notification au propriétaire.
   f) Le privilège est nul, l'action n'ayant pas été prise dans les trente (30) jours de la fin des travaux.
   g) Sa créance s'assimile à celle de l'architecte et le privilège est nul vu que la créance ne fut pas enregistrée dans les trente (30) jours de la fin des travaux.

6. Cette opération n'est pas valable, car Raymond n'est pas un manufacturier.

7. La Banque d'Épargne recevra 50 000 $, perdra la balance de l'hypothèque et les autres créanciers ne recevront rien étant donné que la banque est créancière garantie.

PARTIE 7

Questions de rappel: réponses

1. C'est un accident survenu à un employé alors qu'il est à son travail et exécute les tâches qui lui sont assignées.

2. Le salarié blessé dans l'exécution de son travail (si le responsable n'est ni l'employeur, ni un co employé) peut réclamer ses indemnités à la Commission, mais il peut poursuivre en justice le responsable de l'accident pour l'excédent des dommages subis si la somme perçue de cet organisme ne le satisfait pas ou vice versa. Par exemple, la secrétaire d'un bureau médical, blessée par la négligence du plombier venu réparer le système de chauffage ou encore l'ouvrier de la construction blessé par la faute d'un visiteur qui a déplacé une échelle sur le chantier.

3. Le conjoint survivant aura droit à une rente mensuelle représentant 55% du montant auquel la victime aurait eu droit si elle avait survécu, tout en demeurant incapable de travailler. Si un enfant survit à l'un de ses parents, la rente du conjoint survivant s'élève alors à 65%. On ajoute 5% à ce dernier montant pour tout autre enfant à charge, jusqu'à concurrence d'un maximum de 80%.

4. Elles sont calculées à 90% du revenu net de l'ouvrier blessé, calculé sur un maximum brut et annuel de 33 000 $.

5. C'est un montant unique, global et définitif versé à la victime à titre d'incapacité, s'il en résultait normalement une rente mensuelle inférieur à 99,97 $.

6. Oui, s'il ne peut subvenir à ses besoins, tel un étudiant régulier ou un invalide.

7. *Insaisissable* signifie que les prestations d'accident de travail d'une victime ne peuvent être saisies par ses créanciers. *Incessible* veut dire que l'accidenté du travail ne peut céder son droit aux prestation.

8. Un contrat par lequel le locateur s'engage à faire quelque chose pour le locataire moyennant un prix. Par exemple la secrétaire engagée par un avocat ou encore le vendeur engagé par le magasin de chaussures.

9. À défaut de dispositions particulières entre les parties, l'une ou l'autre peut mettre fin au contrat établi pour un temps indéfini en respectant les délais suivants:

— un par avis d'une (1) semaine si l'engagement est hebdomadaire
— par un avis de deux (2) semaines pour un engagement au mois
— par un avis d'un (1) mois pour un engagement sur une base annuelle

10. Le Code canadien du travail et le Code du travail québécois régissent tous les deux les mécanismes d'accréditation et de négociation collective, le premier pour les personnes et organismes oeuvrant dans des domaines de juridiction exclusivement fédérale selon la constitution canadienne, comme les postes et les banques.

11. C'est une association créée par des salariés d'un même employeur pour la défense de leurs intérêts.

12. Le syndicat des salariés de Couturier et Fils Inc. est composé de trois cents (300) des quatre cent cinquante (450) employés de cette entreprise. Chaque membre a signé sa carte et payé sa cotisation. Représentant au moins 50% plus un (1) des salariés de cette compagnie, le syndicat peut demander l'accréditation.

13. Non, elle est souhaitable pour éviter un arrêt de travail, mais la grève et le lock-out sont possibles, sans qu'on y ait eu recours préalablement. Elle sera obligatoire si l'arbitrage doit avoir lieu.

14. Après avoir entendu les représentations et les argumentations soumises par les parties, le conseil d'arbitrage rend sa décision communément appelée sentence arbitrale. Cette décision sera rendue par la majorité des membres. À moins d'entente majoritaire du conseil, la décision du président tiendra lieu de sentence arbitrale.

15. Le règlement du conflit est décidé par des personnes autres que les parties intéressées. Leur décision sera la convention collective et les parties devront s'y soumettre peu importe leur opinion face à cette sentence.

16. Parce que ses règles sont souvent en opposition avec celles du droit civil. Par exemple, en droit civil, un contrat n'a d'effet qu'entre les parties. En droit du travail, la convention collective lie tous les salariés, même ceux qui ne sont pas membres de l'association et même les futurs travailleurs de l'entreprise.

17. Il possède de très grands pouvoirs d'enquête. Il peut ordonner la production de documents, faire témoigner des personnes sous serment et même, obliger les parties à la tenue d'un vote secret pour vérifier le caractère représentatif de l'association.

18. C'est la majorité absolue des salariés ou du groupe de salariés visés, soit 50% plus un (1).

19. Les négociations commencent après l'expédition d'un avis écrit d'au moins huit (8) jours par l'une ou l'autre des parties lorsqu'il s'agit d'une première convention collective. S'il s'agit du renouvellement d'une convention déjà existante, l'une ou l'autre des parties peut donner cet avis dans les quatre-vingt-dix (90) jours précédant l'expiration de la convention en vigueur.

20. Le lock-out est la contrepartie de la grève. L'employeur cesse alors de fournir du travail à ses employés et leur interdit même l'accès à son entreprise. Par exemple, Garage Dumont Ltée met tous ses mécaniciens en lock-out pour les forcer à accepter ses propositions.

21. Il n'a aucun pouvoir de contrainte, mais uniquement de persuasion et de recommandation.

22. Ce sont les modifications législatives de 1977 qui ont imposé ce principe qui était déjà existant dans plusieurs conventions collectives.

23. C'est la décision du conseil d'arbitrage. Elle a les mêmes effets qu'une convention collective signée par les parties.

24. Ce sont des travailleurs engagés par l'employeur pour effectuer l'ouvrage des grévistes ou des salariés mis en lock-out.

25. Une fois qu'il a accordé d'accréditation, il préfère plutôt agir comme arbitre, superviseur, laissant aux parties le plus d'initiative possible. Par exemple, en matière de conciliation et d'arbitrage, il agira généralement à la suite des demandes des parties.

26. Il sera tenu de verser une indemnité compensatrice égale au salaire de la période du préavis.

27. Non, il doit compter au moins cinq (5) ans et plus de service continu chez le même employeur.

28. Oui, mais ce droit est assujetti à des conditions très strictes: une entente entre l'employeur et les employés doit être prise relativement aux services essentiels à assurer à la population. Cette entente doit être approuvée par le Conseil des services essentiels. Un préavis de 7 jours doit précéder la grève.

PARTIE 7

Cas pratiques: solutions-types

1. Il devrait faire signer des cartes de membres à au moins vingt-six (26) employés, soit 50% plus un (1) ce qui représente la majorité absolue pour ensuite adresser sa demande d'accréditation au ministère du Travail.

2. Michel n'a aucun droit, car ses droits se sont prescrits par six (6) mois. Il aurait dû agir au plus tard le 10 décembre 1980.

3. Marcel peut réclamer à la Commission; de plus, étant donné que le responsable n'est ni son employeur, ni un coemployé, il pourrait également poursuivre cet entrepreneur en plomberie si les montants payés par la Commission ne le satisfont pas. Il peut inverser l'ordre et poursuivre d'abord le responsable avant de réclamer à la Commission.

4. Elle peut réclamer 55% du montant auquel son mari aurait eu droit s'il avait survécu, tout en demeurant incapable de travailler. Chacune de ses trois filles fera augmenter ce pourcentage de 10%, 5% et 5% respectivement, de sorte qu'elle recevra 75% du montant auquel son mari survivant et incapable de travailler aurait eu droit.

5. Étant donné la maigre différence, on devrait demander l'arbitrage. Il apparaît en effet inapproprié de conseiller la grève, le lock-out ou une nouvelle conciliation.

PARTIE 8

Questions de rappel: réponses

1. Lorsqu'on parle de solvabilité d'un débiteur marié, le créancier doit tenir compte de son régime matrimonial. Les biens possédés par les époux peuvent tous être saisissables, ou, au contraire, une partie seulement peut faire l'objet de recours judiciaires.

   L'homme d'affaires peut plus difficilement obtenir du crédit s'il est marié sous le régime de la séparation de biens. Par contre, si les choses tournent mal, tous les biens appartenant à son épouse ou les avantages conférés à cette dernière ne risquent aucunement de lui être enlevés. Il en va autrement des époux mariés sous le régime de la communauté de biens.

2. Premièrement, depuis cette date, les époux peuvent modifier ou changer complètement leur régime matrimonial. Auparavant, la chose s'avérait impossible. Deuxièmement, la loi a adopté la société d'acquêts comme régime matrimonial légal à la place de la communauté de biens.

3. Ils établissent d'avance les pouvoirs des conjoints sur l'acquisition, l'administration, la disposition et le partage des biens entre eux et vis-à-vis les tiers.

4. Un régime légal est celui que la loi impose à défaut de choix fait par les parties, en l'occurence au Québec, c'est la société d'acquêts. Un régime conventionnel est choisi par les époux dans un acte notarié.

5. Ce sont des règles qui établissent essentiellement les droits, obligations et devoirs qui ne peuvent être modifiés et /ou changés par la convention des parties.

6. Toute modification ne peut avoir lieu que par un acte passé devant notaire et les changements ne doivent pas porter atteinte aux intérêts de la famille ni aux droits des créanciers.

7. C'est un régime où chaque époux a l'administration, la jouissance et la libre disposition de tous ses biens tant mobiliers qu'immobiliers.

8. Ce sont:

— le décès
— la séparation légale: les époux ne sont plus obligés de vivre ensemble tout en demeurant mariés
— le divorce: le mariage prend fin dès la date du jugement
— l'annulation du mariage: le mariage est considéré comme n'ayant jamais existé
— le changement de régime matrimonial tel qu'expliqué à la réponse no 6 qui précède
— l'absence d'un des conjoints: si l'on réussit à réunir des circonstances qui laissent supposer son décès, la dissolution se fera plus rapidement

9. C'est une donation faite par le mari à sa femme en considération du mariage, soit de biens présents, de biens futurs ou quand survient la mort.

10. Chaque époux peut posséder des biens propres et des biens acquêts. Les premiers figurent dans une liste limitative prévue au Code civil et les seconds, représentent tous ceux non inclus dans cette liste, plus principalement le produit du travail.

11. Il s'agit d'un bien déterminé tel par la loi et sur lequel, l'époux propriétaire a un droit exclusif d'administration, de jouissance et de libre disposition.

12. Ces droits sont des biens propres et les revenus qui en proviennent sont des acquêts.

13. Chaque époux administre et dispose librement de ses propres et de ses acquêts (sauf disposition gratuite des acquêts où le consentement du conjoint est nécessaire, à moins qu'il ne s'agisse de sommes modiques ou de présents d'usage).

14. Chaque époux, ou ses héritiers dans le cas de décès, conservera ses biens propres et aura la faculté d'exiger la moitié des acquêts de l'autre ou encore d'y renoncer.

15. Non, car il l'a administrée seul et devra en supporter les conséquences.

16. Les biens réservés de l'épouse, laissés à son entière administration, feront partie des biens de la communauté lors de la dissolution, à moins qu'elle ne renonce à sa part de la communauté. Les biens réservés sont les suivants:
— le produit du travail personnel de la femme
— tous les biens acquis avec le produit de ce travail

17. Le Code civil prévoit qu'il s'agit d'un bien commun même si l'achat remonte avant la célébration du mariage (1275(2)cc).

18. — En séparation de biens, chaque époux est seul responsable de ses dettes. Le conjoint n'est pas tenu des dettes de l'autre
    — En société d'acquêts, chaque époux est tenu sur ses propres et sur ses acquêts des dettes nées de son chef, avant ou pendant le mariage
    — En communauté de biens, chaque époux peut être poursuivi pour la totalité des dettes entrées en communauté de son chef. La communauté demeure responsable des dettes du mari

19. Oui, à la demande de l'une ou de l'autre des parties, en cas d'impossibilité de partage à l'amiable.

20. C'est un bien non spécifiquement déclaré propre par la loi, comme un immeuble acquis après le mariage ou les meubles acquis avant ou après le mariage. Les biens de communauté son susceptibles de partage, à part égale, lors de la dissolution.

21. Il faut prouver:

    — qu'il y a eu apport en biens ou en services
    — qu'il y a enrichissement du patrimoine du conjoint
    — qu'il y a un lien de causalité entre l'apport de biens ou de services et l'enrichissement de son conjoint

PARTIE 8

Cas pratiques: solutions-types

1. S'étant mariés après le 1er juillet 1970, sans contrat de mariage, leur union s'inscrit sous le régime de la société d'acquêts.

   Au partage, Henri recevra 51 000,00 $, soit ses biens propres (la valeur nette des biens possédés lors du mariage) + 6 000,00 $, soit la moitié de ses acquêts (revenus de son immeuble pendant le mariage) + 10 000,00 $ soit, la moitié des acquêts de Sophie, pour un grand total de 67 000,00 $.

   Sophie recevra 20 000,00 $, soit ses biens propres (la valeur nette des biens possédés lors du mariage) + 10 000,00 $, soit la moitié de ses acquêts nets (valeur nette des biens acquis pendant le mariage) + 6 000,00 $, soit la moitié des acquêts d'Henri, pour un grand total de 36 000,00 $.

   Si l'un des époux, Henri par exemple, avait eu des acquêts déficitaires et que Sophie, cependant, avait possédé des acquêts positifs, cette dernière aurait pu refuser de partager ceux de son mari, ce qui n'aurait pas empêché Henri de partager ceux de Sophie.

2. Ils se sont épousés sous le régime de la société d'acquêts. Pour choisir un autre régime, ils auraient dû signer un contrat de mariage.

3. Même acheté avant la célébration, ce bien devient commun. C'est l'article 1275 (2) du Code civil qui impose cette solution.

4. Johanne, à défaut de régime matrimonial choisi, a épousé Denis en société d'acquêts où les revenus perçus durant le mariage constituent des biens acquêts. Voilà la situation pour le salaire de Johanne. Quant à Denis, seuls ses revenus gagnés depuis deux ans, soit depuis son mariage, sont des acquêts.

5. S'étant épousés avant le 1er juillet 1970, sans contrat de mariage, leur union s'inscrit sous le régime de la communauté de biens. Grégoire en étant l'administrateur, ne peut refuser le partage de la communauté et chacun gardera d'abord ses biens propres.

   Si Marielle accepte la communauté, elle recevra 25 000,00 $, soit 50% de 40 000,00 $, biens réservés + 10 000,00 $, biens communs. Donc elle serait mieux de la refuser, car elle gardera alors en exclusivité ses biens réservés qui sont de 40 000,00 $. Il en aurait été autrement si la valeur de ses biens réservés avait été inférieure à la moitié de la somme de ces mêmes biens réservés et des biens communs.